沖縄闘争の時代 1960／70

分断を乗り越える思想と実践

Ohno Mitsuaki
大野光明

人文書院

沖縄闘争の時代１９６０／７０　目次

序章 …… 11
1 沖縄問題 11
2 本書の目的 14
3 これまでの研究と本書の課題 15
3-1 沖縄戦後史研究 15
3-2 冷戦史研究 17
3-3 社会運動史研究と社会運動論 19
4 本書の方法 22
5 本書の構成 24

第一章 沖縄闘争の時代 …… 29
1 戦後という暴力――地政学的分断と冷戦体制 30
2 一九五〇年代――革新ナショナリズムの共鳴 34
2-1 沖縄の土地闘争 34
2-2 革新ナショナリズムの共鳴 36
3 冷戦体制と沖縄問題との相克 39
3-1 六〇年安保闘争と冷戦的分断 39
3-2 沖縄返還要求国民大行進がつないだ人々・経験・運動 41
3-3 冷戦体制と復帰運動のせめぎ合い 49

4　沖縄闘争の時代　52
4-1　沖縄統治政策の転換　52
4-2　復帰運動からの量的・質的な変化　56
4-3　アリーナとしての沖縄闘争　63

第二章　ベトナム戦争下の沖縄闘争……69
——ベ平連の嘉手納基地ゲート前抗議行動と渡航制限撤廃闘争
1　なぜ、どのように沖縄問題に取り組むのか、という問い　69
2　ベトナム戦争の時代　70
2-1　ベトナム・日本・沖縄　70
2-2　「わが内なるベトナム」認識の形成　72
2-3　ベトナム反戦運動から沖縄問題へ　74
3　米軍嘉手納基地ゲート前抗議行動と渡航制限撤廃闘争　81
3-1　本土からの参加者の逮捕事件　81
3-2　救援活動と身柄の釈放　83
3-3　渡航制限撤廃闘争　85
4　共鳴する怒りと立場性をめぐる議論の噴出　89
4-1　連帯への評価、共鳴する怒り　89
4-2　本土／沖縄の二分法の構造へ　92
4-3　立場性をめぐる議論の噴出　93

5 沖縄問題という構造を越えて 98

第三章 大阪のなかの沖縄問題の発見
——大阪沖縄連帯の会を事例に …… 103

1 足下の「沖縄」 103
2 大阪と沖縄 104
2-1 流民たちの都市 104
2-2 泉州地域と繊維産業 107
3 大阪沖縄連帯の会(デイゴの会) 110
3-1 「沖縄を忘れることの出来ないあなたに」 110
3-2 結成総会 115
3-3 活動の概要 117
4 「大阪のなかの沖縄問題」の発見 121
4-1 転換点としての七夕フェスティバル 123
4-2 「大阪のなかの沖縄問題」への取り組み 132
4-3 拡張する沖縄闘争 134
5 沖縄返還運動から地域社会の変革へ 139

第四章　復帰運動の破綻と文化的実践による沖縄闘争の持続……151
——竹中労、ルポルタージュ、島唄
1　沖縄闘争のなかの文化へ　151
2　下層社会と芸能ルポ・ライター　153
3　ルポルタージュが照射するもの　156
3－1　竹中の足跡　156
3－2　復帰批判のルポルタージュ　161
4　島唄論——復帰の「失敗」の創出　169
4－1　プロテストソングとしての島唄　169
4－2　復帰の「失敗」をつくる／生きる　175
5　文化と政治　180
第五章　横断する軍事的暴力、越境する運動……185
——沖縄におけるべき平連運動と反戦兵士たち
1　基地の「撤去」ではなく、軍隊の「解体」　185
2　グローバルな反戦・反軍運動と沖縄　187
2－1　米兵の抵抗運動　187
2－2　グローバルな反戦・反軍運動の沖縄への介入　195
3　沖縄のなかのべ平連運動　198
3－1　沖縄でベトナム戦争に反対するということ　198

3－2　行き場のない人々とスタイルとしてのベ平連　202
3－3　沖縄ヤングベ平連の「インターナショナリズム」　206
4　軍事体制への怒りの共鳴　211
4－1　連携のはじまり――ベ平連のネットワーク　211
4－2　深まる共闘と理解――横断する暴力と怒りの共鳴　214
5　越境とコンフリクト――境界線の再生産　222
6　ヴァイブレーションと政治　226

第六章　沖縄闘争と国家の相克
――沖縄青年同盟というコンフリクト……237
1　震源地　237
2　沖縄青年委員会の誕生――復帰運動の内部矛盾からの再出発　239
3　沖青委の分裂――対立点の生成　246
3－1　中核派との対立　246
3－2　沖縄闘争論の違いの顕在化　249
3－3　富村順一公判闘争をめぐる対立――政治のとらえかえし　251
4　沖縄青年同盟――沖縄国会への異議申し立て　256
5　「在日沖縄人」という亀裂――沖縄闘争と国家　262
5－1　批判の声　262
5－2　植民地解放闘争としての沖縄闘争へ　269

終章 …… 285
1 沖縄闘争の力学 285
2 復帰のとらえかえし、あるいは政治の創造 288
3 沖縄闘争の時代の先へ 289

あとがき 293
参考文献 299
関連年表

沖縄闘争の時代1960／70

植民地主義は独占資本主義の外的実践ではない。それはまず内的実践である。植民地主義の犠牲者はまず、搾取され、抑圧され、解体された諸国民なのではない。それはまず、本国のなかで、支配諸国のなかで生活している国民である。

——アンドレ・ゴルツ（ゴルツ 一九六九：一七九）

沖縄闘争とはなんだったのか。なぜ人びとは、沖縄問題にかかわっていったのか。沖縄をめぐって、さまざまのスローガンがとび交っていた。あるいは奪還、あるいは解放、あるいは独立と、それはまことに多種多彩をきわめていた。これらのスローガンは、いまはもはや大部分が風化して、空虚な名辞にすぎない。それは競技場のあとに残った紙屑《かみくず》が、ほこりに混じって風にまっているようなものとなってしまった（いいすぎだろうか）。

——古屋能子（古屋 一九八四：二六〇）

序章

今日について診断をくだすという役割について、これもまた申し上げたいことなのですが、この役割は、私たちが何であるかを単純に特徴づけることにあるのではなくて、今日の不安定な事物の輪郭に従いつつ、どこを通ってどのように現在がもはや現在ではなくなりうるのかを把握するに至ることにあるのです。この意味でこそ、記述はつねにこのように事実そこにある裂け目にしたがってなされなければなりません。

――ミシェル・フーコー（フーコー 二〇〇一：三三二）

1 沖縄問題

沖縄問題とは、誰にとっての、どのような問題であるだろうか。

近年、米軍普天間飛行場の「移設」をめぐって、私たちは様々な報道や批評を目にしている。「沖縄の皆様にご理解いただきたい」という政治家の言葉、「沖縄の決断」を紹介する新聞記事、首相と沖縄県知事とが向かいあい協議する場面を伝えるテレビ映像。このような言葉やイメージに取り囲まれるなか、沖縄問題は〈沖縄の人々が抱える、あの島＝沖縄で起きている問題〉として理解されることが多いだろう。沖縄問題は、地理的に限定された場所で起きており、沖縄の人々がつきつけられ判断すべき問題だ、という前提が強固に維持されている。

しかし、歴史を遡ってみるならば、このような問題認識とは異なる多様な考え方や受け止め方があったことがわかる。本書がこれから論じる「沖縄闘争の時代」とは、まさに、そのような時代であった。

熾烈な沖縄戦から「戦後」への移り変わりのなか、米軍は沖縄占領を開始した。一九五二年、サンフランシスコ講和条約の発効は、日本の主権の「回復」と、米軍による沖縄占領の継続をもたらした。冷戦が世界規模で進展するなか、米国政府は沖縄を恒久基地にするべく、軍事基地・施設を拡張していった。その一方、日本本土は、「平和」と「民主主義」、そして高度経済成長による急激な発展を遂げていく。米国の冷戦戦略のもとで引かれ維持された、沖縄と日本本土との境界線は、両者の非対称な戦後のありようと、そこに生きる人々の行動や感性をも規定していったといえる。[1]

だが、米国の沖縄統治政策は揺らいでいった。一九五〇年代以降、沖縄では米軍占領への反対と自治権の要求、そして日本復帰運動が力を増し成長を遂げていく。また、一九六五年の米軍による北ベトナム爆撃（北爆）によって本格化するベトナム戦争が次第に泥沼化するなか、一九六〇年代後半、「政治の季節」をむかえた日本本土では、ベトナム反戦運動や学生運動などの反体制運動が拡大し、沖縄問題をその射程に入れていった。「戦後民主主義」が批判の対象となっていたように、人々は日本社会を成り立たせてきた構造そのものを自覚的に問うていった。

一九六五年以降、それらに対して危機感を持った日米両政府は、安定的な日米安保体制の維持と在沖米軍基地の運用を目指し、沖縄返還交渉を進めていく。その結果、一九六九年一一月の日米共同声明によって、一九七二年の沖縄返還が合意された。

長年、日本への復帰を要求していた多くの人々にとって、この合意は悲願の達成となるべきものだった。だが、「悲願」の実態は、引き続き米軍基地を維持するものであり、さらには自衛隊の配備をも伴うものであった。日米両政府は、復帰を求める人々のエネルギーを、政府主導の沖縄返還政策に巧みに利用し、「国民的悲願である沖縄返還の達成」を演出しつつ、一方で、軍事基地撤去といった運動の要求を骨抜きにしていったのである。

このようななか、一九六七年頃から七〇年代前半にかけて、すなわち、沖縄の日本復帰前後の時期に、「沖縄闘争」と呼ばれる運動が大衆化している。沖縄闘争とは、米国による沖縄統治、そして日米両政府による沖縄返還政策を批判する多様な政治闘争、社会運動、文化運動である。沖縄闘争は、沖縄の人々によってのみ取り組まれたのではない。日本本土で暮らす人々、就学や就職のために沖縄から本土に渡った人々、海外の反戦・反基地運動、さらには米軍の兵士でありながら沖縄の米軍占領に疑義を呈し始めた人々が、それぞれの現場から、多様な活動を行なっている。沖縄問題を、よそごと・他人事とせず、自分自身に関わる問題として考え、当事者になる人々の群れ。本書が検討するのは、以上のような歴史的背景から生み出された、多様な人、思想、活動が集まり、交差し、つながりや対立にあふれた、アリーナとしての沖縄闘争である。

沖縄問題が〈沖縄の人々が抱える、あの島＝沖縄で起きている問題〉と切り縮められてしまっている現在において、私たちは沖縄闘争から何を学びなおすことができるだろうか。沖縄闘争の時代を検討する作業とは、現在の沖縄問題認識を歴史化することにつながるはずだ。

2　本書の目的

本書の目的は、一九六〇年代後半から一九七〇年代前半にかけて、沖縄の日本復帰をめぐって取り組まれた社会運動とその思想を検証することである。

問いは二つある。

第一の問いは、沖縄闘争において、いかなる人々・アクターが、なぜ、どのように、沖縄問題に取り組んだのかである。本書は、沖縄闘争における、人々の取り組みの動機と当事者性の獲得のプロセスを考察し、沖縄－日本－海外（ベトナムや米国）のあいだの連帯や対立の実相を、五つの事例研究を通じて明らかにする。

第二の問いは、沖縄闘争において、人々は沖縄の日本復帰をどのように受け止めたのかである。沖縄闘争における最大の焦点は復帰であった。日本復帰によって軍事化された沖縄を解放できると信じられた時代から、そのような夢を描く政治が破綻していく時代への転換点において、沖縄闘争は形成されている。

一九六九年に、新崎盛暉は、運動主体の発言や資料を多角的に盛り込んだ『ドキュメント沖縄闘争』の「はしがき」でこう述べている。「沖縄闘争という言葉は、返還（復帰）運動の終焉を予知しつつ、それをのりこえて支配の本質に迫りうる質をもった闘いをあらわす言葉として登場してきたといえよう」（新崎編 一九六九：ページ数なし［はしがき］）。日米両政府による沖縄返還政策が目の前につきつけられるなか、人々は運動の立て直しをせまられていた。復帰を求めていた過去の運動をどのようにとらえるのか。日米両政府の沖縄返還政策をどのように批判するのか。はたして、日本への復帰を前提として、沖縄返還政策の内容の変更を迫るだけで事足りるのか。復帰をめぐっていくつもの問いが生まれ、人々はときに鋭く対立した。

本書では、沖縄闘争における、復帰に対する人々の揺れや葛藤を丁寧に読み解きながら、切り縮められた復帰の「のりこえ」を志向する運動と思想の創造過程を内在的に考察していく。

3　これまでの研究と本書の課題

本書の目的をより明確にするために、関連するこれまでの研究の傾向と課題を整理しておきたい。具体的には、沖縄戦後史研究、冷戦史研究、社会運動史研究（あるいは社会運動論）である。

3－1　沖縄戦後史研究

既に述べたように、沖縄闘争とは、沖縄の人々だけでなく、日本本土、さらには海外の運動をも含む形で展開されていた。新崎は沖縄闘争を次のように定義した。

ここで沖縄闘争という場合に、まず第一に考えられるのは、祖国復帰運動あるいは沖縄（人民）解放闘争として提起され、展開されてきた全沖縄的規模での闘争である。つぎに、第一の闘争に包摂される部分的改良要求闘争、たとえば、五〇年代後半の島ぐるみの軍用地接収反対闘争、六〇年代中期の主席公選闘争、六七年にピークを迎えた教公二法阻止闘争などがある。第三に限られた分野において、特定の階層や集団によって担われた闘いでありながら、沖縄の現実に構造的にあるいは思想的に肉迫する方向性をもった個別的闘争、たとえば、宮古島の農民闘争、沖縄大学学園闘争、琉球新報労組の闘いなどがある。そして第四には、祖国復帰運動に呼応するかたちの本土における沖縄返還運動、さらには、日米安保体制の核心的部分に対する挑戦として位置づけられる沖縄奪還、解放闘争がある。

（新崎編　一九六九：ページ数なし［はしがき］）

新崎は沖縄闘争を、①全沖縄的規模で取り組まれている復帰運動、②沖縄内部の個別課題や特定地域における運動、③日本本土における運動、に分類している。

本書はこの定義に基づきながら、主に③に焦点を当て、③と①・②との関わりを論じる。また、本書は、第五章のように、海外の社会運動が沖縄の現状に強い関心を持ち、沖縄闘争に参加する局面があった点にも注目する。当時の運動は海外の運動と同時性を帯び、さまざまな影響を受けていた点にも注意を払う必要があるためだ。このような視点から、本書は新崎の沖縄闘争の定義を拡張していくことを試みたい。

また、本書はこれまでの沖縄戦後史研究の欠落を埋める意図をもっている。なぜなら、これまでの沖縄戦後史研究は、沖縄の人々の運動（①・②）を中心に実証的な成果を蓄積してきたためだ。沖縄戦後史の通史としては新崎らの諸著作（新崎　一九七六、新崎　二〇〇五、中野・新崎　一九六五、中野・新崎　一九七〇、中野・新崎　一九七六）がある。また、一九四五年から一九五六年の基地社会の形成と政治運動の潮流との関わりを明らかにした鳥山（二〇一三）、沖縄教職員会を中心とする復帰運動の展開を沖縄の政治環境の変化とともに論じた櫻澤（二〇一二）、沖縄の基地問題の歴史を日米両政府と沖縄の社会運動や政治的指導者との交差において描いた明田川（二〇〇八）や平良（二〇一二）、沖縄と奄美における社会運動のつながりを沖縄非合法共産党を中心に論じた森（二〇一〇）など、ここには書ききれないほどの多くの優れた研究成果が存在する。

沖縄戦後史研究における、沖縄を中心とした社会運動史の蓄積の一方で、それに呼応した日本本土の運動（3）や、沖縄と日本を行き来した人々の運動の歴史は、十分には論じられていない。数少ない研究成果としては、日本本土での沖縄の土地闘争の受け止められ方と、六〇年安保闘争における沖縄問題が後景化するプロセスを考察した小野（二〇一〇a、二〇一〇b）、在本土・在日沖縄人組織の社会運動の歴史を明らかにした戸邉（二〇〇四、二〇一〇、二〇一二a、二〇一二b）などがある。また、対象とする時代は異なるが、二〇〇四年に大阪で結成された「辺野古に基地を絶対つくらせない大阪行動」を事例に、辺野古での米軍新基地建設をめぐって、「なぜ彼／彼女らは大阪で沖縄の問題だと思われている米軍基地建設計画に反対するのか、どんなひとが何を考えて行動しているのか」（田中 二〇〇九：七）を論じた田中（二〇〇九）もある。

だが、沖縄問題への関心が広く大衆化した一九六〇年代後半から七〇年代初頭の時期については、研究が及んでいない。本書はこの欠落を埋めることを試みるものだ。

3-2　冷戦史研究

近年、沖縄問題に関する戦後史研究は、マクロな冷戦史研究の成果との接続や連関が求められるようになっている。逆にいえば、沖縄問題に関する外交史研究や国際関係史研究（たとえば我部 二〇〇〇、河野 一九九四、中島 二〇一二）と、沖縄を対象とする社会運動史研究とは、互いに意識はすれ、積極的に交わらずにいたことへの反省と批判がある。

沖縄現代史研究で長らく続いてきた運動史と国際関係史の並立状態こそ克服の対象とされるべきである。運動史では、組織としての主体形成とそこに参加する人々の主体化とのあいだに生じる矛盾や葛藤を動的に把握するための文法が欠落しており、国際関係史では、主権国家間の交渉史という文体によって肝心の「占領」という現実が後景に追いやられている。占領や近代化論にはらまれた植民地主義と、それがひき起こす主体の葛藤や社会変容とを、両者の協働で問い直す場が拓かれなくてはならない。（戸邉 二〇一二：一二四）

外交史研究や国際関係史研究にとっては、社会運動は国内イシューとして付属的なものとみなされる。逆に、社会運動史研究にとっては、国際政治や冷戦体制といったマクロな構造は論述の所与の前提として位置づけられるが、運動とマクロな構造との相互連関は考察の外におかれてきたといえるだろう。帝国崩壊後の東アジアにおける冷戦と沖縄問題のありようを、人々の具体的な運動経験に即しながら記述し、分析していくことが求められているのである。

このような問題意識から、近年、沖縄問題をめぐる社会運動を冷戦体制の形成やそれへの抵抗として読み解いていく作業が行なわれている。たとえば、戸邉（二〇〇五）、中野・波平・屋嘉比・李編著（二〇〇六）、林（二〇〇六）、モーリス－スズキ（二〇〇六）などは、冷戦体制が沖縄、日本、朝鮮や台湾などのアジア諸国を強く規定し、植民地主義の忘却あるいは「否認」（戸邉 二〇〇五：二九）をもたらしたことを明らかにしてきた。そして、これらの研究は、植民地主義の忘却や否認に抗うものとして、各地の社会運動の同時代的な連関を分析している。

本書は、以上の先行研究の知見と問題提起を引き受けながら、沖縄闘争のなかで、人々が、米軍によって引かれた日本と沖縄、そして諸外国との境界線をどのように問い、批判し、乗り越えようとしたのかを論じる。そして、沖縄問題を〈沖縄の人々が抱える、あの島＝沖縄で起きている問題〉として囲い込むことに抗う営み＝沖縄闘争が、忘却や否認を制度化した戦後および冷戦という体制とどのような相克を生み出したのかを検討していく。その意味で、沖縄闘争とは、沖縄の軍事化に抗することにとどまらない射程の広がりをもっている。

3-3　社会運動史研究と社会運動論

日本の社会運動史研究において、沖縄闘争は概括的に論じられてきた。たとえば、蔵田（一九六九、一九七八）や高沢・高木・蔵田（一九八一）は、新左翼運動の通史のなかで沖縄闘争を論じている。一九六〇年代後半から七〇年代初頭の社会運動総体の歴史のなかに、沖縄闘争は位置づけられてきたのだ。そのため、社会運動史、なかでも、新左翼運動史に対し、沖縄闘争の歴史は従属し、その構成要素の一つとしてしか解釈されてこなかった。また、沖縄闘争を担った運動体やグループの個々の活動に焦点を当てる研究はこれまでほとんど行なわれてこなかった。以上の現状と課題をふまえ、本書は、五つの事例研究によって、社会運動史総体のなかのピースとして沖縄闘争を論じるのではなく、沖縄闘争そのものの広がりの豊かさを提示することを試みたい。

また、本書は、二〇〇〇年代に入ってからブームのように産出されている一九六八年論（岩崎ほか編著 二〇〇九b、小熊 二〇〇九a、小熊 二〇〇九b、絓 二〇〇三、絓編 二〇〇五、絓 二〇〇六）と密接に関わるものだ。たとえば、小熊英二は、一九六〇年代後半から七〇年代初頭の「若者たちの叛乱」を「社会科学的に検証」(小熊 二〇〇九a:一二)することを試みた。小熊によれば「若者たちの叛乱」とは、学生の大衆化、高度成長による社会の変化、戦後の民主教育、「アイデンティティ・クライシス」や「「現代的不幸」からの脱却願望」(小熊 二〇〇九b:七八六)を要因とした「高度経済成長にたいする集団摩擦反応」(小熊 二〇〇九b:七七七)であったという。そして、小熊は論述の過程で、一九六〇年代末期になり沖縄、アイヌ、在日朝鮮人、部落などの「マイノリティ」への注目が高まったことを、戦後の社会運動史の転換点として指摘した。その上で、次のように批判する。

セクトやノンセクトのマイノリティへの関心は、マイノリティの実態には無知でありながら、セクトの利用主義や、マイノリティの事情を軽視して自己の「理論」をマイノリティにあてはめようとする姿勢、無責任に対象をとりかえる移り気などをふくんでいた。それゆえマイノリティ側からは、セクトその他の「支援」は、一種のありがた迷惑としてうけとめられた部分もあった。(小熊 二〇〇九b:一二六九)

マイノリティをめぐる運動が、マジョリティの理論や運動へと従属させられ、利用・回収されたとする批判[2]は、運動の当事者からもなされている。たとえば、天野恵一は次のように述べる。

「復帰・返還」運動を反戦闘争としてより急進化しようという路線であれ、「復帰・返還」という日本ナショナリズムの枠組全体を批判し、沖縄の解放・自立あるいは独立を主張した路線であれ、「日帝打倒」の革命戦略が前提であった。いくつもにわかれ相互に激しく対立した政治党派の主張も、その点は共通していた。沖縄の人々の反基地・反安保のエネルギーは、そうした革命戦略の下に位置づけられており、その沖縄の闘争それ自体を具体的かつ内在的に知り、それと連帯する通路をつくりつづける努力はそこにはなかった。もちろん、現地の人々との交流は、それぞれにいくつもつくられたが、その政治革命主義的体質ゆえに、沖縄の闘いのエネルギーの外在的「利用」以上の結果は、やはりつくりだせなかった。沖縄の人々の闘いの歴史が本当はよくみえていなかったのだ。復帰運動にストレートに加担した方も、批判的に介入した方も、その点は同じだった。(天野 一九九九:一五〇－一五一)

このような批判は、神話化されがちな当時の革命運動を、沖縄、アイヌ、在日朝鮮人、女性、部落、水俣などのマイノリティの視点から相対化し、その限界や課題を示すという意味で、意義のあるものだろう。だが、ともすると、社会運動のナショナリズム批判や自己中心主義批判は、紋切り型となる。本書は、マイノリティをめぐる批判を受け止めつつも、沖縄闘争における個別具体的な事例のなかに分け入り、現場における共闘や対立の実相を精緻に読み解くことを大切にしたい。沖縄・日本・海外の運動が連帯を求め、時に対立しあう、そのような関係性の複雑な実相を、内在的に読み解いていく必要があるだろう。

4　本書の方法

本書の方法論について、三点述べておく。

第一に、本書は、沖縄闘争を形成した多様な運動（体）のうち、「ベトナムに平和を！市民連合」（第二章）、「大阪沖縄連帯の会（デイゴの会）」（第三章）、竹中労らによる島唄をめぐる活動（第四章）、反戦米兵や米国の反戦活動家、「沖縄ヤングベ平連」による出会いと交流（第五章）、そして、「沖縄青年委員会」および「沖縄青年同盟」（第六章）を考察している。

なぜ、これらのグループが取り上げられ、なぜ、その他のグループは取り上げられないのか、といった指摘が十分予想される。あらかじめ断るならば、本書は、沖縄闘争の通史を描くことを目指していない。本書が目指しているのは、沖縄闘争の時代を生きた人々が、沖縄の日本復帰を目前にして、何を問題と考え、どのような運動を展開し、そこにいかなる葛藤や揺れを抱え、対立や連帯などの複雑な関係を織りなしていったのかを丁寧に分析することである。復帰への葛藤や揺れにこそ、沖縄闘争の時代のリアリティがあった。そのため、できるかぎり、運動を担った一人一人の経験が浮かび上がるような事例を選ばざるを得なかった。その結果、筆者は、どちらかといえば小さな、しかし、工夫に満ちた、特徴的な実践を行なった五つの運動へと引き寄せられていった。

第二に、使用した史料・資料について述べておきたい。本書は、それぞれの運動について、当時発行されていた機関紙やビラ、運動内部のメモやレジュメ、著作や論壇誌上の文章、新聞記事など、多岐にわたる史料・資料を収集し、多角的に分析することを試みた。また、聞き取り調査を行ない、オーラル・ヒストリーも参照し、文字史料の読みの精度を高め、また、文字史料から抜け落ちる事実や視点を補う工夫をほどこした。

第三に、論述の視座についてである。本書は、当時の運動について、内在的に記述し、考察する必要性を強く認識している。それは、社会運動史研究における「鎮圧」の再生産とも呼べる傾向に対する危機感によるものだ。

前述の3-3であげた社会運動史研究の多くは、一九七二年二月の連合赤軍事件を象徴的な出来事として挙げた上で、当時の社会運動が、内ゲバの激化や武装闘争の台頭によって「孤立化」(小熊 二〇〇九b:三〇五)あるいは「瓦解」(小熊 二〇〇九b:二九五)したとする分析が多い。たしかに、連合赤軍事件は大きな出来事であり、内ゲバや武装闘争によって運動への参加者は減っていった点は否定できない。だが、このような歴史叙述からは、国家(警察、公安、機動隊など)やマスメディアが人々の主体性、闘争の場や言葉を管理し、抑圧していったこと自体への関心が希薄である。人々は、非対称な拮抗関係のなかを生きている。そのことを軽視し、内ゲバと武装闘争による「瓦解」として歴史を語ることは、歴史を書くことにおいても、社会運動の「鎮圧」を事後的に追認し、反復する結果になってしまうのではないだろうか(3)(大野 二〇一一a)。

鎮圧は、反乱に応じて、そしてつねに予防と決定的な遅延をともなって、不連続であるがゆえに連鎖のなかに回収する実践目的をもって、不断に発動されている。出来事のわずかな事後から展望する視座を鎮圧(とその記述)はつねに獲得するべく闘争をおこない、そうした知を連続性の(あるいはヘゲモニーの徹底した持続の)なかに一般的な管理の対象として蓄積していく。鎮圧は目的的な運動であり、反乱を国家‐法の内部へ内部へと画定し確定し、その全体を理解することをプロトコルとして備えている。（崎山 二〇〇〇：二〇一）

沖縄闘争は、基地を残したままの沖縄返還を止められなかった／変えられなかったという意味では、敗北している。そして、筆者は、その敗北を既に知ってしまっている。けれども、現在を生きる者の高見や枠組みから、過去を従属させて論じることはできない[4]。だからといって、過去の運動を無前提に称揚したり、擁護するべきだ、というのでもない。敗北に必死に向きあい、抗いながら、それでも言葉を紡ぐという行為を、そのプロセスに同伴するようにして、内在的に記述することが求められる。それが、どこまで達成できたかはわからないが、本書はこのような意味で内在的な記述を試みる。

5　本書の構成

本書は、第一章において沖縄闘争の前史を概括した上で、第二章から第六章において五つの事例研究を行なっている。

第一章は、沖縄闘争の歴史的背景を示す。日米両政府の政策の変遷、沖縄と日本本土での運動の歴史を、三つの視点から記述した。具体的には、（1）東アジアの戦後に折り畳まれた分断と暴力の問題、（2）一九五〇年代後半から六〇年代初頭、沖縄と本土との民族主義的な連帯と冷戦体制下の分断の力学との相克、（3）沖縄闘争の登場の歴史的背景、である。

第二章では、「ベトナムに平和を！市民連合」（ベ平連）を事例に、ベトナム反戦運動が沖縄闘争へとつながる論理と枠組みを考察している。ベ平連運動は、ベトナム戦争が、ベトナム－沖縄－日本とのつながりによって支えられていることを問題とした。だが、一九六八年に取り組まれた嘉手納基地前抗議行動や渡航制限撤廃闘争では、日本本土と沖縄との非対称性が浮き上がり、両者の二項対立の図式がせりあがっていく。本章では、この構図の意味と作用を検討する。

第三章では、一九六八年に結成された大阪の市民グループ「大阪沖縄連帯の会」（デイゴの会）を対象に、「大阪のなかの沖縄問題」の「発見」の過程とそのインパクトを考察する。デイゴの会と在阪沖縄出身者、特に集団就職者たちとの出会いが、デイゴの会の沖縄問題認識を大きく変容させていったことに注目したい。

第四章で検討するのは、沖縄について多くのルポルタージュを残したルポ・ライターであり、アナキストとして数々の活動やイベントをオーガナイズした竹中労（一九三〇－一九九一）の沖縄論と島唄という文化的領域における活動である。島唄が、復帰を直前に控えた沖縄の人々の屈折や軋みを表現するとともに、復帰を問う政治の場をつくりかえていくプロセスを明らかにする。

第五章では、「沖縄ヤングベ平連」、在沖米軍基地内の反戦米兵グループ、両者を橋渡しした米国人活動家たちの出会いと交流、連帯のありようを考察する。ここで明らかにされるのは、基地・軍隊の「解体」の実践のなかで、国家、人種、フェンスといった境界線を横断して作用する軍事体制の暴力が可視化され、共有されたことである。

第六章は、「在日沖縄人」のグループであった沖縄青年委員会（沖青委）と沖縄青年同盟（沖青同）の運動と思想を沖縄闘争史のなかに位置づけ、検討する。沖青委・沖青同は、「在日沖縄人」という名乗りとともに、復帰の拒否を主張し、運動の再設定を試みていた。それは闘争の射程を時間的・空間的に拡張しつつ、沖縄闘争を植民地解放闘争として位置づけなおす運動だった。沖青委・沖青同の思想的転換の意味とその困難が論じられる。

注

（1）たとえば、林博史はつぎのように述べている。
「アメリカは日本の戦争責任をあいまいにし、かつ軍備制限もつけずにその軍事力を利用しようとした。日本もむしろ冷戦状況を利用して戦争責任を棚上げ、あるいは否定する措置を実施した。植民地支配に対する反省も棚上げされた。そうしたことは、フィリピンやオーストラリアなどの対日警戒感を強め、アメリカとの軍事同盟締結を促すことになった。米軍の日本駐留は、日本の軍国主義復活を抑える役割を周辺諸国から期待される一方で、他方では日本の軍事力強化は、周辺諸国から不安に見られ、それがそれらの国々の対米依存を強めるという側面があった。

日本本土の民衆運動は、戦争責任・植民地責任の自覚は乏しく、その運動の視野は一国内にとどまっており、沖縄でさえもその視野に十分入っていたとは言えない。」（林 二〇〇六：三九五－三九六）

（2）前述した蔵田（一九六九、一九七八）や高沢・高木・蔵田（一九八一）の論述は、沖縄闘争を新左翼運動総体の歴史の下にまさに従属させて記述している。運動現場での実践と、歴史叙述という実践とは、分ち難く結びつけられているといえよう。

（3）研究者などの暗黙の価値付け＝優劣のものさしによって、歴史が平板化され、「過剰な歴史化」がなされる点に警笛を鳴らしていた道場（二〇〇六）も参照されたい。

（4）E・P・トムスンの歴史叙述から多くのことを学んだ。よく知られる次の文章を常に念頭においていた。
「成功者（次に起こる進歩を先取りするような熱望をいだいていた人びとという意味での）だけが記憶される。状況の袋小路や、敗れ去った大義や、敗北者自身は忘れ去られている。

私は、貧しい靴下編み工や、ラダイトの剪毛工や、「時代遅れ」の手織工や、「空想主義的」な職人や、ジヨアンナ・サウスコットにたぶらかされた信奉者さえも、後代の途方もない見下しから救い出そうと努めよう。彼らの熟練と伝統は死に絶えつつあったかもしれない。新しい産業主義にたいする彼らの敵対行為は退嬰的であったかもしれない。彼らの共同社会主義の理想は幻想であったかもしれない。彼らの反乱の謀議はむちゃであったかもしれない。しかし、こうした激烈な社会的動乱の時代を生きぬいたのは彼らなのであって、われわれではない。彼らの熱望は彼ら自身の経験からみれば正当なものであった。だから、彼らが歴史の犠牲者だったというのであれば、彼らは自らが生きた時代のなかで犠牲者だと判決がくだされたから、いまもなお犠牲者なのである。

ある人間の行動がそれにつづく進歩の見地から正当化されるか否かをもって、われわれの唯一の判断基準とすべきではない。つまるところ、われわれ自身が社会的進歩の果てにいるわけではないのである。敗北を喫したとはいえ、産業革命期の人びとの大義のなかには、こんにちなお正さなければならない社会悪への洞察をみてとることができる。」（トムスン 二〇〇三：一五－一六）

第一章　沖縄闘争の時代

かたき土を破りて　民族のいかりにもゆる島　沖縄よ
我らと我らの祖先が　血と汗をもって　守りそだてた沖縄よ
我らは叫ぶ　沖縄よ　我らのものだ　沖縄は
沖縄を返せ　沖縄を返せ
――「沖縄を返せ」（作詞：全司法福岡支部、作曲：荒木栄）

沖縄闘争という時代は、どのような歴史的経過のなかで生まれたのだろうか。「沖縄闘争」という言葉が、運動、思想、そして論壇やマスメディアのなかで一般的に使われ、流通するようになるのは一九六六年から六七年頃のことであった。新崎盛暉は、一九六九年に出版された貴重な資料集『ドキュメント沖縄闘争』でこう述べている。

沖縄闘争という言葉が一般的に使われるようになったのは、そう古いことではない。せいぜいここ二、三年のことである。すなわち、日本政府の政策が、「沖縄返還」を利用しつつ日米安保体制の再編強化をはかるという方向を明確にしはじめたのと、軌を一にしている。（新崎編 一九六九：はしがき［ページ数なし］）

この証言によれば、沖縄闘争は、日本政府の対沖縄政策の変化と連動する形で、大衆化したということである。しかし、一九六〇年代後半になって、沖縄問題が初めて問われ、運動として取り組まれたのではない。沖縄闘争は、それ以前の運動とのつながりのなかで形成され、それ以前とは質的・量的に異なるものとして登場する。

そこで、本章では、沖縄闘争が形成される歴史的プロセスを追っていく。ただし、歴史的経過を通史的に紹介することは筆者の手に余る。そのため、論点を限定した形で沖縄闘争の前史を概観したい。序章でも述べたように、具体的には、（1）東アジアの「戦後」に折り畳まれた分断と暴力の問題、（2）一九五〇年代後半から六〇年代初頭の沖縄と本土との民族主義的な連帯と冷戦体制との相克、（3）沖縄闘争の登場、この三点である。

1　戦後という暴力――地政学的分断と冷戦体制

「戦後」とは、すべての人々にとって同時に訪れた、単一の出来事であっただろうか。このことを考えてみると、戦後という言葉の政治性が浮き上がり、複数の戦後のありようがみえてくる。まずは、この複数形の戦後と戦後体制に折り畳まれた暴力について考えることから始めてみたい。

第二次世界大戦の終わり方は想像以上に多様である。戦闘の終結時期は、場所と地域によって異なっているからだ。たとえば、沖縄では沖縄戦の最中から、米軍による基地建設が行われ、人々は戦後と軍事的な占領とを同時に経験している。そして、その後の沖縄は米国の戦争の渦中におかれ続けており、「戦争が終わった後という意味での「戦後」は本当にあったのか」（目取真 二〇〇五：一六）と問わざるをえない現実がある。また、ベトナムがその解放のためフランスとの新たな戦争を強いられたように、旧植民地の多くの地域にとって、戦後とは宗主国からのスムーズな独立とはならず、新たな戦争や占領のはじまりであった。このように、戦後とは複数形でしかとらえられない。人々によって、場所によって、その経験のされ方はまったく異なっている（木畑 二〇〇六、中野ほか編著 二〇〇六、モーリス－スズキ 二〇〇六）。

戦後の経験の多様さは、地政学的な差異によるものだ。屋嘉比収は東アジアの戦後には、戦場と占領と復興という三つの状態が、同時期に、重層的に混在していたと指摘している。

沖縄戦は戦前期の帝国日本の一五年戦争／アジア・太平洋戦争末期の地上戦としてだけではなく、戦後東アジア冷戦体制下における熱戦の起点としても浮かび上がってくるのだ。その視角は、アメリカの戦後東アジア戦略の視点を入れると、東アジア地域におけるアメリカ軍のプレゼンスを核にして日本、韓国、沖縄、台湾の相互連関性がより明白となる。五〇年の朝鮮戦争の際、東アジアの国々や諸地域で「戦場」「占領」「復興」という事態が重層的に混在し、同時並行的に起こっている。朝鮮半島はまさしく「戦場」であり、朝鮮戦争への出撃基地を抱えた沖縄はまさしくアメリカ軍の「占領」地であり、朝鮮戦争の特需によって日本本土はまさしく「復興」を成し遂げた。そのことは、朝鮮半島、沖縄、日本本土という各地域が「戦場」「占領」「復興」というそれぞれが違う状況にありながら、アメリカ軍の存在を介して相互に関係しあっていたことを示している。（屋嘉比 二〇〇六a：二三）

屋嘉比の分析において特に注目したいのは、朝鮮半島の「戦場」、沖縄の「占領」、そして日本の「復興」が別々に、そして偶然に生まれていたわけではないという点である。東アジアの複数の戦後は米軍の存在によって互いに連関し、形成されている。戦場での戦闘、それを支える占領地と軍隊、さらにそれらを支える日本の経済と産業――これらは米国を中心とする冷戦体制のなかでつくられ、そのヘゲモニーの維持・強化のために、実に巧妙に組み合わされた地政学的な役割分担であった。冷戦体制とは複数の戦後を組み合わせたパッチワークのような構造となっていたのだ。

そして、冷戦体制は、人々の暮らし、記憶、経験、思想を変え、規定していく。

たとえば、日本帝国の崩壊後、大規模な人の移動が生じている。軍人の復員、民間人の引き揚げである。約六五〇万人の人々が旧植民地や交戦国から日本へ移動し、逆に、約一五〇万人以上にのぼる朝鮮人、中国人、台湾人らは日本から各地へと引き揚げた。帝国の崩壊は「人口の〝再配置〟」（道場 二〇〇五：二四）をもたらしたのだ。

また、帝国の崩壊と大規模な人口移動は、国境線と国籍・帰属に関する制度の再構築をもたらした（モーリス－スズキ 二〇〇六：三六九－三七三）。第二次世界大戦の「終結」の時点で、日本には二〇〇万人以上の植民地出身者が暮らしていたが、サンフランシスコ講和条約の発効によって、日本政府は日本に住む朝鮮と台湾の旧植民地臣民の日本国籍を無効とした。「日本人」は「ポツダム宣言の定める諸島（北海道・本州・四国・九州およびそれに付随する島々）に出自をもち「内地」に戸籍をもつ者」（道場 二〇〇五：二四）へと再定義されたのだ。また、日米両政府は沖縄と日本との間の移動に渡航制限を設けた。この過程で日本では、帝国としての多民族状態は忘却され、単一民族国家という神話が強調されるようになった（小熊 一九九五）。

戦後という時空間は、日本に生きる人々のアジア認識や沖縄認識にも根深い影響を与えている。端的にいえば、植民地主義の忘却である（西川 二〇〇六：九）。引き揚げや復員、国境線の管理という形での旧植民地からの物理的な切断と、連合国総司令部（ＧＨＱ）による天皇の戦争責任の免責などにより、戦争責任はうやむやになり、旧植民地への加害の意識は希薄化していった。植民地主義の忘却は、日米共犯関係のもとで起こっていたといえよう（林 二〇一二：一三四‐一四三）。

このような戦後体制――地政学的な分断と植民地の忘却――を固着化させたのは、冷戦体制の形成過程においてである。特に一九五一年に調印され、翌五二年に発効するサンフランシスコ講和条約による日本の主権の「回復」と日米安全保障条約の締結は戦後という体制を制度化した。講和条約によって、日本の領土は北海道・本州・四国・九州およびそれに付随する島々に確定された。一方、同第三条によって沖縄、奄美、小笠原などの島々は日本の施政権から切り離されることとなった。日本本土の人々にとって、旧植民地だけでなく、沖縄・奄美・小笠原などの島々も同様に忘却する環境が制度化されていったのである。そして、講和条約とともに締結された日米安保条約の意味も大きく、「回復」したはずの日本の主権は、米国のヘゲモニーへの従属という形で制度化された。

日本の戦後のはじまりは、東アジアに君臨する「王権」としての天皇制を日本列島だけに収縮させ、日本国民の再定義を通じて単一民族的な国民主義を立ち上げていく新しい秩序の形成を意味していた。［……］このような「戦後」のはじまりは、「一国内平和」への「収縮」を通じて旧植民地を切り離し、それを冷戦の熾烈な舞台にさらすことでかなえられたのである。［……］戦後の日本は、旧宗主国としての「脱植民地化」の主体的な取り組みをネグることで［「戦後」の］「はじまりの暴力」を旧植民地に転嫁したことになる。（姜 二〇〇二：四四‐四五）

戦後の日本という国家のなりたちには、いくつもの暴力が折り畳まれている。国境の向こう側の戦争や軍事化と直結しているにも関わらずそのつながりは忘却され、さらに、旧植民地への想像力も希薄化されていった。日本、沖縄、アジア諸国の戦後を規定したのは、米軍のヘゲモニーとその下での地政学的分断の固定化であったのだ。

2　一九五〇年代――革新ナショナリズムの共鳴

2-1　沖縄の土地闘争

一九五〇年代、冷戦は世界規模で進行していった。東アジアにおける冷戦は、ソ連による原爆の保有（一九四九年九月）、中華人民共和国の建国（一九四九年一〇月一日）、そして朝鮮戦争の勃発（一九五〇年六月）によって緊張を増していった。そして、一九五一年から五四年にかけて、米国政府はフィリピン、台湾、韓国、オーストラリア、ニュージーランドなどとの相互防衛条約を締結し、グローバルな軍事基地ネットワークを形成していく（林 二〇〇六：三八七-三八九）。また、米国は沖縄の長期占領を柱とする統治政策を確立し、一九五〇年代半ばからは一方的な土地の取り上げと基地建設を行なった。

沖縄の人々は、米国による統治をどのように受け止めていたのだろうか。占領初期の五〇年代初頭まで、人々は、米軍に対する協力姿勢と米軍統治下での民主化の要求、そして独立論的主張を展開していた。しかし、五〇年代前半以降、沖縄の軍事化が進むなかで沖縄の自治と復興を、①日本への復帰によって獲得しようとする考え方と、②米軍への協力によって援助を獲得し成し遂げようという主張とのあいだで対立が明確にあらわれるようになっていった（鳥山 二〇一三）。

だが、米軍への協力の論理は占領の現実によって揺らぎ、ほころび、徐々に破綻していく。低廉な軍用地料や基地建設現場の劣悪な労働環境の社会問題化、米国からの経済援助の低減、基地労働自体の減少などにより、経済的な見通しが悪化したためである（鳥山 二〇一三：九〇－一四五）。

このような状況の変化により、日本への復帰を求める運動は力強さを増していった。復帰を要求すること自体が米軍占領への批判であり、抵抗の根拠となっていった。それゆえ、米軍および琉球政府らは、復帰運動や占領批判の動きを恫喝し、攻撃、弾圧していった（新崎 一九七六：九〇－一四五）。

しかし、米軍による軍用地買い上げ方針の発表（一九五四年三月）と新規接収の強行（伊佐浜、伊江島など）を直接的な契機として、住民による米軍統治への反対の動きはさらに広がりをみせていった。一九五四年四月三〇日、沖縄立法院は、琉球列島米国民政府による布令第一〇九号「土地収用令」（一九五三年四月三日）に対し、軍用地問題に関する四原則を決議した。四原則とは、①土地の買い上げ・永久使用・地代一括払いに反対、②土地を奪われた地主に対する適正な地代・保証の要求、③米軍が土地に加えた損害に対する賠償要求、④新規土地接収の反対と不用地の開放要求からなる。この要求に対し、一九五五年一〇月、米国下院軍事委員会から沖縄に派遣された調査団（プライス調査団）は、その報告書で四原則を否定し、一九五六年六月、土地の強制的取り上げを容認する（プライス勧告）（鳥山 二〇一三：二一三－二六〇、平良 二〇一二：七七－一二二）。沖縄の人々はこれに強く反発し、土地闘争あるいは島ぐるみ闘争と呼ばれる、米軍基地の拡充、そして米軍による占領統治に反対する運動が拡大していった。

沖縄の人々は、米国との直接交渉が功を奏しないため、日本政府を通じた事態の打開を模索し、問題を広く日本社会へと訴えた。沖縄での土地闘争は日本で大きな関心を持って受け止められた。しかし、日本政府の対応は、サンフランシスコ講和条約によって沖縄が米国の統治下にあり、介入は難しいという消極的なものであった。このような日本政府の消極的な姿勢に対し、日本本土での批判は高まっていった（小野 二〇一〇a）。

本土側の土地闘争への関心を背景に、一九五六年七月四日（米国独立記念日）、東京で沖縄問題解決国民総決起大会が開催される。同国民大会は、自民党、社会党、総評、全国労働組合同盟、全学連など数十団体により主催され、約一万二千人が参加した。地方都市でも二〇都道府県で同様の大会が開催された（小野 二〇一〇a：三二四－三三二）。その結果、沖縄問題解決への取り組みの継続が求められ、同年八月には「沖縄問題解決国民運動連絡会」（沖縄連）が結成される(1)。

2－2　革新ナショナリズムの共鳴

当時の日本での沖縄問題への取り組みをみていくと、同時期に起こっていた日本各地での反基地運動とのつながりがみえてくる。

たとえば、石川県内灘での米軍試射場接収反対の運動（一九五二年〜）、大阪・兵庫にまたがる伊丹空港の米軍による拡張に対する反対運動（一九五二年〜）、そして東京都・砂川町での米軍・立川基地拡張計画への反対運動（一九五五年〜）などがあった（青島・信太 一九六八、道場 二〇〇五：三二四－三三九）。

なかでも、東京都砂川町での米軍基地拡張計画への大規模な反対運動（砂川闘争）は、沖縄の土地闘争としばしば重ねあわされていた。砂川闘争には沖縄を含め各地から人々が集まり、現地闘争が組織されている。「沖縄の代表も訪れた。お互いに独立と平和の闘いの先頭に立っている者同士の固い固い握手だ。／毎日砂川を訪れる人々の団体や名前は、もう記すことができないほどだ」（砂川町基地拡張反対

支援労協 一九五六：一二〇）と記録されている。砂川闘争の現場は、各地の運動と活動家が集い、経験を交換する場であった。「砂川町基地拡張反対同盟」と「砂川町基地拡張反対労組支援協議会」による声明書（一九五六年九月一四日）は次のように述べている。

日本の土地を守るために北は北海道、南は沖縄からわれわれ等は集った。政府と官憲はわれわれ農民の心をふみにじって祖先伝来の土地、われわれを何百年にわたって育てくれた土地をアメリカに売り渡そうとしている。〔……〕ここ砂川町においても二回の強制立入りで測量の一部をゆるし、三百五十年の歴史に血の一頁をかざった。涙といかりの二日間をすごして、われわれは土地と生活を守らねばならないという確信を更につよめた。

土地に杭を打たれても心に杭は打たれない。闘いはまさにこれからである。〔……〕今後はすべての行きがかりを捨てて固く日本人として手を握り、全国民の支援のもとに日本の土地を守るために闘う。（砂川町基地拡張反対支援労協 一九五六：一〇〇）

砂川と沖縄との共鳴は、基地・軍隊、なかでも米軍に土地を奪われるという共通の経験によるものだった。土地の収奪と破壊への抵抗は、「日本の土地を守る」こととされた。「日本民族の独立と平和をかちとる闘い、安保条約、行政協定の改廃をめざす闘い」（砂川町基地拡張反対支援労協 一九五六：一八三）とも表現されており、「民族の独立」の闘いとして経験されている。(2)

このようななか、本土でも沖縄の土地闘争は「日本の土地を守る」「民族の独立」のための闘いとして熱い関心を集めた。日本共産党の機関紙『前衛』（一九五六年八月号）に掲載された高安重正による論文

「沖縄のたたかいと民族の主権」は次のように主張している。

> 国民はいま、アメリカ帝国主義者の日本民族を奴隷視したごおまん（ママ）な態度と、重光外相に代表される鳩山政府の売国的屈従外交に憤激している。現在、国民感情を支配している要素は、「沖縄県民はかわいそうだ」という第三者的同情心から、沖縄の苦しみを自分の苦しみとする共通の民族的怒りに深まろうとしている。（高安 一九五六：二五）

人々は沖縄の土地闘争に対し同情心を寄せる支援者であったのではない。「アメリカ帝国主義」や「売国的屈従外交」に対する、「民族的怒り」を深め共有しながら、「沖縄の苦しみを自分の苦しみ」とする取り組みでもあった。

一方、沖縄でも、「民族」や「領土」といった言葉がしばしば使われていた。土地闘争の中心的存在となる「沖縄土地を守る協議会」の結成大会（一九五六年七月一八日）での宣言決議をみてみよう。

> われら八〇万県民は、今アメリカの自由世界防衛の美名のもとに築き上げた原水爆基地拡張のための新規土地接収と永久土地買い上げを強制するプライス勧告によってその生存を否定されようとしている。終戦一一年幾多苛酷な犠牲と強制の下に血と涙の悲劇を積み重ねてきたわれわれは、八千万祖国同胞と共に領土の防衛と生存権擁護のため決然として立ち上がった。［……］
>
> われわれは、全県民と共に国土を一坪もアメリカに売り渡さないために民族の限りない底力を掘りおこして闘う。［……］

われわれは、全県民とともに独立と平和と民主主義の旗を高く掲げ祖国と民族を守るために闘い抜く。（中野編 一九六九：一九九）

このように、日本での反基地運動と沖縄の土地闘争とは、国土や領土の回復や保護、そして民族の独立の獲得という反米・革新ナショナリズムによって共振し、連帯を経験していた。沖縄問題は、ナショナリズムの磁場であったのだ。

3 冷戦体制と沖縄問題との相克

3-1 六〇年安保闘争と冷戦的分断

一九六〇年四月二八日、沖縄県祖国復帰協議会（以下、復帰協）が結成される。復帰協は沖縄教職員会を中心とした超党派の組織であり[3]、沖縄での復帰運動を進める中心的存在となっていった。

本土では、一九六〇年、日米安保条約改定への反対と安保破棄を求める六〇年安保闘争がおこっている。「安保条約改定阻止国民会議」を中心とする多様な革新勢力は、日本政府の安保改定方針を、日本の軍事化を進め、米国の軍事行動や戦争に巻き込まれる危険性が増すものと考え、これに反対した。そして、安保改定交渉の中止、新条約調印の阻止、条約の議会批准阻止のための行動が取り組まれた（道場 二〇一〇）。

しかし、六〇年安保闘争において、沖縄問題は主題化されなかったという指摘が度々なされてきた。たとえば、中野好夫と新崎盛暉は「日本戦後史の画期をなすような六〇年安保闘争もまた、全体としてみればけっして沖縄を視野のうちには入れていなかった」（中野・新崎 一九七六：一一八）とし、その具体例として、一九六〇年五月に、米国下院議会がメースB基地の沖縄での建設を承認した際、安保闘争の側から問題化することがなかったことをあげている。安保闘争と沖縄問題とはつながらず、本土と沖縄の運動のつながりは弱いものだったというのだ。

安保闘争と沖縄問題との切断の理由はどのようなものだったのだろうか(4)。それは、安保条約の適用範囲をめぐる問題の存在と、冷戦体制の下での思考様式の深化であったと思われる。

日米安保改定交渉における日米両政府の関心は、「不平等条約」（基地貸与協定方式）であった旧安保から、「対等」で「平等」な関係を基本とする相互防衛条約に変えるという点にあった。前述のとおりこれに反対する人々は、米国の戦争に巻きこまれる可能性が高まり、国民生活の平和と安定が脅かされると主張した。

沖縄との関わりで問題となったのは、新安保条約の適用地域（共同防衛地域）を沖縄にまで広げるか否かであった。条約適用地域を沖縄に拡大することには多くの反対の声があがった。米比・米韓・米台の国際的な軍事・安全保障ネットワークの結節点となった沖縄を条約適用地域に含めることによって、日本が米国の広範な軍事行動にまきこまれ、戦争に関与せざるをえなくなると考えられたためである。戦争体験をまだ生々しく記憶する人々にとって、それはありえないことだった。「沖縄の存在は、日本が戦争に巻き込まれる危険性を増大させるものであり、沖縄を新安保条約の適用範囲に含むことは、安保闘争の原動力であった「戦争に巻き込まれたくない」、「日本の平和と民主主義を守る」願望と根本的に対立するものであった」（小野 二〇一〇b：二一三）のである。

沖縄側の落胆は大きかった。たとえば、琉球新報は社説で、安保改定反対の論理を「裏返していうならば、もし戦争になった場合は沖縄人だけ戦禍にさらして、日本国民は傍観しよう」(『琉球新報』一九六〇年一月一八日朝刊)というものだと批判した。

こうして、安保闘争において〈安保改定阻止・安保廃棄の論理〉と〈沖縄の返還要求＝沖縄の復帰運動への応答の論理〉とは分離され、沖縄問題は「後景化」(小野 二〇一〇b)されたのである。六〇年安保闘争における「沖縄問題」認識は、〈米軍の占領地として戦争と直結する沖縄〉と〈民主主義と平和の対象となるべき本土〉という二分法の図式にはまりこんでいくものであった。その意味で、六〇年安保闘争は、冷戦体制における地政学的分断をなぞり、内面化する経験でもあったといえるだろう。

3-2 沖縄返還要求国民大行進がつないだ人々・経験・運動

しかし、当時の沖縄問題認識を、安保闘争によってのみ代表させてしまうのは、実態とかけはなれたものとなる。活発化した沖縄での復帰運動に本土から呼応しようとする動きは、広がりをみせてもいた。たとえば、一九六〇年一月二三日に鹿児島県鹿児島市で開催された「沖縄のナイキ演習・日本の核武装反対・沖縄の返還要求 国民総決起大会」(以下、大会)と、これにあわせて実施された沖縄返還要求国民大行進(以下、大行進)がある。この大会と大行進は、本土において沖縄での復帰運動の存在を広く共有し、それに呼応する取り組みの必要性を訴える画期的なものであった。

大会は、総評、原水協などを幹事団体とする「国民総決起大会実行委員会」によって開催されている。この大会の呼びかけ文から、開催の背景やねらいを確認してみよう。

十月八日、米陸軍第九軍司令官ドナルド・P・ブース中将、兼高等弁務官は、十月三十一日から一九六〇年一月三十一日まで沖縄においてナイキ・ハーキュリーズの演習を実施すると発表し、現在その演習が続けられている。

沖縄原水協ではハンスト・ゼネストをもって阻止する方針を決定し、その実践のための熾烈な斗争を展開している。

われわれは現地の反対斗争を支援し、本土をふくめた反対斗争をもりあげ、併せて日本全体の核武装化ならびに安保改定に反対し、沖縄の日本返還の斗いを発展させるため、沖縄に最も近く、かつナイキ演習で直接被害を受けている鹿児島県で大集会を開催する。（国民総けっき大会実行委員会 一九六〇）

大会の直接の背景となったのは、核の装備が可能とされる高高度地対空ミサイル、ナイキ・ハーキュリーズの沖縄での演習である。大会主催者によれば、一九五九年一〇月三一日から始まった発射演習によって「鹿児島の漁民は出漁が出来ず、その損害は膨大な金額に達してい」（沖縄のナイキ演習・日本の核武装反対・沖縄の返還要求国民総けっき大会 一九六〇a）たという。「南九州のカツオ、マグロ漁がナイキ演習場設定で大打撃をこうむって」おり、沖縄の労働者代表約五〇名、鹿児島県内から枕崎、坊ノ津、串木野の漁民や労働者、宮崎県の漁民などがバスを貸し切って参加すると報じられている（『琉球新報』一九六〇年一月二一日朝刊）。本土とは異なり、米軍の裁量で自由に軍事演習が実施できる沖縄でのナイキ・ハーキュリーズの発射演習は、鹿児島の人々にとっても脅威であった。大会の集会のポスターをみると、農民、あるいは漁民と思われる男女のイラストがあり、その背景に九州の南端から沖縄島までの島々が描かれ、本土と沖縄を分断する北緯二七度線が強調されて引かれている。

ナイキ・ハーキュリーズは前述のとおり核装備も想定されていたため、主催者はこの演習が沖縄の核基地化にもつながるとして、次のように批判した。


この沖縄の原爆基地化、県民の核兵器戦争におののく姿は、明らかに核武装化した日本本土の明日の姿である。それのみならず、沖縄の核武装化は、そのまま日本全土の核武装を意味している。何故ならば、本土と沖縄を政治的に切離した北緯二十七度を原爆戦争は区別しないし、原爆基地沖縄を守るべく日本の自衛隊が編成されているからである。

沖縄と日本本土は原爆戦争において運命をともにすべく結合されているのである。

したがって、日本の核武装に反対するわれわれは、沖縄の原爆基地を容認することはできない。

図1　沖縄のナイキ演習・日本の核武装反対・沖縄返還要求国民総決起大会ポスター（法政大学沖縄文化研究所所蔵、B2/129/NAKANO）

三度原水爆の被害をうけたわれわれ日本国民は、日本本土の核武装と沖縄の原爆基地化に断固反対する。

アメリカは日本本土、沖縄の原爆基地及び核兵器をすみやかに撤去すべきである。

（沖縄のナイキ演習・日本の核武装反対・沖縄の返還要求国民総けっき大会　一九六〇b）


この「日本の核武装に反対する決議」は、沖縄での核兵器使用が現実化すれば、新たな被爆者を生むという危機感によって書かれている。決議からは、マーシャル諸島・ビキニ環礁での米軍の水爆実験と第五福竜丸の被爆（一九五四年三月）の記憶の生々しさが感じられる。そして、安保条約改定にともない、その適用範囲が沖縄へと広がった場合は、日本全体が核の危機に直面するのではないかという恐怖心も確認できるだろう。

このように、鹿児島での国民総決起大会は、沖縄での軍事化の影響が、本土に及んでいる／及びうるという問題意識から開催されていた。沖縄の軍事化は、他人事ではなく、自らに直接影響を及ぼす問題として経験されていた。

そして、この大会後、鹿児島から東京まで大行進が行なわれた。行進は、沖縄代表四人と行進を呼びかけた福岡県平和委員会事務局長・堤康弘を先頭に、約二八〇人で鹿児島を出発（『アカハタ』一九六〇年一月二五日）。ときに、沖縄県代表をふくめ四人のみになることもあったが、各地の労組活動家らが歩き、つなぎ、行進は続いた。当時の新聞記事などを参照すると、行進の経路は次のようなものだ。まず、大行進は鹿児島から九州の西側を進み、水俣を経由して熊本、大牟田、福岡、北九州の八幡、小倉を通り、関門海峡を渡り本州へと向かう。そして、瀬戸内海側を、宇部、柳井、岩国、広島、岡山、神戸、大阪と進んだ。大阪を出発後、京都から琵琶湖の東岸（彦根～長浜）を抜け、岐阜から名古屋を経由し、豊橋、浜松、焼津、静岡、御殿場、そして神奈川から東京へと至った。二〇県を九六日間かけて通過するというものである。

行進は小さな交流と出会いを積み重ねていった。行進に参加した牧瀬恒二（日本共産党中央委員会沖縄対策委員会部員）は、鹿児島市内を抜けて、行進が農村に入ったときの様子を次のように語っている。

ひとりの例外もなく手をふってくれる。とくに道路工事をやっているニコヨンのおばさんや河川工事をやっている労働者の手のふり方には、いっしょに歩いて行こうというほどの気合いがこもっている。それがまた行進団の確信になって力が蓄積されてゆくのだ。（牧瀬　一九六〇）

『アカハタ』などの革新政党の機関紙だけでなく、全国紙や地方紙も、行進の進行状況を伝えている。

この日大牟田、荒尾県境には三池労組員、同主婦会員をはじめ大牟田地評加盟各組合員、大牟田原水協、平和委員会などから約三千人が出迎え、県境からは約五百人の行進となって大牟田市役所に着き、午後四時半から歓迎大会を開いた。東京まで歩くのは玉城団長（沖縄青年団）ほか沖縄出身者の三人で途中中継地点でそれぞれ地点の労組、原水協など民主団体が同行するという行進のやり方、沖縄からの一行四人はそれぞれ〝沖縄を返せ〟のタスキをかけ、真っ黒に日焼けした顔で元気に〝沖縄を返せ〟の歌を合唱していた。（『西日本新聞』一九六〇年二月八日）

〝沖縄を返せ〟の合唱

沖縄―東京リレー行進　元気に大牟田入り

【大牟田】沖縄を日本に返せ、原水爆基地反対、ミサイル実験反対などのスローガンを掲げ、一月二十四日那覇市を出発した沖縄―東京間リレー行進は七日午後四時十分大牟田市に着き福岡県入りした。

この日大牟田、荒尾県境には三池労組員、同主婦会員をはじめ大牟田地評加盟各組合員、大牟田原水協、平和委員会などから約三千人が出迎え、県境からは約五百人の行進となって大牟田市役所に着き、午後四時半から歓迎大会を開いた。東京まで歩くのは玉城団長（沖縄青年団）ほか沖縄出身の三人で途中中継地点でそれぞれ地点の労組、原水協など民主団体が同行するという行進のやり方、沖縄からの一行四人はそれぞれ〝沖縄を返せ〟のタスキをかけ、真っ黒に日焼けした顔で元気に〝沖縄を返せ〟の歌を合唱していた。

一行は八日午前十時大牟田市役所前を出発、約五十人が柳川市まで同行する。九日は久留米、十日は二日市でそれぞれ一泊、十一日福岡市に入る予定。

大牟田市に着いた沖縄返還貫徹大行進

図2　行進を報じる『西日本新聞』（1960年2月8日朝刊）

記事が伝えているように、各地で、労働運動や原水爆禁止運動、平和運動の団体や活動家が行進を出迎え、沖縄からの参加者との交流会や集会を開いた。

また、大牟田市役所が歓迎大会の会場になったと報じられているが、他の地域でも、市役所や県庁などが集会や交流会の会場となっている。市長や副市長が出迎えることもあった。たとえば、熊本県水俣市では、水俣市役所前で労組、婦人会など約二百人が歓迎大会を開き、水俣市長が歓迎の言葉を送ったという（『アカハタ』一九六〇年二月一日）。市長によっては、沖縄代表団や行進団参加者との「懇談の席上で沖縄返還のために努力することを約した」（堤 一九六〇）こともあったという。

興味深いのは、各地の社会問題、特に基地問題とのつながりがコーディネートされている点だ。たとえば、二月二八日に到着した山口県岩国市では、「沖縄返還、安保批准反対、岩国原爆基地撤去山口県民大会」が開かれ、行進団も参加した。沖縄からの代表・玉城幸治（那覇市青年団）は、沖縄現地の実情を伝え、「わたしたちは新安保が批准されれば祖国の同胞の上にも沖縄と同じような苦しみがおおいかぶさってくることを訴えつづけます。独立と平和のためにともにたたかおう」（『沖縄連』一九六〇年二月二五日）とアピールしている。また、三月一日に広島に到着した行進団は、「三・一朝鮮独立運動記念集会」に参加した朝鮮総連系の二千三百人と交流、その後、「ビキニ被災六周年記念広島県民大会」に出席し沖縄の実情を訴えた（『教育新聞』一九六〇年三月一一日）。

このように行進を通じて提示された「沖縄問題」とは、それぞれの土地の社会問題と共鳴するものとして受けとめられた。行進は、各地の平和運動、反基地運動、沖縄や朝鮮半島の出身者、被爆者、政治家やマスメディアとの出会いと交流を生み出しながら進んだのである。沖縄問題が各地域の社会問題、特に基地・軍隊をめぐる抵抗運動と結びつくことになったのだ。

そして、四月二八日に東京に入った行進は、東京沖縄県人会、東京平和委員会、総評、社会党、共産党、労働運動諸団体などの「拍手や〝沖縄を返せ〟の合唱」（『沖縄タイムス』一九六九年四月二九日）によって盛大に迎え入れられる。同日午後、日比谷公園野外音楽堂では「沖縄返還貫徹要求中央大集会」が開催され、同じ日、沖縄では「沖縄県祖国復帰協議会」が結成された。

こうして、本土と沖縄で、沖縄の日本復帰を求める運動が呼応しあいながら、組織化されていった。その後、四月二八日は沖縄デー[5]と呼ばれるようになり、毎年集会やデモが各地で行なわれるようになった。

また、この行進を通じて、各地に広まっていったのが、歌「沖縄を返せ」であった。[6]歌詞は次のようなものだ。

かたき土を破りて　民族のいかりにもゆる島　沖縄よ
我らと我らの祖先が　血と汗をもって　守りそだてた沖縄よ
我らは叫ぶ　沖縄よ　我らのものだ　沖縄は
沖縄を返せ　沖縄を返せ

「沖縄を返せ」がつくられたのは、大会と行進の四年前、一九五六年、土地闘争の頃であった。全九州合唱団会議（全九合）が、沖縄での土地闘争支援のよびかけを行ない、裁判所職員の労働組合である全司法福岡高裁支部がこれに応えてつくったのが発端であった。作詞には、当時疎開して福岡法務局に勤めていた仲吉良新（その後、県労協議長、官公労委員長などを務める）もかかわっていたといわれている（新崎 一九八三）。第四回「九州のうたごえ」（於・大分市教育会館、大分県立体育館、一九五六年九月二二～二三日）に、全司法福岡高裁支部が出場し、「沖縄を返せ」は初めて披露され、その後、うたごえ運動

図 3　「沖縄を返せ」原曲（『全司法新聞』1956 年 10 月 15 日）

図 4　荒木栄作曲の「沖縄を返せ」（高江洲 1969：18–19）

を通じて、各地に広がっていった。

当初、この歌のメロディーは実に暗いものだったため、行進を計画していた福岡県平和委員会の堤康弘は「歌える沖縄行進の歌」にしようと、全九合事務局を通じて、大牟田のうたごえ運動の著名な活動家・作曲家である荒木栄に行進曲風の編曲を依頼。荒木は見事な行進曲、集団で歌う闘争歌へとアレンジした。原曲と荒木の曲、楽譜を比べてみるとその違いがよくわかる(図3・4参照)。その後、五六年一二月に行われた「日本のうたごえ」に荒木作曲の「沖縄を返せ」が披露され、各地で歌われるようになった。こうして生まれたこの歌は、大行進を通じて沖縄問題への取り組みのテーマソングのようになったのである。

3-3 冷戦体制と復帰運動のせめぎ合い

以上のとおり、一九六〇年代初頭には、六〇年安保闘争と復帰運動の形成とが重なっていた。この二つの出来事からは、①冷戦体制のなかの地政学的分断によって人々のつながりや思考を切り縮める力学と、②冷戦体制の分断線を越えた共同性を創造しようとする力学、とのせめぎ合いをみることができる。

(1) 冷戦体制下の分断の力学

六〇年安保闘争では、平和で民主化された戦後日本を守れという主張が展開されていた。その主張は、同時に、安保条約の適用範囲を米国の国際的軍事ネットワークの中心であった沖縄まで広げることを脅威としてとらえ、沖縄と本土とを切断した。この切断は、沖縄問題を〈沖縄の人々が抱えている、あの島=沖縄で起こっている問題〉として地理的に限定する方向に作用する。

表1　在日米軍兵力（単位：人）
＊青島・信太編著（一九六八：一二三七）に基づき筆者作成。

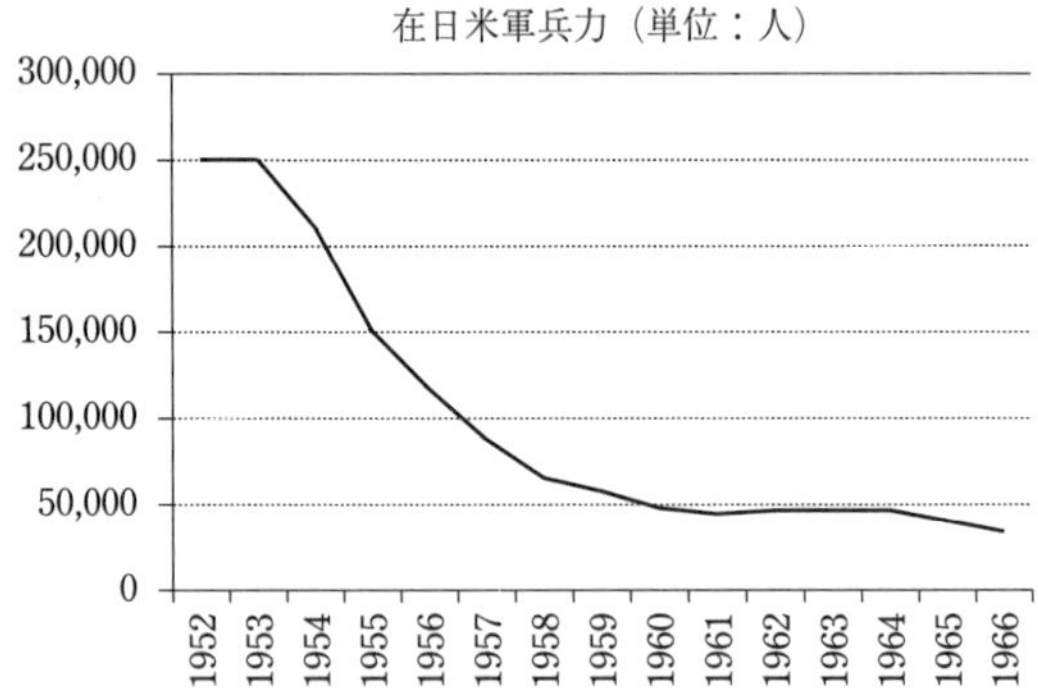

表2　在日米軍基地面積（単位：千平方メートル）
＊青島・信太編著（一九六八：一二三七）に基づき筆者作成。

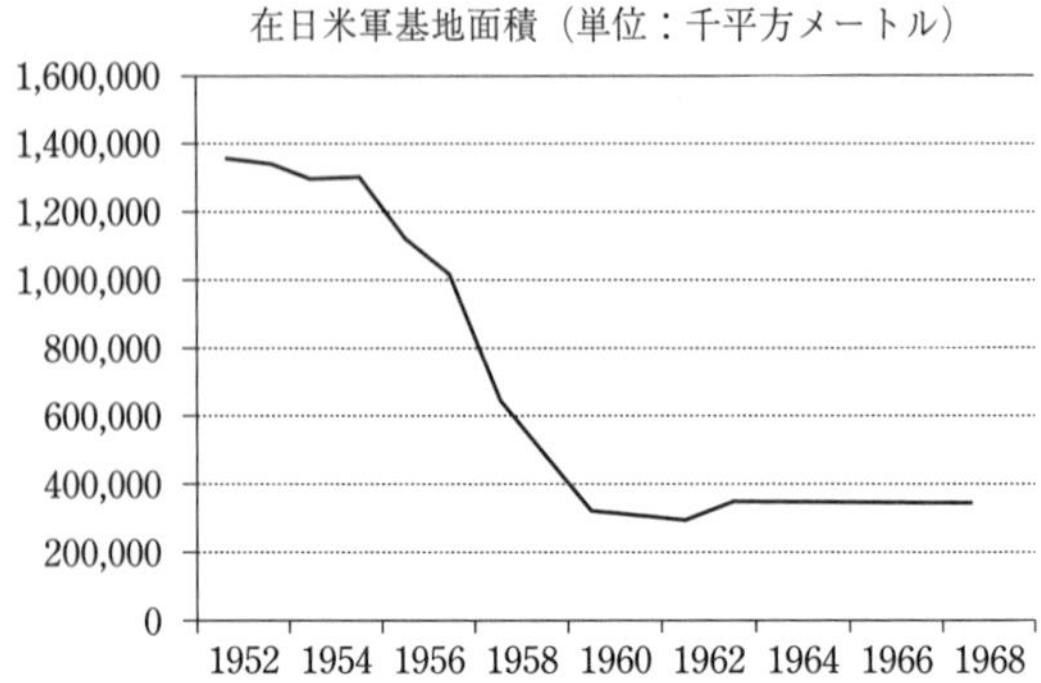

表3　日本本土と沖縄の駐留米軍人数（単位：人）［林（2013: 127）］

年度	日本本土	沖縄	沖縄の比率
1950	115,306	21,248	15.6%
1953	185,829	23,325	11.2%
1954	185,705	24,530	11.7%
1955	162,075	27,778	14.6%
1956	141,372	27,157	16.1%
1957	121,619	29,236	19.4%
1958	68,671	38,944	36.2%
1959	52,452	32,914	38.6%
1960	46,295	37,142	44.5%
1961	47,182	38,658	45.0%
1962	49,308	42,411	46.2%
1963	49,467	39,966	44.7%
1964	38,923	45,760	54.0%

このような切断には、日本本土と沖縄の軍事化の状況の違いが広がりつつあったことも影響していると考えられる。一九五〇年代後半以降、沖縄での軍事基地は拡張されつづけた。その一方、日本本土では、砂川闘争の「勝利」などを経て、米軍の撤退が進んでいる。米国政府は、反米ナショナリズムの成長をふまえ、「日本にある基地を失うだけでなく、日本の工業力を利用することもできなくな」（林 二〇一三：二六）る事態を恐れるようになっていた。その結果、一九五七年六月のアイゼンハワー大統領と岸首相との共同声明では、日本の防衛力整備計画の推進とセットになった、日本国内の米軍陸上戦闘部隊の撤退など駐留米軍の大幅削減が合意されている（岡倉・牧瀬 一九六九：三八二）。在日米軍基地の兵力、基地数、面積の劇的な減少は表1～3のとおりである。

だが、その一方で、本土から撤退した米軍の一部（第三海兵師団など）は沖縄へ移駐された。沖縄では本土から沖縄へのしわ寄せであるとの印象も広がっていた（新崎 一九七六：一八九）。また、沖縄だけでなく、韓国や台湾でも軍事化が進行している[7]ことをふまえるならば、日本本土での米軍の撤退、沖縄での米軍基地の拡張、中台間や南北朝鮮間の軍事的緊張の継続が相互に連関しながら進行したといえる。米国主導の冷戦体制と、そのもとでの地政学的分断はこうして維持・強化されたといえよう。

（2）復帰運動という越境

だが、同時に、沖縄と本土の共同行動、具体的には復帰運動が、冷戦体制の分断線を越えようとする志向を持ち合わせていたのも確かである。鹿児島での大会のように、沖縄の土地闘争や復帰運動と、参加者それぞれの経験が呼応することがあった。また、大行進における各地での熱烈な歓迎、沖縄問題と各地の戦争体験や社会問題への取り組みとの共鳴関係も既に確認したとおりである。大会参加者にとって沖縄問題とは〈沖縄の人々が抱えている、あの島＝沖縄で起こっている問題〉ではなく、自らが直面している基地・軍隊からの脅威に抗する問題や戦争体験、記憶とつなぎあわされて受け止められていたのである。

このように、一九六〇年代初頭――六〇年安保闘争と復帰運動の時代――には、米国を中心とした冷戦体制下の地政学的分断がつくられていくプロセスと、それに抗い、分断線を越える共同性をつくろうとする実践とが、せめぎあっていたのである。

4　沖縄闘争の時代

4－1　沖縄統治政策の転換

一九六〇年代後半、日米両政府による沖縄返還にむけた交渉が本格化するなかで、沖縄問題をめぐる社会運動は量的にも質的にも大きく変貌をとげ、沖縄闘争と呼ばれるようになった。

まず、日米両政府の沖縄統治政策について確認しておこう。一九六四年一一月の佐藤栄作内閣成立以降、沖縄返還交渉は活性化・加速化した。佐藤は一九六五年八月一九日、首相として初めて沖縄を訪問する。佐藤は到着した那覇空港で以下のようにスピーチした。

沖縄同胞のみなさん。

私は、ただ今、那覇飛行場に到着いたしました。かねてより熱望しておりました沖縄訪問がここに実現し、漸くみなさんと親しくお目にかかることができました。感慨まことに胸せまる思いであります。沖縄が本土から分れて二〇年、私たち国民は沖縄九〇万のみなさんのことを片時たりとも忘れたことはありません。本土一億国民は、みなさんの長い間の御苦労に対し、深い尊敬と感謝の念をささげるものであります。私は沖縄の祖国復帰が実現しない限り、わが国にとって「戦後」が終っていないことをよく承知しております。これはまた日本国民すべての気持でもあります。（中野編 一九六九：五五二）

佐藤の沖縄への強い意志を感じるスピーチである。その意志は情緒的なナショナリズムによって表現されている。沖縄の人々に対し、「同胞のみなさん」と呼びかけ、「私たち国民」は常に「同胞」のことを思い続け、忘れていなかったという。このスピーチは革新ナショナリズムの言葉や表現を散りばめたものとなっているのが特徴である。新崎がいうように、「祖国復帰運動や沖縄返還運動の「民族的悲願としての祖国復帰」、「国民的願望としての沖縄返還」というスローガンを先取り」（新崎 一九七六：二九九）しながら、人々のエネルギーをうまく利用していく日本政府の姿がここにある。

その一方で、沖縄の基地・軍隊について、日米両政府はどのような交渉を行なっていったのか。佐藤の沖縄訪問に先立って行なわれた一九六五年一月の佐藤とジョンソン大統領の会談では、共同声明を通じて以下のことが確認されている。

総理大臣と大統領は、沖縄および小笠原諸島における米国の軍事施設が極東の安全のため重要であることを認めた。総理大臣は、これら諸島の施政権ができるだけ早い機会に日本へ返還されるようにとの願望を表明するとともに、沖縄住民の自治の拡大及び福祉の一層の向上に対し深い関心を表明した。大統領は施政権返還に対する日本の政府および国民の願望に対して理解を示し、極東における自由世界の安全保障上の利益がこの願望の実現を許す日を待望すると述べた。（南方同報援護会編 一九六八：一一七）

日米両政府は安全保障上の沖縄の重要性を認め合いながら、その一方で、沖縄返還交渉を進めたのである。沖縄返還と在沖米軍基地の重要性の確認は矛盾するようであるが、日米両政府にとってはそうではなかった。当時、米国政府内では、沖縄の住民の自治権要求の高まりが、日米関係を悪化させる最大の問題として認識されるようになっていた（我部 二〇〇〇：五七）。自治権要求の高まりとは、土地闘争以降の復帰運動の高揚、そして一九六七年の教公二法阻止闘争[8]などの運動を指している。米国政府内には、沖縄問題によって日米関係自体が悪化した場合、沖縄だけでなく日本のすべての米軍基地を維持・運用できなくなるのではないかという危機感が広がっていった。米国による沖縄統治は、沖縄の人々の運動によってほころび、危機に直面しはじめた。そして、日米両政府は、沖縄の占領政策だけでなく、日米安保体制そのものへの危機へと波及することを避けなければならなかった（河野 一九九四：二三八－二四三）。在沖米軍基地の軍事的機能を維持するためにも、沖縄返還は求められたのだ。

このような沖縄統治政策の変化の結果、一九六七年一一月のジョンソン大統領と佐藤首相の会談において、両国政府は両三年内（within a few years）に返還時期を合意することを確認した。そして、一九六九年一一月の日米共同声明では一九七二年の施政権返還が合意される。両政府は同声明でも沖縄の米軍基地の必要性を再確認している。

総理大臣と大統領は、米国が沖縄において両国共通の安全保障上必要な軍事上の施設及び区域を日米安保条約に基づいて保持することに意見が一致した。〔……〕総理大臣は、日本の安全は極東における国際の平和と安全なくしては十分に維持することができないものであり、したがって極東の諸国の安全は日本の重大な関心事であるとの日本政府の認識を明らかにした。総理大臣は、日本政府のかかる認識に照らせば、前記のような態度による沖縄の施政権返還は、日本を含む極東の諸国の防衛のために米軍政府が負っている国際義務の効果的遂行の妨げとなるようなものでないとの見解を表明した。大統領は、総理大臣の見解と同意見である旨を述べた。（新崎編 一九六九：五〇三）

琉球新報
本土並み、72年返還で合意
日米首脳会談終わる
核抜きなお疑念
日米共同声明 基地機能維持を明記
直ちに返還協定作成へ
日米共同声明 全文
佐藤首相 出発式であいさつ

図５　日米共同声明を大きく報じる『琉球新報』（1969年11月22日朝刊）

また、日米両政府は、沖縄返還をアジア政策の一環として進めていたことも確認しておく必要があるだろう。日米共同声明によれば、日米両政府が「現在のような極東情勢の下において、沖縄にある米軍が重要な役割を果していることを認め」、「沖縄の施政権返還は、日本を含む極東の諸国の防衛のために米国政府が負っている国際義務の効果的遂行の妨げとなるようなものではない」（「日米共同声明（全文）」〔新崎編 一九六九：五〇二－五〇三〕）とする。また、両国は、朝鮮半島と台湾における「平和と安全の維持」が重要であるとし、日米安保条約がそのために果している役割を認めあった。さらに、日本政府は、米国によるベトナム戦争を支持し、ベトナムを含む「アジアに対する援助計画の拡大と改善を図る意向」を示している。その上で、「ベトナム戦後におけるベトナムその他の東南アジア地域の復興を大規模に進める必要があること」（「日米共同声明（全文）」［新崎編 一九六九：五〇四－五〇五］）が確認されている。

このように、日米共同声明は沖縄返還にとどまらない内容であった。佐藤の言葉を借りるならば、「日本が米国と協力してアジア・太平洋地域、ひいては全世界の平和と繁栄に貢献していく」（「プレスクラブでの佐藤首相の演説（要旨）」［新崎編 一九六九：五〇七］）ことが、沖縄返還を足がかりとして表明されたのだ。米国政府は、「沖縄返還を契機として日本の地域的役割を要請する方向」（河野 一九九四：二五八）へと舵を切り、日本政府はそれに応じた。沖縄返還の合意は、日米両国がアジア地域に関する政策と責任を共有する、新たな二国間関係に入ったことを示すものであった[9]（中島 二〇一二：三五二）。

4－2 復帰運動からの量的・質的な変化

日米両政府の政策転換と沖縄の日本復帰の決定を受けて、沖縄問題をめぐる社会運動に、量的かつ質的な変化がはっきりとあらわれるようになる。一九六六、六七年頃から、沖縄の日本復帰をめぐる様々な運動は、復帰要求にとどまらない幅広い取り組みをはじめ沖縄闘争と呼ばれるようになる。

では、沖縄闘争への量的・質的変化とはどのようなものだろうか。

まず、量的な変化をみてみよう。表4・5は沖縄デー（四月二八日）を含む主要な集会・デモの参加人数と集会数の変化である[10]。一九六〇年代前半、沖縄デーは千人単位の集まりであったが、一九六四年以降、万単位の参加者を集めるようになる。そして、一九六八年沖縄デーには約四万人、翌六九年には約一五万人、七〇年に約二〇万人と急激に参加人数が増えていく。最大規模の集会となったのは、国会

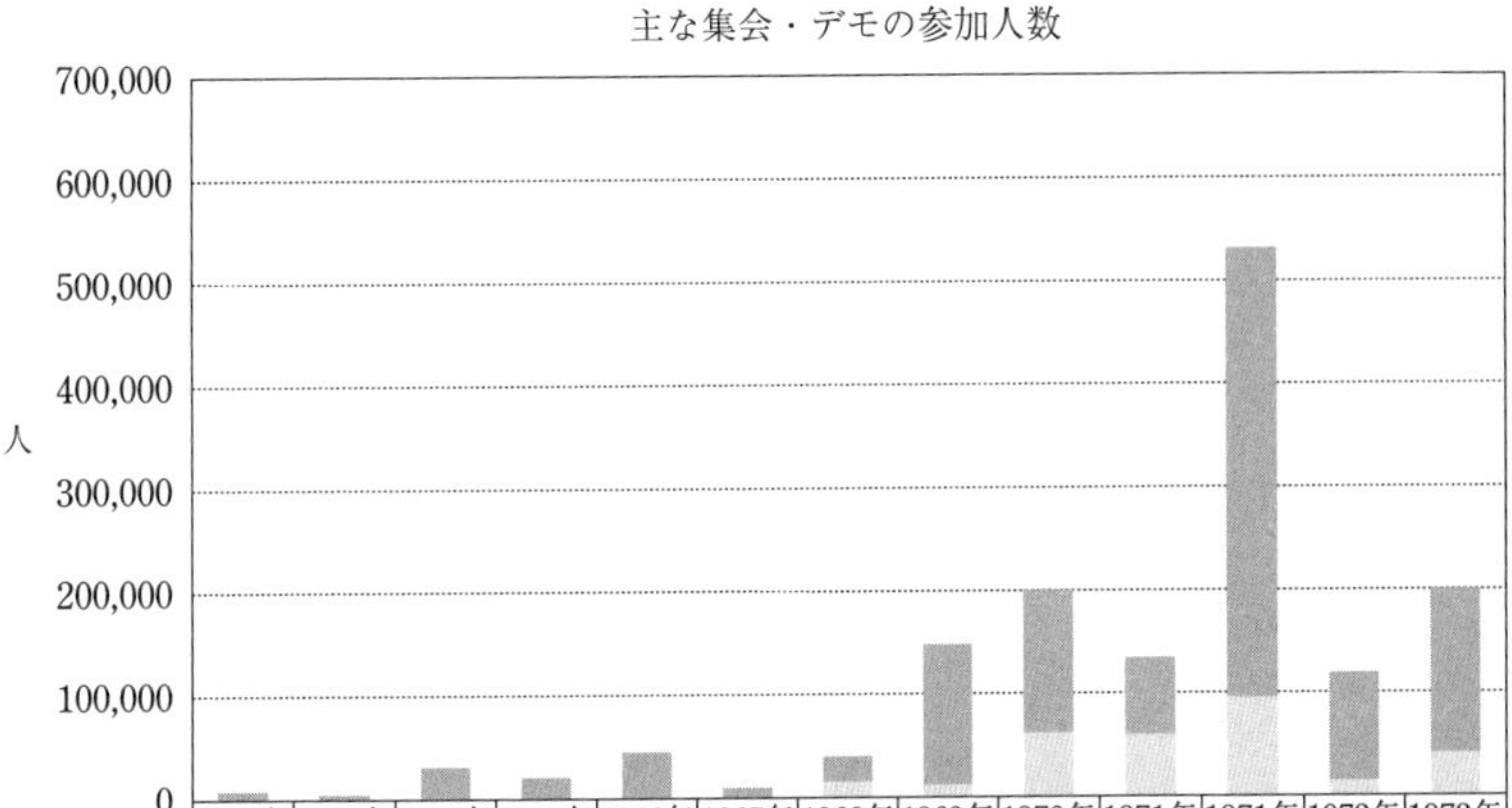

	1962年沖縄デー	1963年沖縄デー	1964年沖縄デー	1965年沖縄デー	1966年沖縄デー	1967年沖縄デー	1968年沖縄デー	1969年沖縄デー	1970年沖縄デー	1971年沖縄デー	1971年11月19日	1972年沖縄デー	1972年5月15日
総計	8,100	5,190	31,200	21,000	45,000	10,200	39,840	148,800	200,600	134,200	531,800	119,300	200,460
東京							15,310	53,000	61,600	59,800	95,000	14,450	41,140

表4　主な集会・デモの参加人数

＊警察庁警備局（1976）に基づき筆者作成。1962 年～67 年の東京の人数は不明。

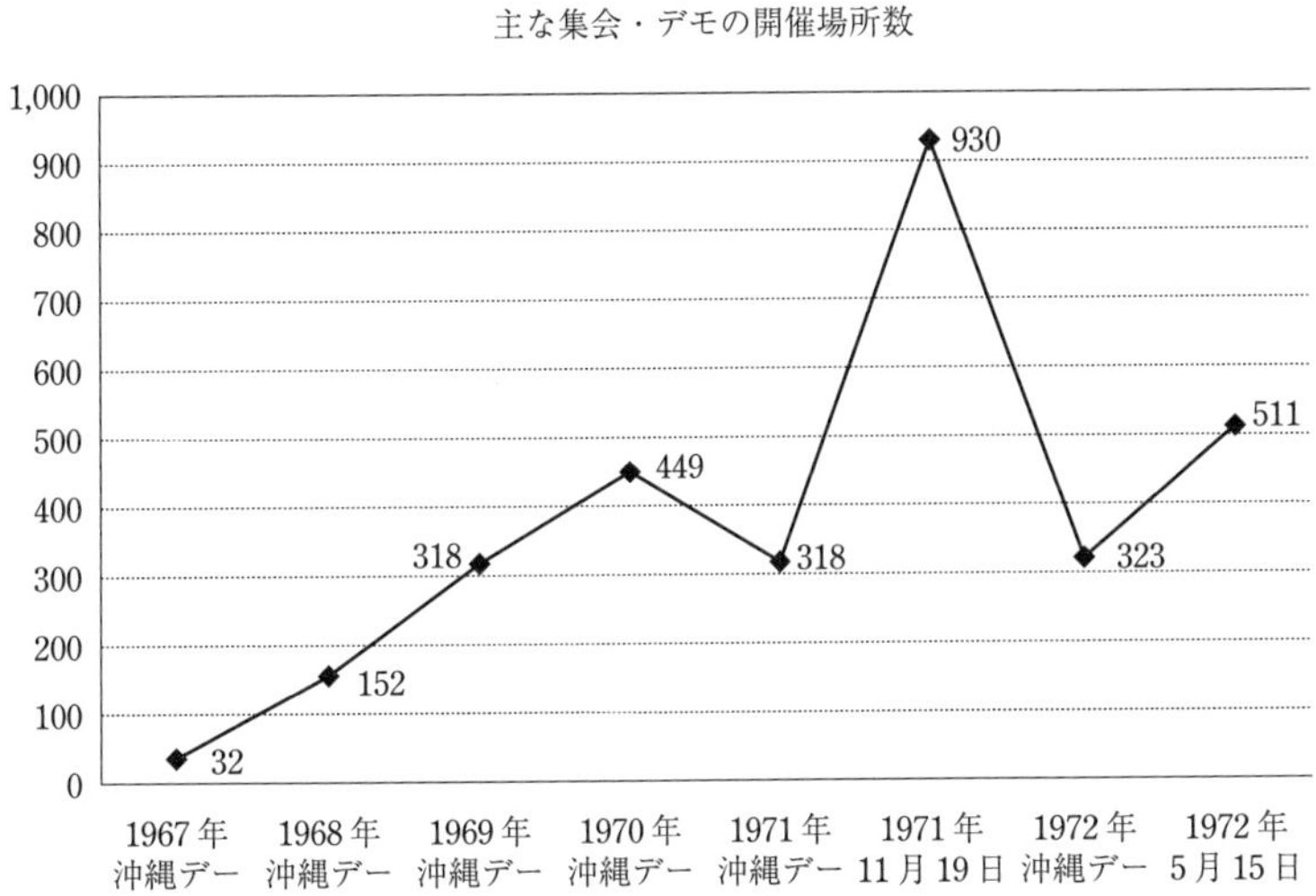

表5　主な集会・デモの開催場所数

＊警察庁警備局（1976）に基づき筆者作成。

の沖縄返還協定特別委員会が返還協定を強行採決した直後の一九七一年一一月一九日に行なわれた協定批准抗議のための集会である。同日には総評が中心となり、四四の労働組合と約二百万人が参加して四千六百五五カ所でストライキが行なわれている。集会とデモの開催場所数も参加人数と同様に増え続けている。一九六七年の三二ヵ所から、一九七一年一一月一九日には九三〇ヵ所にまで急増しており、沖縄闘争が日本各地で広く取り組まれていたことがわかる。

このように、一九六〇年代後半から一九七〇年代初頭に、それ以前とは比べものにならないほどの多くの人々が、沖縄問題に関心を寄せ、日米両政府の返還政策に抗議・反対の意志を表明するようになった。日米両政府の沖縄返還交渉は大きな注目を集めていたのだ。

また、参加人数の急激な増加は、当時成長を続けていたベトナム反戦運動や学生運動が、沖縄問題を取り組むべき課題に設定していったことにもよっている。その意味で、沖縄の復帰を問う運動は、共産党や社会党といった革新勢力（旧左翼）だけでなく、新左翼、学生や市民など多様な運動主体によっても担われた。沖縄闘争とは、一九六〇年代後半に形成された、多様な運動主体と実践からなるアリーナとなっていく。

次に質的な転換について、三点指摘したい。

（1）復帰運動の質的転換——反戦復帰と基地撤去要求

第一は、復帰運動の質的転換である。復帰要求にとどまらず、政府の返還政策への批判・否定の傾向が強まり、米軍基地のない復帰を強く要求する運動が顕在化した。

しかし、その転換はスムーズになされたものではない。たとえば、復帰協内部での基地撤去方針は箇単にはまとまらなかった。復帰協では一九六〇年代後半、基地問題に関する運動方針をめぐって大きな論争が起きていた。「核基地撤去、軍事基地反対」という運動方針が提案された際、「「核基地撤去」についいては、復帰協加盟団体の間で一致点がみられたものの、軍事基地一般については、基地撤去を要求することなくして復帰は実現しえないとする意見と、本土にも基地はあるのだから基地撤去は復帰後の全国民的課題とすべきであり復帰運動それ自体の目的ではない、とする見解が激しく対立」（新崎 一九七六：三一九-三二〇）した。妥協の末に選ばれた言葉は「軍事基地撤去」ではなく、「軍事基地反対」であった。復帰協は復帰実現を最優先し、沖縄のなかで意見や立場が分かれる基地問題についての対処方針を棚上げしていたのである。しかし、一九六九年度の「復帰運動の目標」は、さらに一歩踏み込んで、「軍事基地撤去」へと変更される[11]（沖縄県祖国復帰闘争史編纂委員会 一九八二）。「反対」と「撤去」。この違いは、「「基地反対」は単なる意思表示であるのに対し、「基地撤去」は、具体的な行動つまり基地撤去闘争をともなうものであること」（新崎 一九七一＝二〇〇五：三〇六）にある。復帰実現の最優先から、その内実、すなわち「基地のない沖縄」の実現要求への転換が図られた[12]。

一九六九年一一月の日米共同声明によって沖縄返還が決まったとき、復帰協は同月二二日、声明「日米共同声明に抗議する」を出し、日米両政府による「核つき、基地自由使用」という思惑を批判し、即時無条件全面返還を要求している（沖縄県祖国復帰協議会 一九六九＝一九七〇）。本土の政党も同様の主張を行なっていた（日本社会党 一九六九＝一九七〇、公明党 一九六九＝一九七〇、日本共産党 一九六九＝一九七〇）。いわゆる「旧左翼」の取り組みは、日米安保体制のもとへの復帰ではなく、平和憲法（九条等）のもとへの復帰を要求するものだ。それは、戦争や基地・軍隊否定の思想に基づく「反戦復帰」と呼ばれる思想への転換であった。

（2） 基地反対・撤去の論理の変化

第二に基地・軍隊への反対・撤去の論理の変化である。沖縄では、基地被害のみを訴えるのではなく、沖縄がベトナム戦争と直結している事態を踏まえ、自らが加害者になっていることを許してよいのかという問題意識が共有されるようになった。たとえば、一九六九年度の復帰協の「運動方針」をみてみよう。

軍事基地撤去
アメリカの沖縄支配の主目的は沖縄基地の排他的自由使用にある。これらの基地は核武装され、共産国諸国に攻撃目標は向けられ、とりわけ中国封じ込め、ベトナム侵略戦争を中心としたアジア諸国に対する侵略と攻撃の基地である。又、米韓、米台、米北、アンザス各軍事条約の適用範囲に包含され日米安保条約を含め、アメリカの極東軍事戦略の拠点をなし、アジア諸国のカイライ政権を擁護しながら民族を分断し極東の緊張を高める要因をなしている。更に県民に対する基地被害はこれまで生命財産を奪い、核の脅威は正に県民の生命を一瞬に奪い去らんとする状態である。このようなアジアを分断し、アジア人民を殺戮し、県民の生命を危機におとし入れているアメリカの沖縄基地は、平和憲法を守り、佐藤自由民主党政府の反動政策を粉砕する立場からも撤去を要求して斗わねばならない。
（沖縄県祖国復帰闘争史編纂委員会 一九八二：四六九）

一九五〇年代後半から六〇年代前半の、異民族支配を問題化する被害の側面に加え、沖縄の基地・軍隊がアジアでの分断や殺戮行為につながっているという、国境の向こう側への加害の側面が認識されている。沖縄の人々の「ベトナム侵略戦争」の経験は、沖縄が他国への軍事侵略や抑圧に加担しているとの認識を広く共有させた。

沖縄にある基地・軍隊による加害（への加担）という視点は、本土の沖縄闘争、なかでも新左翼の運動と思想にも顕著である。たとえば、革命的共産主義者同盟ほか四つのセクトによる「四・二八を突破口として七〇年へ戦列を強化せよ」（革命的共産主義社同盟ほか 一九六九）をみてみよう。まず、沖縄の基地・軍隊は「アジア侵略反革命の前線拠点としてあり、沖縄は日米両帝国主義にとって安保＝日米侵略反革命共同軍事行動強化の重要拠点であり、七〇年安保の中心課題をなしている」。そして、日本政府は、ベトナム戦争をはじめとして、米国の安全保障政策を積極的に支持・協力しており、その加担の構図が批判されている。また、基地つきでの沖縄返還が合意されたことは、一九七〇年六月の日米安保条約の延長の実質的な先取りであり、日米共同での軍事体制の維持・強化であるとされる。よって、沖縄闘争において求められたのは、沖縄での基地撤去と日米安保体制の「粉砕」の取り組みを、「日米両帝国主義に対決する闘いであり、アジア人民と連帯する国際主義的闘い」として展開することであると主張した。沖縄返還政策も日米安保条約の延長も、アジアを分断し抑圧し、殺戮する体制のためのものであると受け止められたのだ[13]。

沖縄闘争では、それ以前の革新ナショナリズムが残存しつつも、一方で、冷戦体制の分断線の向こう側、沖縄の外へと想像力をさらに広げていく試みが確認できる。それは国家主導の沖縄返還と冷戦体制への越境的な抵抗であったのだ。

（3）復帰運動への批判——政治の創造

第三に、復帰運動自体の限界を批判し、その乗り越えを主張する運動・思想が力を持つようになった。復帰運動に伴走しながら沖縄問題についての発言をつづけていた中野と新崎は、一九七〇年に、日米共同声明を受けて「復帰運動は終わった」と書いている。

多くの民衆は、進行しつつある返還交渉の結果としてもたらされる「復帰」が、決してこれまでみずからが熱望していたものとは似ても似つかないものであることを感じとっていた。［……］「七二年返還」が確定した。復帰運動は終わった。その終焉をのりこえる新しい闘争構築の過程には、多くの困難が横たわっている。（中野・新崎　一九七〇：一七七）

復帰要求のエネルギーが日米両政府によって骨抜きにされながら利用される事態は、復帰運動の立て直しにとどまらず、復帰運動への根本的な批判をも噴出させた。たとえば、沖縄島の中部で活動していた「中部地区反戦」の活動家・波照間健は、一九七〇年三月に行なわれた沖縄の労働運動・反戦運動の活動家らとの座談会で、次のように発言している。

ぼくは、「反戦復帰」というスローガンは、これまでの沖縄の復帰運動がもっていた本土志向型の運動論理を、「日米共同声明」による「琉球処分」という日本帝国主義のきわめて国際的な立場にたった攻撃の中でも依然として乗りこえることができず、混乱をきたしているその表現だと思います。［……］七二年返還という支配攻撃に対して、「真の返還」とか、「完全復帰」をスローガン化して対置したところで、何にもならないわけで、日本政府の具体的政策を通して進行してくる「第三次琉球処分」を一つ一つ、ことごとくつぶしていくことが必要だ。それは、今まで何らかの形であった「本土復帰」の幻想を断ち切ったところから、反戦、反基地、反権力闘争をたたかうことであって、仮りに「復帰」という思想に対してスローガン的に対置するとすれば、「本土‐沖縄の一体化・系列化粉砕」「第三次琉球処分粉砕」ということになるのじゃないか。（沖縄研究会編 一九七一：二七八）

沖縄返還協定（第三次琉球処分）の「粉砕」をスローガンとする拒否の運動・思想の登場である。その思想は、沖縄の復帰を日米安保体制の再編強化の一環であるとして批判した。

しかし、自らがこれまで求めてきた復帰を、根底的に否定（「粉砕」）するというのはあまりにも困難であるだろう。自らの感性や身体をも批判的にとらえかえす、苦しい実践であったように思う。復帰を前提とするか、前提から外すのか——人々にとって、復帰の決定とは、踏み絵のように迫ってくるものだった。そして、復帰を求めていた自分自身をめぐる悶えや葛藤が生じ、運動内部の対立も生まれていった。だから、新しい枠組みを再設定すべく、人々の実践は、言葉や場、スタイル、活動の創造へと向かう。次章以降、その具体的なありようをみていきたい。

4‐3 アリーナとしての沖縄闘争

以上の議論をまとめよう。沖縄闘争とは、次のような特徴を有するアリーナである。

第一に、沖縄闘争とは、日米両政府による沖縄返還交渉と日米安保体制の再編強化のプロセスへの抵抗としてあった。沖縄闘争は、復帰が確定していくなかで、日米両政府の政策と人々の求めていた復帰のあり方とのあいだに大きなギャップが生じたことによって広がっていった。「沖縄闘争という言葉は、返還（復帰）運動の終焉を予知しつつ、それをのりこえて支配の本質に迫りうる質をもった闘いをあらわす言葉として登場してきた」（新崎編 一九六九：はしがき［ページ数なし］）といえるのだ。

第二に、沖縄闘争は、復帰運動に収斂しえない多様な運動主体、実践、思想によってつくられている。沖縄闘争がベトナム反戦運動、学生運動、労働運動の爆発的拡大の時期と重なっていたこともあり、革新勢力（旧左翼：共産党、社会党、総評等）のみならず、新左翼、市民や労働者、文化的活動の実践家など、運動主体を多様化させた。そして、運動主体間のコンフリクトや連帯がいくつもつくられた。たとえば、〈復帰を前提とする運動〉と〈復帰を拒否する運動〉との対立、革新ナショナリズムと国境の向こう側への想像力とのせめぎ合い、などである。沖縄問題とは、人々を繋げるとともに争わせる「繋争点」（天田・村上・山本編 二〇一二）となっていった。それぞれの運動主体が、なぜ、どのように、沖縄の復帰を問題化するのかが問われた。

第三に、沖縄闘争とは新たな政治の創造として登場している。日米両政府主導の復帰が実現するなかで、復帰を要求してきたこれまでの運動を立て直し、政治の前提自体をつくりかえることが求められた。つまり、自らの当事者性のありようが問われたのである。政治や抵抗の前提自体を豊かな創意工夫を通じて生み出していくことが試みられている。

沖縄闘争とはこのような複数の運動主体・思想・実践によって織りなされるアリーナであり、それぞれの現場から政治をつくりかえていく試みである。沖縄闘争は、出会いと発見をくりかえし、その共同性とコンフリクトのなかから、米国のヘゲモニーにより（再）設定される境界線と向きあいながら展開されていく。

それでは、次章以降、五つの事例を通して、沖縄闘争というアリーナの実相を考察していこう。

注

（1）沖縄連はその後、自民党などの脱退を受けて「沖縄返還国民運動連絡会議」（略称はかわらず沖縄連）へ名称を変更した。

（2）砂川闘争における運動の論理の変化については、松田（二〇〇七）を参照されたい。

（3）復帰協は一七団体により結成され、その後、一九六一年には二八団体、一九六三年には五七団体へと増えていった（櫻澤 二〇一二：一三八）。

（4）以下の記述は、明田川（二〇〇八：一八六-二〇八）、小野（二〇一〇b）を参照した。

（5）一九六三年、タンガニーカ・モシで開催されたアジア・アフリカ諸国人民連帯会議で、四月二八日を「沖縄デー」とし、国際的な共同行動を取ることが決められたのがその始まりである。その後、四月二八日を沖縄デーと呼ぶことが日本でも広がった。

（6）鹿児島での大会のパンフレットをみると、三つの歌が、一部は楽譜つきで掲載されている。「つぶやきを　ささやきを　声にしよう」（窪田亨作詞、小林秀雄作曲）、「かえせ沖縄」（岬十一作詞、遠藤峻作曲）、そして、「沖縄を返せ」（全司法福岡高裁作詞、荒木栄作曲）である。

（7）韓国では、朝鮮戦争時からは減少したものの、五万人以上の米兵が駐留した。また、韓国は約六〇万人、台湾は約五〇万人もの自国軍隊を維持する状況がつづいていた。当時の自衛隊は二〇数万人規模であったことをふまえれば、「韓国と台湾は日本よりはるかに重い軍事負担を担わされたことになる」（林 二〇一三：二九）。

（8）教職員の勤務評定や政治行為の制限、さらには争議行為の禁止などを定めた地方教育区公務員法案と教育公務員特例法案に対する、沖縄教職員会を中心とした反対闘争。「米軍による沖縄支配の破綻と、日米両政府の対沖縄政策の転換を沖縄内部から押しすすめた最大の要因は、教公二法阻止闘争であった」（新崎 一九七六：二八一）とされる。

（9）当時、さまざまな論者によって優れた情勢分析がなされている。たとえば、一九七一年に発表された新崎の論考「「沖縄国会」を越えて」は、次のように述べている。

「沖縄返還協定の成立によって実現しようとしている「沖縄返還」とは何なのか。「沖縄返還政策」とは何なのか。［……］いうまでもなく、それはアメリカのベトナム政策の破綻と沖縄支配の破綻、アジアにおける日米の力関係の相対的変化に起因し」、「沖縄返還をテコにして、日米軍事同盟（日米安保体制）を再編強化し、アジアの共同支配を意図する日米両政府の政策の総体であるともいえる」（新崎 一九七一＝二〇〇五：四九四－四九六）。

(10) 参加人数の記録は複数あるが、ここでは、警察庁警備局（一九七六）を使用した。通常、警察発表の人数は実態よりも少なく、主催者発表は実態よりも多くなされる。よって、警察庁警備局資料の人数が正確であるとは思えない。ここでは、正確な人数の把握のためではなく、時系列的な人数の増減の傾向をつかむために警察庁資料を使用する。

(11) 復帰協の「基地撤去」方針の策定プロセスについては、櫻澤（二〇一二）を参照されたい。櫻澤は復帰協の政策変更を、日米両政府の返還政策の進展だけでなく、①ベトナム戦争の激化を背景とした沖縄の加害意識や反戦意識の高まり、②復帰協の中心を担う教職員会が強固に教公二法阻止闘争に取り組んだ結果、革新化し、保革全面対決の状況が復帰運動のなかに持ちこまれたこと、③「基地撤去」方針を打ち出せない復帰協のヘゲモニーを握ってきた教職員会指導部に批判的な「青年教員」が増加したこと、などから説明している。つまり、一九六〇年代後半、沖縄をとりまく外的環境の変化と、沖縄の運動内部の革新化とが、同時に、そして連関しながら起こったのである。

(12) 基地・軍隊の反対・撤去・解体の取り組みは、本書第二章と第五章を参照。

(13) 新左翼セクトの沖縄闘争論については、比較的まとまったものとして現代史の会編（一九六九）がある。なお、新崎盛暉は次のように新左翼による沖縄闘争とそれまでの復帰運動との類似点と違いを整理している。

「といっても彼ら［沖縄闘争を主張した人々］の大部分が、従来の返還運動、復帰運動と実質的には共通する、本土復帰、沖縄奪還、即時・無条件・全面返還などのスローガンをかかげていたことにもみられるように［……］、彼らもまた、少なくとも形式的には、米軍支配下の沖縄の解放を、日本への「返還」に求めていた。ただそれぞれに立場の異なる彼らの共通項を探るならば、それは、沖縄人民の解放に結びつくような「返還（復帰）」を実現するためには、眼前に提起されてきた日米両政府の軍事同盟再編強化政策の中心環としての返還政策をまず叩きつぶさなければならない――そのことによってはじめてより展望が生まれる――という点にあった。ここが、従来の復帰運動、返還運動批判の立脚点だったといってよいであ

ろう。」（新崎　一九七六：三一六）

また、新左翼セクトの言説では、すべての諸課題が「日米帝国主義粉砕」のスローガンに包含され、課題間の差異が認識されないという問題もあった。沖縄の人々が復帰に託している思いと、本土の人々が「日米帝国主義粉砕」という一般論のなかで復帰を問うこととは、当然すれ違うことにもなる。沖縄問題の固有性と一般化との軋轢については、次章以降の各章で分析していく。

第二章　ベトナム戦争下の沖縄闘争
――べ平連の嘉手納基地ゲート前抗議行動と渡航制限撤廃闘争

だが、本土の市民運動が沖縄にとりくむ本質は、沖縄のあるがままの現状によって、本土の私たちもまたおとしめられ、抑圧されていることにつきるのである。――鶴見良行（鶴見 一九六九a＝二〇〇二：一四九）

1　なぜ、どのように沖縄問題に取り組むのか、という問い

沖縄問題とは、誰にとっての、どのような問題であるだろうか。これは本書の問いでもあるが、答えは必ずしも自明ではない。むしろ、重要な論点の一つとなってきた。多くの場合、沖縄問題は米軍基地による様々な被害という「沖縄（が抱える）問題」としてとらえられてきた。〈沖縄の人々が抱えている、あの島＝沖縄で起きている問題〉というわけだ。だが、沖縄闘争の時代には、沖縄で起きている問題と自らとを積極的につないでいく、様々な思想や実践がつくられている。沖縄で起きている問題を他人事にできない人々の実践。

本章で検討するのは「ベトナムに平和を！市民連合」（以下、べ平連）による沖縄問題への取り組みである。一九六五年に東京で結成されたべ平連は、ベトナム戦争への反対運動の蓄積のなかで、ベトナム

戦争を支える日本社会のさまざまな問題や仕組み（日米安保条約、在日米軍基地、軍需産業など）を発見し、その変革に取り組むようになった。その一つが、沖縄問題への取り組みである。べ平連は、沖縄闘争という言葉が一般化し、沖縄問題への取り組みが大衆化していく一九六八年頃から、沖縄問題に積極的に関わるようになった。本章は、そのすべてを考察するのではなく、一九六八年八月にべ平連を中心に取り組まれた、在沖米軍・嘉手納基地ゲート前での抗議行動と渡航制限撤廃闘争を考察したい。この取り組みは沖縄問題の大衆化以降、沖縄と日本本土の運動体が共同で取り組んだ行動の端緒であり、またそのインパクトも大きなものであった。

沖縄から「遠く」離れた人々が、なぜ、どのように、沖縄問題に取り組んだのだろうか。本章は、これらの点を考察し、沖縄闘争のアリーナのなかで人々が直面していた本土／沖縄の二分法の構造について分析を行なう。

2　ベトナム戦争の時代

2－1　ベトナム・日本・沖縄

まず、ベトナム戦争と日本および沖縄の関係について、簡単に確認しておきたい。

ベトナム戦争は、一九六四年八月のトンキン湾事件を発端に、一九六五年二月の米軍による北ベトナム爆撃（北爆）開始により本格化し、一九七三年三月の米軍撤退完了を経て、一九七五年四月のサイゴン陥落まで続いた冷戦下でも最も激しい「熱戦」の一つであった。米国は少なくとも千五百億ドル（間接経費を含めれば二千四百億ドル）の戦費をつぎこむほどに、戦争は泥沼化した（松岡 二〇〇一：vi－viii）。

その被害は甚大であった。ベトナム側の戦死傷者は約三百万人、行方不明者は三〇万人を超え、一千万人近い難民を生み出したといわれる。また、米国の戦死者は約五万八千人、戦傷者は約三〇万人、ベトナムに派兵した韓国、オーストラリア、ニュージーランド、タイなどの戦死者は計五千人を超えている（松岡 二〇〇一：iii－iv）。

ベトナム戦争は「テレビ戦争」や「リビングルーム戦争」とも呼ばれた（松岡 二〇〇一：二七二）。戦場の生々しい映像が衛星中継によってリアルタイムで放送された初めての戦争だったからだ。テレビを通じ、多くの人々はこの戦争の不当さを実感する。米国内だけでなく、世界各国での反戦運動の高揚には、マスメディアの影響が大きかった。

では、この戦争と日本、そして沖縄との関係はどのようなものだっただろうか。米軍にとって、ベトナム戦争を続けるには、日本と沖縄の存在はなくてはならないものであった。たとえば、日本と沖縄はベトナムへの直接・間接の出撃拠点となっていた。米国海兵隊は、沖縄と岩国に主力部隊を集め、ベトナムでの軍事行動を行なっている。また、空軍は、横田、三沢、沖縄の嘉手納などに駐留し、実戦部隊が沖縄からベトナムへと派兵されている。

また、日本と沖縄は、米兵の治療、休養、慰安の場でもあった。戦地で倒れた負傷兵は、週一八便ある大型輸送機により横田基地に送られ、そこから横須賀、朝霞、王子など六つの米軍病院に運ばれている。全治した兵士たちは、ベトナムの戦場へと再び向かっており、日本と沖縄はいわば「兵士の修理工場」であった（「大泉市民の集い」三〇年の会編 一九九八：一六四－一六五）。

さらに、日本と沖縄の経済や産業は、ベトナム戦争と密接不可分な関係にある。軍需物資の多くは日本で製造・修理され、たとえば、ベトナム戦争で米軍が使用したナパーム弾の部品のほとんどは日本で製造されていた[1]。

こうして、「日常の挨拶の中にまでお天気のつぎにはベトナム戦争が話題になるほど」(吉川 一九九一：九二)、ベトナム戦争は日常生活のなかに広がっていった。

そのため、反戦運動と反米軍基地運動も頻発し拡散していった。その主なものとしては「忍草母の会」による米軍・北富士演習場での演習阻止闘争、米軍立川飛行場への反対運動、北九州市・米軍山田弾薬庫への物資輸送阻止のための国鉄線路上での座り込み、米軍板付基地の撤去運動がある。ベトナム戦争は各地の反米軍基地運動、さらには反体制運動を刺激し、成長させた(石田 一九六九)。

ベトナム戦争は、沖縄の運動にも大きな影響を与えていた。なかでも、核兵器を積載可能な米軍爆撃機B52の存在は、沖縄が最前線基地化したことを人々に強く印象づけた。一九六五年七月、米軍爆撃機B52は、台風避難を理由に嘉手納基地に飛来し、ベトナムへと出撃。さらに、一九六八年二月以降、B52は同基地に常駐化をはじめ、ベトナムへの渡洋爆撃を続けた。沖縄の人々にとって、ベトナム戦争の激化は目の前の基地がどのような役割を果たしているのかをつきつけられる経験となっていく。第一章で外観したように、ベトナム戦争下において、復帰運動のなかから基地撤去を明確に打ち出す思想と実践が生み出されていった[2]。

2-2 「わが内なるベトナム」認識の形成

北爆の開始を受け、小田実らは「ベトナムに平和を！」というスローガンでデモを呼びかけた。デモが行なわれたのは一九六五年四月二四日。東京に約千五百名が集まった。このデモからベ平連は発足する。

べ平連はベトナム反戦運動に取り組んだ市民運動である。「ベトナムに平和を！」、「ベトナムはベトナム人の手に！」、「日本政府はベトナム戦争に協力するな！」の三つのスローガンに賛同できれば、誰でも「べ平連」を名乗ることができた。べ平連は、綱領や会員制度をもつ固定した組織ではなく、参加者一人一人が自発的にどんな活動にも取り組むことができる個人参加の運動であった。党や組合などの組織的な運動が多いなか、べ平連は新しい運動原理をつくったのである（道場 二〇〇五：四四四）。

その開始当初は、米軍と闘うベトナムの人々への素朴な共感や同情をよりどころとする反戦運動であった。しかし、戦況の悪化や世界各国の反戦運動の成長や広がりのなかで、べ平連は日米安保条約の廃棄や在日米軍と自衛隊への反対運動などを具体的な課題とするようになった。その変化は「ベトナム戦争に自分の手がかかっている」（小田 一九六七）という認識によるものである。たとえば、東京におけるべ平連運動の中心的な活動家であった鶴見良行は次のように述べている。

> ベトナム人民にたいする人間的同情から出発し、そのかぎりでは、戦後民主主義や基本的人権の擁護でたたかった六〇年安保闘争の延長上に位置したベトナム反戦運動が、沖縄問題、ベトナム特需、各地の基地闘争、日本の中の脱走兵と、運動を深めてゆく過程で、ベトナム－沖縄－安保－アメリカという、日米を基軸とするアジアの基本的政治構造にゆきつき、いわゆる「わが内なるベトナム」認識が生じた。（鶴見 一九六九b：五一）

そして、「ベトナム戦争は、もはや遠い河の向うの戦争ではなく、この日本ですべての日本人を何がしかそれにかかわらせる戦争」（鶴見 一九六九b：五一）であると考えられるようになった。日本政府のベトナム戦争支持の政策、日米安保体制、在日・在沖米軍基地、軍需産業など、日本社会とベトナム戦争とを直接・間接につなぐ制度や政策が問題化されたのだ。生活の身近な場所にベトナム戦争を支えるもの＝「戦争機械」が発見され、それらが運動の対象＝現場となり、ベトナム戦争を止め、終わらせるための具体的な活動が始まった（大野 二〇〇八）。

こうして、ベ平連によるベトナム反戦運動は、戦争を支えている社会構造の変革へと向かっていく。この転換点となったのが、ベ平連が主催した「反戦と変革に関する国際会議」であった。

2-3 ベトナム反戦運動から沖縄問題へ

一九六八年八月一一日から一三日まで、「反戦と変革に関する国際会議」（以下、国際会議）は京都で開催された(3)。国内からはベ平連、知識人、新左翼諸党派の活動家、海外からは米国からSDS（民主社会を求める学生同盟）やSNCC（学生非暴力調整委員会）、クエーカー行動グループ、フランスから統一社会党やフランス革命的共産主義者同盟など、合計二五六名が出席する大きな会議であった。沖縄からは沖縄ベ平連三名、琉大ベ平連一名が参加したと記録されている(4)（小田・鶴見編 一九六八：三三四－三三九）。

会議の冒頭、小田は「反戦運動と変革」と題する基調講演を行ない、企画者の一人として会議のねらいを語っている。小田によれば、ベトナム戦争と「私たち」の生活とは密接に結びついており、その結びつきは「私たち」を「被害者であると同時に加害者である」（小田・鶴見編 一九六八：一〇）という立場に立たせる。日米両政府によって戦争への協力を強いられているという意味で被害者であり、また、ベトナムの人々に対しては加害者になるためだ。そして、国籍や人種が異なっている人――たとえば戦

図6　国際会議での小田実（中央）（『朝日ジャーナル』10巻36号、1968年）

図7　国際会議の様子（『朝日ジャーナル』10巻36号、1968年）

争に反対する米国人——でも、同じように加害者・被害者としてベトナム戦争に関わっており、ベトナム戦争を支える構造の変革のために連帯できると主張した。そこで、小田は、戦争を進める「メカニズムを生み出した社会の構造そのものをたとえ時間がかかるにせよ、変えていくよりほかにない」（小田・鶴見編　一九六八：一〇）とし、反戦運動は社会の変革を求めなければいけないと述べた。運動にとって必要なのは、変革についての議論に終始することではなく、目の前の「状況に対応する行動を組み立て、そのことによって変革の思想を表現する」（小田・鶴見編　一九六八：一〇－一一）ことであるという。つまり、何よりも行動が呼びかけられ、小田はその具体例として、①軍隊からの脱走、②沖縄問題と日米安保体制への取り組み、③日本国内の軍事基地への反対運動などを、④国内外の運動と連帯しながら実施することを提起したのである。

この基調講演を受けて国際会議では多岐にわたる課題が話し合われているが、なかでも、沖縄問題は重要な課題として取り扱われた。では、沖縄問題はどのように語られ、どのような行動が提起されたのだろうか。

第一に、日米安保条約と「沖縄」がなければベトナム戦争の遂行が続けられないという認識が共有された。会議の第二議題「沖縄・安保・七〇年問題」の基調講演を行なったいいだももは「九大ファントム事故、山田弾薬庫、板付基地、嘉手納Ｂ52、王子野戦病院、米軍ガソリンタンカー等々、どの問題一つ取っても、それは私たちにいやおうなしに、日米安保条約と沖縄分離支配があればこそ、ベトナム侵略戦争加担が現実に可能にされているのだ」（小田・鶴見編 一九六八：一一八）と指摘した。本土と沖縄に駐留する米軍基地がベトナム戦争を支えているという認識である。国際会議では討論を踏まえて「日米安保条約の廃棄と沖縄の米軍からの解放が必要であることが強調され、この安保条約の期限のきれる一九七〇年が反戦運動にとって重要な年となる」（小田・鶴見編 一九六八：三三九-三四〇）という主旨の共同文書が有志一八〇名によってまとめられている。

第二に、各地の米軍基地問題と比べ、沖縄問題に熱心な関心が集まった。日本本土以上に、沖縄はベトナム戦争と直結した土地として、参加者をとらえた。沖縄は日本から分離され、米国による統治と基地の自由使用がつづいていたためである。ナショナリズムの心情ゆえの同情や怒りの声も少なくない。べ平連が毎月発行していた『べ平連ニュース』を読むと、米軍の沖縄占領は民族的な「屈辱」（ヒビヤ 一九六八a：七）であり、沖縄は日米両政府によって見捨てられた「同胞」（S 一九六八：八）なのだといった表現が度々使われている。このような感情＝ナショナリズムを掻き立てる土地として、本土のべ平連関係者は沖縄に強い関心を持っていた。

第三に、参加者から直接行動の提案がされている。具体的には、「八月沖縄闘争実行委員会」を中心とした、嘉手納基地第一ゲート前での抗議行動と渡航制限撤廃闘争の呼びかけであった。八月沖縄闘争実行委員会は、本土「留学」中の沖縄出身学生が中心となってつくった「沖縄闘争学生委員会」準備会（以下、沖闘委）とべ平連、川崎沖縄県人会、全学連、自治会共闘、反戦青年委員会等からなるグループである（新崎編 一九六九：三三八-三三九）。一九六八年五月に沖縄に渡航し、米軍嘉手納基地第一ゲート前で座り込みを行なったべ平連の人々も加わっていた[(5)]。国際会議では、八月沖縄闘争実行委員会の学生・五味正彦が、次のような呼びかけを行なっている。[6]

共通の目的は二つあります。一つは沖縄基地撤去です。具体的には本土における基地撤去闘争と結び付けた嘉手納基地正門ゲート前における撤去闘争、第二には沖縄の人たちの戦いと本土の戦いを政府が意識的に分断する、その具体的な政策のあらわれである沖縄渡航制限の撤廃。具体的には本土から沖縄に行く、あるいは沖縄から本土に来る際、同じ日本人民でありながら、日本人であることの証明が必要であるし、あるいは他の外国に行く時と同じ手続きを必要とするので、戦う人たちの交流［……］がいろいろな形で妨げられている、この渡航制限を撤廃していく闘争を組んでいこうと思っています。［……］この会議に参加しているすべての本土の代表、またできるかぎり多くの外国代表、特にアメリカの代表がこの会議が終って八月一六日の嘉手納基地正門ゲート前闘争に参加することを呼びかけたい。（小田・鶴見編　一九六八：一二八）

二つの行動は、この会議で突然に呼びかけられたのではない。いくつかの経緯があった。

（1）Ｂ52撤去を求める運動の興隆

まず、嘉手納基地前での抗議行動については、沖縄で取り組まれているＢ52の撤去を求める運動に合流していこうという意図があった。沖縄では、嘉手納基地に常駐化したＢ52に対する抗議行動が激しさを増していたからだ。たとえば、ベ平連とのパイプ役となっていた原水爆禁止沖縄県協議会[7]（以下、沖縄原水協）は、常駐化直後の一九六六年二月八日に抗議声明を発表するとともに、同月九日に嘉手納基地前で「B52即時撤去要求、沖縄基地使用反対集会」、同月二七日に「B52即時撤去要求県民総決起大会」を相次いで開催するなど、集会、断食座り込み、デモなどを立て続けに実施した（原水爆禁止沖縄県協議会 一九六九）。このような全島的なB52撤去要求に呼応して、ベ平連は一九六八年五月に嘉手納基地第一ゲート前での座り込みを行なった（金井 一九六八a、金井 一九六八b）。国際会議で提起された行動はこれらに連なるものである。

（2）沖縄出身学生による渡航制限撤廃闘争

沖縄－本土間の渡航制限の撤廃も、重要な運動課題になりつつあった。この点については、八月沖縄闘争実行委員会を構成した沖闘委の取り組みについて触れなければならず、少し長くなるが背景を記しておきたい。

当時、本土と沖縄の往来には米民政府高等弁務官発行の入域・出域許可を得なければならず、また「パスポート」と呼ばれた身分証明書の発給が求められた。入域・出域の許可書の申請にあたっては、思想調査とも言われた補助申請書(8)への記入も必要であった。そして、琉球列島米国民政府は一方的に不許可や保留処理を行なうことができた（影山 一九六八）。事実、復帰運動の関係者や米軍統治に批判的な人間は、不許可や保留の対象となったのである。だから、入域・出域に関する制度は、「軍事的観点を最優先させる性格をおび」るとともに、「渡航申請が米軍の公安関係の機関によって審査されるように、治安法制の性格をもたざるをえない」（影山 一九六八：四三）。それゆえ、たとえば、本土で学ぶ沖縄出身学生にとって「渡航制限の問題は、我々の闘いの爆発を押さえつけてきた最大のガン」（八月沖縄闘争実行委員会 一九六八＝一九六九）であると受け止められていた。渡航制限は米国による沖縄統治を支える制度であったのだ。

そのため、渡航制度への抗議やその撤廃を求める取り組みが行なわれてきた。たとえば、一九六四年、琉球大学に招聘教授として渡航予定であった神戸大学教授・永積安明の入域が拒否されたため、琉球大学の学生などが決定撤回を求める運動を起こしている（鹿野 一九八七：二〇〇－二六二）。また、一九六五年、一〇回以上にわたり本土渡航を拒否されていた瀬長亀次郎ほか二名は、日本国を相手に渡航拒否に伴う損害賠償請求の訴訟を起こした。いわゆる「沖縄違憲訴訟」である（影山 一九六八）。

このようななか、沖闘委も渡航制限撤廃の取り組みを開始するのだが、日本「留学」中の沖縄出身学生ゆえの切実な問題意識がその行動に反映されている。

国際会議の約一〇ヵ月前の一九六七年一〇月八日、佐藤首相の南ベトナム訪問にあわせ、それを阻止する大規模な直接行動（羽田闘争）が起こっている。佐藤のベトナム訪問は、「日本のベトナム侵略参戦国化を深める」（蔵田 一九七八：一七五）と受け止められ、全学連の学生や反戦青年委員会の労働者ら数千人は羽田空港周辺に結集、ヘルメットや角材を使用し、機動隊と激しい衝突を繰り返した。そして、死者一名、重軽傷者約六〇〇名、逮捕者約六〇名を出す結果となる（高沢・高木・蔵田 一九八一：七六）。文部省および日本育英会は、逮捕された学生の奨学金打切処分を一方的に決定（与那原君を守る会 一九六八＝一九六九：三四二）。逮捕者には沖縄出身の国費学生一名（九州大学）が含まれ、文部省は当人の国費学生としての身分打ち切りの方針を伝えた(9)。これに対し、広島大学沖縄問題研究会、山口大学沖縄問題研究会、宮古高校卒業生有志、東大沖縄学生会などによって処分撤回の運動が開始される。

我々は彼と同じ国費学生として、あるいは本土で学ぶ沖縄学生として、この処分が単に彼個人に対するものでなく、我々一人一人に重くのしかかってくるものであることを明確に理解しなければならない。すなわちこの処分は、我々の本土における沖縄闘争に対するあからさまな挑戦であり、我々は今やこの挑戦に対して鋭く対決していかなければならない峻厳な状況下に置かれている。（与那原君を守る会　一九六八＝一九六九：三四四）［強調は引用者］

この運動は、単なる一学生の国費学生身分打ち切り撤回要求にとどまらないものへと発展していった。沖縄出身学生の政治的な活動を許可しない、抑圧的な制度自体が問われたからである。学生たちは自らを管理・抑圧する制度が沖縄の米軍事体制を支えているのだと考え、そのような制度の一つ一つを、直接行動を通して「壊す」ことを追求するようになる。渡航制度撤廃の取り組みは、その最大の焦点となった。

一九六八年三月、「与那原君を守る会」の学生四名（広島大学、山口大学）が、那覇港で入域手続きを拒否、その後、逮捕・起訴されるという事件が起きる（三木　一九六八）。学生たちは、この行動を次のように評価した。

パスポート不許可に対するパスポート獲得闘争として、つまり権力の攻撃に対する受動の闘いとしてしか取り組まれてこなかったという状況の中で、彼等四名の闘いは手続拒否という形であるにせよ、むしろ我々の側から自ら権利の内部に喰い込み、渡航制限という権力の巨大な壁を根底からゆさぶろうとする能動的な画期的意義を有していたのである。（沖縄闘争学生委員会（準）一九六八＝一九六九：三四六）

入域・出域不許可の撤回を求める運動から、渡航制限という制度自体を否定し、その撤廃を行動で勝ち取り、表現する運動への転換を確認できる。そして、「与那原君を守る会」の運動を発展させる形で、沖縄出身学生によって「沖縄闘争学生委員会（準備会）」はつくられたのだ。沖闘委の一つの実践が、八月沖縄闘争実行委員会による渡航制限撤廃闘争であった。

3　米軍嘉手納基地ゲート前抗議行動と渡航制限撤廃闘争

ここから、『琉球新報』と『沖縄タイムス』の記事、参加者の手記などを参照しながら、べ平連を含む八月沖縄闘争実行委員会が取り組んだ嘉手納基地第一ゲート前での抗議行動と渡航制限撤廃闘争をみていこう。[10]

3-1　本土からの参加者の逮捕事件

嘉手納基地第一ゲート前での抗議行動が行なわれたのは一九六八年八月一六日。沖縄原水協や原水禁世界大会・沖縄国際会議との共同行動であった。

しかし、その当日まで、沖縄原水協とべ平連との調整は問題含みであった。べ平連から参加した古屋能子によれば次のとおりである。まず、行動前日（八月一五日）になり、沖縄原水協より予定されていた第一ゲートでの行動をやめ、第二一ゲートに変更する旨、べ平連側に連絡があった。べ平連はこれを受けて場所を第二一ゲートとしたビラを作成しまきはじめた。しかし、その直後、再び沖縄原水協より、第一ゲートに変更すると通達が入る。古屋は「現地の諸行動体のあいだの連絡がいかにも不十分」であり、「同一目標をめざしてたたかうものとしては、意思伝達の機会を欠く」（古屋　一九六八）状況であったと指摘する。この事前調整の不十分さがその後の混乱の発端となった。

八月一六日当日、古屋をはじめべ平連の人々と学生ら二七名は、他の参加者の混乱を避けるため、集会開始時刻より早い午前九時に嘉手納基地第一ゲート前に集合し、打ち合わせを行なおうとした。しかし、乗っていたタクシーが基地ゲートから五〇メートル入る地点に停車。停車場所は法的には軍用地であるものの、嘉手納基地を囲むフェンスの外であり、普段はタクシーの待ち合い所として民間人が出入りしている場所であった。しかし、米軍側はべ平連らの行動への対策として、予め立ち入り禁止の立札

沖縄タイムス 夕刊

B52撤去デモで27人が逮捕

べ平連、学生、主婦ら

けさ 基地前で抗議集会

嘉手納

米兵保護で取り

北爆停止に新

図8　『沖縄タイムス』1968 年 8 月 16 日夕刊

米軍、学生ら逮捕

27人、基地前の集会で

沖縄

米兵、酔って暴走

図9　『朝日新聞』1968 年 8 月 16 日夕刊

を立て、武装兵を多数配置する状況であり、到着後間もなく、米兵は参加者に警告を発した。

これに対して「同じ日本の国土のひとつで勝手に米軍から退去を命令される理由はなく、このこと自体には抗議しなければならない」（古屋 一九六八）と考えた参加者はゲートでの座り込みを決行。そして、突然、武装米兵が二七人を一斉に逮捕した（ベ平連からの参加者一〇人、神戸大学生九人、関西大学生二人、立命館大学生一人など。うち九人は女性）。容疑は布令一四四号（集成刑法）「無許可立ち入り」である。逮捕直後に集まった原水禁世界大会の日本本土・外国代表らはゲート前で、B52駐留反対と逮捕への抗議の声を上げ、現場は混乱。逮捕された二七名は同基地内のMP（Military Police）本部へ連行され、その後、コザ署に身柄を引き渡された。

この事件は、本土の活動家が布令で逮捕された初めての事件であった。また、B52常駐化に関連した行動で逮捕者が出たのも初めてのことであった。そのため、沖縄の『琉球新報』と『沖縄タイムス』が事件を一面トップで取り上げただけでなく、『朝日新聞』、『読売新聞』などの全国紙も大きな紙面を割き報道した。

3-2　救援活動と身柄の釈放

二七名の救援活動を中心的に担ったのは沖縄原水協と、沖縄での原水禁世界大会に合わせて来沖中の日本社会党であった。両者は情報の収集、逮捕者との接見、警察との調整、マスコミへの対応などに取り組んだ。

逮捕直後からコザ署との交渉は行われ、一六日午後一時、仲吉良新原水協理事長、井岡大輔社会党国民運動局長ら代表四人がコザ署に全員釈放を要求。交渉の結果、「①原水協が全員の身柄について責任をもつ、②彼らが滞在中、その行動を慎む、③全員とも一九日の船便で帰すこととし、船便の都合がつかなければ、できるだけ早く帰す」(『琉球新報』一九六八年八月一七日朝刊)、という条件をつけて釈放の確約を得た。

これを受けて、仲吉は警察側で作られた身柄引き受け証に署名。また、原水協は合意した条件に基づき、留置されている全員と面会、完全黙秘を行なっていた者に対して上記条件を飲み、氏名等を伝えるよう説得。その結果、逮捕者は条件に「合意」し、一六日午後一〇時半、一三時間ぶりに釈放された。

コザ署は身柄を拘束せずに那覇地検に書類送致。翌一七日から、那覇地検コザ支部は二七人に対し任意出頭を求め、取り調べを開始するが、同日深夜、米軍はシーモンズ米民政府公安局長名で一九日を期限とする強制退去命令を発表した(11)。

米軍による強制退去命令を受け、一八日午前、谷木寛作原水禁世界大会本土代表団事務局次長と別の目的で来島中のベ平連・高橋武智氏らが同席し、沖縄原水協常任理事会が開かれ対策が協議された。仲吉は「これは高まりつつある本土の基地反対運動と、沖縄の基地撤去闘争の結合を早いうちに押しつぶそうとするもの」(『琉球新報』一九六八年八月一九日朝刊)と批判。そして、①一九日午前に原水協、本土代表、ベ平連代表が米民政府を訪れて抗議すること、②同日午後三時出港のひめゆり丸で帰る本土代表団をまじえ那覇港岸壁で抗議集会を開くこと、などを決定した。退島命令を受けた二七人は、来沖時にもともと予定されていたとおり一九日に帰ることを決めたが、そのうち四名は命令を拒否してしばらく滞在することになった。

さて、この間、沖縄原水協とベ平連の現地行動参加者とのあいだには、互いへの不満や苛立ちが募っていったようである。現場を取材していた栗原達夫は、「こんどのベ平連は、いったい何人来て、何をやろうとしているのか全く解らない。そして事が起きてから、たのむとは何ごとだ」（栗原　一九六八：五）という声を、沖縄原水協から聞いている。また、現地行動に参加していた柳九平は、救援活動において「既成の運動（本土原水禁、本土並化の傾向の沖縄原水協）の掌中に完全にとりこまれた」と皮肉っぽく観察しつつ、ベ平連に対しては「本土の既成運動と同様、沖縄人民にとって〝本土のお客さん〟以上ではなかったのではないか」（柳　一九六八ａ：七）と批判し、沖縄原水協側の憤りに理解を示した。沖縄原水協にとっては、原水禁世界大会で多忙を極めるなか、ベ平連の行動は現地の運動から遊離した「スタンド・プレー」（栗原　一九六八：五）にみえていたのである。

3-3　渡航制限撤廃闘争

八月一九日、四名を残した二三名は、那覇港から出港したおとひめ丸で鹿児島へ出発した。ここから取り組まれたのが渡航制限撤廃のための実力闘争である。

翌二〇日午後一時、おとひめ丸は鹿児島港に入港する。乗船していた二三名は沖縄・本土間の渡航制限撤廃を訴えて「入国」手続を明確に拒否。出入国管理官が手続きをするよう申し入れたが「同じ日本国にはいるのに〝帰国〟手続きとは納得できない」（『琉球新報』一九六八年八月二一日朝刊）と、船が出港の準備を終えても拒否し続けた。沖縄向け折り返し出港ぎりぎりに、一八人が正式な手続きを経て下船したが、残りの五人は船に乗ったまま再び沖縄に引き返すことになる。手続きを拒否し、沖縄に再び引き返したのは初めてのことであった。

八月二一日午後二時五〇分、船は沖縄・那覇に再び到着する。同日午前一一時過ぎから、那覇港内では、沖縄に残ったベ平連四名と沖闘委約二〇人、それに琉大学生、琉大ベ平連、沖縄原水協、一般市民などを合わせ約一五〇人が「渡航制限抗議集会」を開催しており、鹿児島から舞い戻った五名は集会に合流した。集会で採択された「渡航制限撤廃闘争宣言」をみてみよう。

渡航制限は、米軍事基地の自由使用を前提とする米軍基地権力者の沖縄支配を完璧に実現していく機能を持ち、日本帝国主義にとっても共同の利害を貫徹する保障としてあった。更に付け加えるならば、この渡航制限は、本土と沖縄が、あたかも越え難い「国境」によって分断されているかのような感性を我々全てに植えつけてきた。〔……〕このように渡航制限の問題は、我々の闘いの爆発を押えつけてきた最大のガンとしてあり、従ってまた、それに対する闘いは、七〇年安保闘争の中軸になるべき沖縄闘争の高揚を実現するための重要な闘いであり、日米同盟を粉砕していくために、どうしてもかかすことのできない闘争課題として、攻撃目標となりつつあるのである。

八月沖縄闘争実行委員会に結集する我々一人一人が、断固たる渡航制限撤廃渡航手続拒否闘争を最後まで闘い抜くことを、ひめゆり丸をも「闘争船」と化してしまうだろうことを決意し宣言する。（八月沖縄闘争実行委員会　一九六八＝一九六九：三四八－三四九）

宣言は、渡航制限が、入域や出域にかかわる単なる手続きであるだけでなく、沖縄と本土とに運動を分断させ、沖縄の「支配」を保障する制度でもあるとしている。渡航手続の拒否は日米共同の沖縄支配への抵抗であるのだ。

同日午後八時、鹿児島から引き返してきた五名と沖縄に残っていたべ平連四名は、おとひめ丸で鹿児島へ再び出発する。また、沖闘委、べ平連、原水禁有志、神奈川反戦有志、早稲田大学学生（沖縄出身）

図10　晴海埠頭に到着したひめゆり丸と迎える群衆（『月刊社会党』一三八号、一九六八年）

図11　ひめゆり丸船上で身分証明書を焼く参加者（『月刊社会党』一三八号、一九六八年）

など約四〇人は、ひめゆり丸で東京の晴海港へと向かう（柳　一九六八b）。これにより、鹿児島港と東京・晴海港での渡航制限撤廃闘争が同時に行なわれることになった。
まず、八月二二日午後四時半、ベ平連グループを乗せたおとひめ丸は鹿児島港に到着。港には鹿児島大学や神戸大学自治会のメンバー五〇人などが応援にかけつけ、船上と陸上で相呼応して抗議集会を開いた。ベ平連の九名と船中で共感した大学生一人の計一〇人が入域手続を拒否し、それに対して出入国管理官は船の舷門で出口をふさいだ。しかし、応援に来た五〇人の学生はタラップをかけのぼり、管理官のピケを突破、その隙に一〇人を一人一人船上から抱きかかえるなどして強行下船させた。一〇名は港に待機していた総評のマイクロバスに乗り込み、管理官による身分証明書の提示要求を聞き入れず、税関検査を受けた後、管理官の阻止を振り切り突破した。
つづいて、東京・晴海港では、翌二三日午前一〇時頃から八月沖縄闘争実行委員会のベ平連、全学連中核派、反戦青年委員会など約五百人が集まり、渡航制限撤廃を求める集会を開いた。機動隊約三百人が出動、東京都港湾局や東京税関警務課の職員など数十人が警戒にあたるなか、午後五時、ひめゆり丸が晴海港に接岸する。船内にいた柳九平はこのときの風景を次のように記している。

灰色の空、泥沼のような海。港へ近づくと、何隻かの警備艇のむこうに、べ平連の旗を立てた小船が出迎える。私たちは歓喜して、シュプレヒコールで応答。やがて晴海ふ頭には、まちかまえた支援団体の旗や人波が見えはじめ、デッキで私たちはデモを開始する。

図12　強行突破する乗客（『月刊社会党』一三八号、一九六八年）

午後五時、接岸。ふ頭には、八月沖縄闘争実行委員会のもとに約五百名の市民・学生・青年労働者が結集し、歓呼して〝闘いの船〟を迎えいれる。一方、岸壁のかたわらにはものものしい警備車が居並び、五、六百の機動隊が待ちかまえている。

午後五時三〇分、デッキに陣どった仲間が身分証明書に火をつけてかざす。拍手と歓声がわきおこり、ひときわ鳴りやまず。（柳　一九六八b：六三）

五時半、下船が始まると、中核派の学生などがタラップに侵入し、出入管理官と衝突、その隙に船内の学生は出入国管理官の阻止を突破、デモの学生たちに囲まれるようにして上陸に成功した。強行上陸を果した沖闘委らは、記者会見で次のように語った。

沖縄渡航制限は、不当なものである。黙っていては、いつまでたっても渡航の自由は実現しない。この厚いカベに挑戦するため、あえて入域手続きをとらず、非常手段で上陸した。これがきっかけで、沖縄渡航制限撤廃の突破口になれば、さいわいだ。（『沖縄タイムス』一九六八年八月二四日朝刊）

4　共鳴する怒りと立場性をめぐる議論の噴出

以上の行動はどのように評価されたのかを整理し、考察しよう。

4-1　連帯への評価、共鳴する怒り

まず、本土と沖縄との連帯であったとの肯定的な評価がなされている。それは、沖縄の運動が取り組んできたB52への抗議行動や渡航制限撤廃運動と連動していたという意見であった。たとえば、沖縄原水協は一九六八年の運動を総括した際、「八月一六日には第一ゲート前で沖縄国際会議参加の本土代表とともに撤去要求集会を持」ち、「本土ベ平連や学生二七人が理由もなく米軍によって逮捕」されたが「逮捕者全員を釈放させた」ことを、「全国民的撤去斗争」（原水爆禁止沖縄県協議会　一九六九：一二）と表現している。当時の沖縄原水協の運動方針において本土との連帯は重要な取り組みであった（原水爆禁止沖縄県協議会　一九六九：三二）。ベ平連との共同行動は、本土との連帯の取り組みとして肯定的に総括されたのだ。

また、渡航制限撤廃闘争が「沖縄は日本である」という「あたり前」の論理によってセンセーショナルに取り組まれたことへの評価もなされた。たとえば『琉球新報』の社説「渡航制限の撤廃を」では

「沖縄は明らかに日本国の領土であり、日本国の一部であることは、これまでの日米共同声明を引き合いに出すまでもなく、自明の理である」(『琉球新報』一九六八年八月二五日朝刊)と述べ、行動の意義を評価した。

ここで少し視点をかえると、渡航制限撤廃闘争のなかで興味深い取り組みがなされ、多くの反響があったこともみえてくる。参加者が、他の船客に対して行動の主旨を説明し、多くの賛同署名とカンパを集めるなど船客を行動に巻き込んでいった点である。

この闘争の成功をつかみとるには、船客(六八一名)との闘いの連帯であり、そのための船客オルグ、船上集会等の重要な活動を私たちの手で為し遂げねばならない。それにはなんとしても私たちひとりひとりが自発的に、しかも組織的にこの闘争を創出していくことが必要だ。(柳 一九六八b:六一)

ひめゆり丸に乗船した沖闘委らは、このように判断し、船内移動二日目より、二人一組となって、船客に対し膝を突き合わせて語りかけていった。船客の多くは、「子供づれの夫婦、若い勤め人、学生、老人、圧倒的に沖縄出身の人たち」で、「この夏、帰省して再び本土の職場や学園や家庭にひきかえすところ」(柳 一九六八b:六一)であった。語り合うなかで、船客の賛同の声が広がっていった。また、入域の手続きを拒否し、強行上陸するといった直接行動はできないが、渡航制限に対する何らかの意思表示は行ないたいという人もあらわれた。その結果、渡航制限撤廃署名四三二筆、カンパ四〇数ドルが集められただけでなく、「私は渡航制限に反対します」という荷札をつけようという提案がなされ、船客は次々に行動に移した(柳 一九六八b:六二)。また、船客は船長に対して、船内マイクの使用を交渉するなど、船長や船員にまでその働きかけが広がっていた点も見逃せない。

一方、那覇と鹿児島を往復中のべ平連を乗せたおとひめ丸でも、同様の取り組みがなされている。乗船していた古屋によれば、鹿児島から那覇への移動中、べ平連からの呼びかけを受け船客二〇〇人あまりが渡航制限撤廃を求める署名に応じていた。また、「〔べ平連の〕五人が鹿児島 - 那覇を往復できるほどの資金カンパ」(『琉球新報』一九六八年八月二二日朝刊)が集まり、各地から多くの激励電報も届いていたという。

このように、ひめゆり丸とおとひめ丸は、渡航制限撤廃を求める抵抗運動によって占拠された「闘争船」(八月沖縄闘争実行委員会 一九六八 = 一九六九:三四八)となっていた。移動の自由が日米両政府によって制限されていることへの怒り、そして、その背後にある米軍による沖縄統治に対する怒りを抱える船客がおり(あるいは、そのような船客になり)、強い共感の輪が広がっていった。その共感の輪は晴海埠頭や鹿児島港の岸壁に集まる人々へも広がっていった。

また、ひめゆり丸での移動の三日目早朝、一行は、鹿児島港での闘争成功の電報をべ平連から受け取っている。「自由渡航闘争は、全面的に勝利す。身分証明書提示せず、デモに守られ実力で下船し、敵はなすすべなし」との報告に、船内の人々は食い入るように読み返し、歓声を上げたという(柳 一九六八b 六二)。

このように、渡航制限撤廃闘争の実態からは、前述した沖縄原水協や新聞紙上の「全国民的撤去斗争」や「連帯」といった言葉では表現しきれない、変化の積み重ねと、怒りの広がりと共鳴が確認できる。沖縄、鹿児島、東京で、さらには洋上を進む船のなかで、個人の自主的な取り組みが共鳴し即興的につながり、日米両政府の管理が不可能な自律的空間と関係をつくりだしていた。これこそが八月沖縄闘争実行委員会の取り組みの成果であった。この実践は、人の移動を管理することで維持されている米軍の沖縄統治体制に一瞬ではあれ風穴をあけたのである。(12)

4-2　本土／沖縄の二分法の構造へ

だが、主に嘉手納基地前での大量逮捕事件をめぐって、さまざまな批判や否定的意見もあがっていた。(13)新崎盛暉は、現地の反応をふまえて、次のようにべ平連を批判している。

> 本土の組織や個人が沖縄現地において直接的な基地撤去行動を行なうことそれ自体は、なんら否定されるべきではない。だが、そのような行動を行う場合には、沖縄における運動の一環としてその行動を明確に位置づけ、その行動に対する個人的、組織的責任を十分に認識したうえで、基地労働者や基地周辺住民をはじめとする沖縄人民との連帯を確立する方向において行なわなければならないであろう。さらにまた、本土の組織や個人の本来的任務が、沖縄現地ではとりくみにくい対政府（日本）闘争を、本土において強力に展開することにあるということも忘れてはなるまい。原水禁大会の分散会などで、大会運営者の側が「沖縄の実態を本土代表が実感として十分把握することの意義」をくりかえし強調していたのに対し、「沖縄に来なければ沖縄闘争は闘えないのか」という反撥がかなり強かったことも見落とせない。（新崎　一九六八：二〇七－二〇八）［強調は引用者］

「沖縄に来なければ沖縄闘争は闘えないのか」という言葉は沖縄の現地感情を代弁したものである。一九六七年頃から、沖縄にわざわざやって来る共産党や社会党への批判が強まっていた。代表が来沖の意義について「沖縄の実情を実感として受けとめて」と繰り返すと、現地の活動家が「沖縄にこなければ沖縄闘争は闘えないのか」という野次を飛ばす場面が多くあったという（中野・新崎 一九七〇：一五三）。日米両政府が沖縄の日本復帰後も米軍基地を固定化することを方針としていくなかで、沖縄では革新勢力の沖縄問題への取り組みの不十分さに対してフラストレーションが高まっていたのだ。朝日新聞社那覇支局の井川一久はべ平連の行動を「ともすれば安易に沖縄問題に取組みがちな本土革新勢力にも、強く反省を迫」る出来事として批判した（井川 一九六八：九七）。二七名の大量逮捕事件の発生、救援活動にかかる多大な労力は、「沖縄に来なければ沖縄闘争は闘えないのか」という沖縄の人々の感情的な批判を呼び起こした。

さらに、この批判は、前述の新崎の主張にみられるように、沖縄と本土とを異なる責任をもつ主体として分け、運動上の役割を分けている。本土の運動の本来の役割は「対政府（日本）闘争を、本土において強力に展開すること」であり、沖縄現地で行動するのであれば現地の組織・住民の運動をしっかりと理解し、その一環として取り組み、それ以外のやり方で迷惑をかけるべきではないという主張である。つまり、「沖縄に来なければ、沖縄闘争は闘えないのか」という強迫めいた指摘は、多様な実践を本土と沖縄という二分法の構造へと引きずり込んでいくものである。沖縄問題をめぐる多様な運動は、本土と沖縄のいずれかの立場・役割へと振り分けられる（べきだ）という二分法の構造。この構造は、現地行動後のべ平連の人々の受けとめかたに端的に表れている。

4-3　立場性をめぐる議論の噴出

べ平連ではどのような振り返りがなされているだろうか。

第一に、沖縄に対する無知や誤解があったことが率直に語られている。古屋は「わたしは、沖縄のことも、よくわからないのにもかかわらず、大胆にもその計画どおりに、遮二無二そのことを押しすすめたのです」（古屋 一九七一＝一九八四：二四六）と振り返る。

［嘉手納基地内の空軍警察から］コザ署に護送されるバスの窓から、わたしは持っていた反戦ビラを基地にばらまいたのですが、事件が全部すんでからきいたのですが、「基地内で反戦行動をした場合は死刑または……何とか……」という布令第何条かがあることを知らされて、身ぶるいしました。何も知らないということの強さとこわさをつくづく感じました。（古屋一九七一＝一九八四：二四七）

古屋のふりかえりは、「ともすれば安易に沖縄問題に取組みがち」（井川 一九六八：九七）という批判を受けてのものだろう。現地での救援活動に関わったべ平連の高橋武智は、次のようにも述べている。

あのような逮捕、送検、強制退去命令……といった緊迫した状況のもとでは「べ平連の運動原則である」個人原理だけでいいものかどうかという問題ですね。もちろん運動を支える根本は一人一人の自覚であり、決意であるわけで、たとえ自分一人であろうと、あるいは弁護士が何と言おうと、なおかつ自分で頑張るという決断がなけりゃいかんというのはその通りでしょう。だけど、ああいう緊迫した状況や、現地の諸組織との問題が起きているような場合には、そうした個人の行動をささえられるような、組織というか、組織といわないまでも、態勢ですね、そういう態勢を整える必要があるでしょうね。（小田・鶴見編 一九六八：三一三）

高橋が指摘しているのは、逮捕後の救援活動とべ平連の運動原則とのすれ違いだろう。組織的に、しかも、沖縄という条件の異なる土地で行なわれた逮捕者の救援活動と、べ平連の運動原則である個人原理（自分の判断と創意で活動に取り組むこと）とが、齟齬をきたしていた点が反省されている[14]。

第二に、沖縄問題にとって自分の役割は何かという議論、ひいては「自分とは何者か？」という立場性をめぐる議論が盛んに行なわれている。古屋は沖縄問題への自らの関わり方を次のように語っている。

私はたんなる支援なんかしないわよ、連帯なのよ。あなたたちと同じ立場でものをいっているのよ、などとどう説明しようと、やっぱり沖縄は遠いのだ。彼が生まれた、そのときから沖縄人であるということによって、私は常に彼に告発され続けているのだ。

嘉手納基地でのすわりこみ、基地を飛びたつB52、カービン銃をもった米兵、逮捕、あれ以来、私の身体のなかにどっかり腰をすえて動かないかたまり、しこりのようなもの、おきなわ。両手で掻きむしりたいのだが……何とかはきだしてしまいたいのだが……。これが、私をゆさぶるのだ。けれども、私はそこでまた、とまどうのだ。沖縄はやっぱり私には遠いのだろうか?!（古屋 一九六九：一二三〇）〔強調は引用者〕

沖縄問題について、自らの役割とは何か、自分とは何者なのかという自問自答。古屋は本土／沖縄という二分法の構造と、「当事者＝沖縄の人々」に対する「支援者＝本土の私」という役割分担へのとまどいを抱いている。古屋は支援者ではなく、「同じ立場で」闘いたいという。

こうして、「沖縄に来なければ沖縄闘争は闘えないのか」という非難とともに、本土／沖縄の二分法の構造がせりあがり、「自分とは何者か？」という問いとともに、自らの立ち位置を自己反省的に問い直す作業がエンドレスに続いていく。そのような終わりなき自問自答は、沖縄問題への取り組みを本土の人々の自己構築の作業へと横滑りさせてしまう。

第三に、本土／沖縄の二分法の構造と立場性を問うエンドレスな自問自答を批判する声も同時にあがっていた。現地行動後のべ平連のなかでの座談会で高橋は次のように述べた。

現地の運動との連絡は大事です。これとの連帯は重視しなければならない。ならないけれども、しかし、いつでも現地のいう通りに従わなければならないというわけではないのであって、むしろ、われわれとしては、われわれ独自の目標なり、性格なりをハッキリもっている必要があるんで、その点が不徹底であったために、逆に収拾の段階で既成組織幹部のペースに乗せられてしまったきらいがあると思います。（小田・鶴見編 一九六八：三一三）

この意見に対して、何人かが賛成の意見を述べている。たとえば、べ平連の「代表」である小田は次のように応じた。

その通りだな。沖縄問題というと、本土の人間は沖縄を自らの内なる問題として捉えていないとか、沖縄の人々に対する本土の人間の罪の意識を自覚してるか、とか、そういう精神論みたいな議論があまりに多すぎるな。そうすると、運動は内へ内へとばかり向かって小さくなってしまうと思うんですね。もちろん、沖縄の政治情勢が、長野県や神奈川県と違うのは当然だけど、いつもいつもそんな議

論ばっかりやってるのはおかしいと思うね。（小田・鶴見編　一九六八：三一四）

自らの立場性を問う議論が、「精神論みたいな議論」になり「運動は内へ内へとばかり向かって小さくなってしまう」として批判されている。「自分は何者か？」という「内へと」向かう議論ではなく、「われわれ独自の目標なり、性格なりをハッキリもっている」かどうか、その運動方針自体を問うべきだという主張である。

また、立場性をめぐる議論は権力者にとっても都合のよいものではないか、という声もあがっている。鶴見俊輔は、沖縄の「現地感情」をことさらに強調した上でべ平連を批判した『朝日ジャーナル』の記事（井川　一九六八）に対し、次のように反論した。

現地の感情とか原体験だけを絶対視するやりかたを極端につきつめてゆくと、戦死した人間以外は戦争を語る資格がない、ということになっちゃって実に困るんだね。だれも語れないんだよ（笑い）。つまり、戦争を起こす人間にとっては一番都合のいい状況が生み出されちゃうんだ。（小田・鶴見編　一九六八：三一五）

鶴見は、現地＝当事者を絶対視してしまい、言動の資格や権利のある／なしを固定してしまう議論の前提自体を批判している。鶴見にとってそのような議論は、「戦争を起こす人間」、つまりは権力者や政府にとって好都合でもあるという。当事者を限定し、絶対視するならば、沖縄問題は〈沖縄の人々が抱えている、あの島＝沖縄で起きている問題〉となり、沖縄以外に住んでいる人々が考え、活動を行なうことを逆説的に阻害するという指摘である。鶴見の批判をさらに拡張するならば、あらゆる人が、沖縄問題をめぐって当事者になりうるし、そうあるべきだ、ということだ。

八月の行動の数ヵ月前に東京から沖縄に渡り、同じように嘉手納基地ゲート前で座り込みを行ない、武装米兵に排除された経験をもつ金井佳子は、自らの行動をふりかえって、「沖縄はますます遠くなって、届かない」、「沖縄の重たさが私の中に住むなどと思えない（断片ならある）」（金井 一九七〇：二一五－二一六）と綴っていた。金井が示唆するのは、沖縄と本土との二分法の構造において役割を割り振り受け持つだけではなく、両者の共通項＝「断片」を探し、当事者になる回路を豊かにつくろうという思いである。

このように、本土／沖縄の二分法の構造がせり上がってくるなかで、「自分とは何か？」という自己反省的な立場性をめぐる議論が繰り返された。その一方で、それを批判し、二分法の構造を越えて当事者性を創造していこうとする動きも、同時に生まれていたのである。

5　沖縄問題という構造を越えて

本章が考察したべ平連などによる取り組みとそれに対する賛否両論の反応は、沖縄問題が大衆化するなか、沖縄闘争の「入り口」に立つ人々が直面した構造と課題を明瞭に示していたと思われる。

べ平連運動が沖縄問題に取り組んだのは、ベトナム戦争を在沖米軍基地が支えているという現状認識によるものだった。ベトナム戦争に反対し抗議することと、沖縄の米軍支配体制に反対し抗議することとは密接不可分の関係にある。そこで、べ平連は、沖縄原水協や沖闘委と連携しながら嘉手納基地ゲート前での抗議行動と渡航制限撤廃闘争に取り組んだ。

この取り組みは、沖縄問題をめぐる沖縄と本土というやっかいな二分法の構造を照らし出している。二分法の構造において、沖縄の人々を当事者へ、本土の人々を支援者へと倫理的に振り分けながら、本土から沖縄への直接的な介入は相対的に否定され、その一方で、「自分は何者か」という自己反省的な自己構築の作業がせりあがっていく。〈当事者＝沖縄〉という善意による前提が、逆説的に、人々の豊かな取り組みの可能性を切り縮めてしまう力学を確認できるだろう。

だが、その一方で、渡航制限撤廃闘争は、沖縄、鹿児島、東京を行き来する船のなか、そして、港において、参加者それぞれがコミュニケーションを取り、即興的に結びつき、ばらばらでありながら、共に闘う空間をつくっていた。人々は、日米両政府によって管理された空間に裂け目をつくり、束の間の自律的空間をつくりあげていたのだ。参加者それぞれの向き合っている現実の違いや固有性を消し去ることなく、本土／沖縄の二分法や当事者／支援者の二分法の構造をつきぬけていくような豊かな実践があふれている。

沖縄闘争の「入り口」において問われたのは、当事者になる、あるいは、当事者性を生きることの困難と可能性であったといえよう(15)。

注

（1）ベトナム戦争は「ベトナム特需」と呼ばれる経済的活況を日本にもたらしている。詳しくは安藤（一九六七）を参照されたい。

（2）当時の沖縄における反戦運動・反基地運動については新崎編（一九六九）の第二部「一　ベトナム戦争と反戦意識の形成」を参照されたい。
（3）会議の記録は小田・鶴見編（一九六八）を参照されたい。
（4）沖縄ベ平連については第五章を参照されたい。
（5）一九六八年五月に取り組まれた座り込みの参加者の手記として、金井（一九六八ａ）がある。この行動にはベ平連、沖縄ベ平連、そして原水爆禁止沖縄県協議会が参加した。嘉手納基地第一ゲート前での座り込みが始まって間もなく、参加者は武装した米兵によって強制的に排除されている。
（6）国際会議では、沖縄での直接行動について批判的な意見も出されていた。当時沖縄に渡航し、優れたルポルタージュを発表していた石田郁夫は、この行動は「戦闘的な啓蒙の段階を抜け出せない」と指摘し、その上で、むしろ「沖縄問題を恒常的に戦いうる、さまざまな党派を糾合した連絡センターみたいなもの、そこへ行けばいろいろな具体的な問題がわかる、そういう連絡ができるところを作って運動を展開していくことが必要ではないか」（小田・鶴見編　一九六八：一四四）と指摘した。
（7）沖縄原水協は一九五八年八月六日に結成された（原水爆禁止沖縄県協議会　一九七八）。日本本土で、原水爆禁止運動が共産党系の原水協と、社会党系の原水禁に分裂した後、沖縄でも一九六六年に人民党系列の政党、団体、労組によって同じ名前の「原水爆禁止沖縄県協議会」が組織され、沖縄には同名の組織が二つ存在することとなった。本章で取り扱うのは、本土・原水禁と連携する「原水爆禁止沖縄県協議会」である。
（8）申請者は補助申請書に、過去一〇年間の住所、職歴、現在または過去に所属したことのある団体名と所在地及び所属機関、共産党への関与などの項目に記入する必要があった（影山　一九六八：四三）。
（9）沖縄出身・国費学生の文部大臣宛誓約書によれば、本土への渡航と滞在にあたって、学生は「本土の社会秩序に違反した行動をとらない」こと、「文部省、大学の指示を忠実に守って勉学に励む」こと、「奨学金の増額を要求せず、不足分は自弁する」ことを誓約しなければならなかった。また、違反した場合、文部省は身分打ち切りなどの措置が取れることになっていた（新崎編　一九六九：三四六）。
（10）国際会議に参加した海外からの活動家も沖縄での現地行動に加わった。たとえば、ＳＮＣＣ副委員長のドナルド・ストーンと日本滞在ビザが取得できず国際会議を欠席したブラックパンサー党情報副大臣のアール・アンソニーが沖縄に渡航し参加している（ストーン＝アンソニー　一九六八）。このようにべ平連は沖縄問題と海外の運動や問題とをつなげる役割を果たしていた点には注目したい。

（11）那覇地検は八月一九日に二七名全員に起訴猶予処分を決定している。

（12）柳によると、品川沖にさしかかった際、海上保安庁と水上警察の船、約一〇隻がひめゆり丸を取り囲み、出入管理官、警察官ら約五〇名が乗り込み、船内が騒然となったという。しかし、「胸に「渡航制限撤廃」の荷札をつけた船客の非難におそれをなしてか、まもなく下船。私たちを船内に隔離する気だったらしい」（柳　一九六八b：六二－六三）と記していた。この記録をそのまま読むならば、警察や海上保安庁を押し返すほどの自主的かつ集団的な力を、「闘争船」は発揮するにまで成長していたということだろう。また、渡航制限撤廃闘争が日米両政府による移動の管理への拒否であったことを考えるならば、警察や海上保安庁の介入を自主的に排除したということをもって、既にこの闘争が国家の管理の及ばない自律的空間をつくりあげていた、とするのは言い過ぎだろうか。

（13）新崎は当時東京都庁で働いていたが、沖縄現地での調査・情報収集のため、べ平連と同じ時期に沖縄に滞在し、東京への帰路は沖闘委らが乗船していたひめゆり丸に同乗していた。新崎（二〇一四）も参照されたい。

（14）たとえば、古屋は、コザ署内での取り調べの最中、沖縄原水協幹部によって自分の意に反し氏名・住所を自白させられたという。釈放後、待っていた沖縄の学生たちから「あなたもしゃべってしまったのか」という糾弾され、経緯を説明しようとしたところ、マイクを「沖縄原水協のある人にむしりとられてしまい、そのマイクは、逮捕者のなかで住所氏名を言うことをいちばんはじめに受けいれた学生にわたされてしまい、なおも自分の声をふりしぼって報告しようとしたわたしは、拍手をもって出むかえてくれた原水禁大会の一員におしりをけとばされて、差回しのバスに持ちあげられ」（古屋　一九七一＝一九八四：二四八－二四九）たとし、古屋は救援活動を行なった沖縄原水協ら組織幹部に対する恨みつらみを綴っている。彼女は、個人原理に基づき自分の判断で最後まで完全黙秘を貫き、米軍に対する抵抗の意志を表現したかったのだろう。だが、沖縄原水協と警察のあいだの「交渉」によってすべてが決められてしまった。

（15）沖縄問題に関する研究においても、本土／沖縄の二分法の構造はある。たとえば、田仲康博（二〇〇四）は、ポストコロニアル批評やカルチュラルスタディーズにおける二分法について、次のような危惧を指摘している。

「私が危惧するのは、ある者を〈当事者─非当事者〉の軸にそって名ざす行為がかえってお互いの間に距離を生み出し、自らを関係性の外部に置くことにつながらないか、ということだ。［……］そもそも当事者性が、〈場所〉や直接の〈経験〉に根ざすものだとしたら、たとえば私は自らの身体に刻印されていない沖縄戦の記憶とどのように向き合えばいいのだろうか。それ自体決して自明でない「沖縄人」というカテゴリーにともすれば回収されがちな事態にどう対処すればいいのだろうか。〈当事者〉という言葉は、いつも私を立ち止まらせる。

当事者性とは、ある出会いをきっかけに始まる〈関係〉のことを指すのではないかと今の私は考えている。ＩＣＵの学生たちは、プロジェクトを通して沖縄と出会った。その時点ですでに彼女／彼らは自らを対象領域のなかに内在させることになったのではないだろうか。そこに当事者性が生まれ、東京と沖縄の距離が少しだけ縮まった。しかも、その場に沖縄から来た学生たちがいたことで、実はさらに距離が近くなっていたのだともいえる。そう考えれば、報告者たちは観察対象となる社会の外部にいたのではない。」（田仲 二〇〇四：九六−九七）

第三章　大阪のなかの沖縄問題の発見
――大阪沖縄連帯の会を事例に

人々が沖縄と言うとき、［……］現実に沖縄人が日本という所でどういう位置におかれているのか、または日本人がどのように彼らに対応しているかの、それをぬきにして、沖縄現地のごく一部の人と知りあったことをさも鬼の首でもとったよう叫んでいるとき、在「本土」の沖縄の問題がまず上がってこなくてはウソであると思ったからである。

――金城朝夫（金城　一九七三：八八）

1　足下の「沖縄」

本章では、沖縄闘争が大阪でどのような展開をみせたのかを、「大阪沖縄連帯の会」（通称「デイゴの会」。以下、デイゴの会）を事例に論じる。

なぜ、大阪における沖縄闘争に注目する必要があるのだろうか。ここまで述べたように、多くの場合、沖縄問題とは〈沖縄の人々が抱える、あの島＝沖縄で起こっている問題〉として受容されていた。そして、沖縄闘争は〈沖縄で取り組まれている沖縄の人々の闘いへの連帯や支援〉としてとらえられている。

地政学的な分断に基づき沖縄と本土という主体がつくられ、それぞれに役割が割り振られていく。第二章では、この前提自体をめぐる論争を論じた。

しかし、日本本土には多くの沖縄出身者が生活している。なかでも大阪は、二〇世紀初頭以降の出稼ぎや、一九五〇年代から七〇年代にかけての集団就職によって渡ってきた沖縄の労働者を受け入れてきた。「沖縄」は本土の外にあるのではなく、本土のなかに存在しつづけている。地政学的分断に基づいた沖縄問題認識からは、本土のなかで暮らし、さまざまな運動に取り組んでいた沖縄出身者たちの姿はみえてこないだろう。

そこで本章では、沖縄闘争と大阪の沖縄出身者との関わりに着目する。具体的には、一九六八年、大阪で沖縄返還運動をスタートさせたデイゴの会と、在阪沖縄出身者、なかでも大阪の南部、泉州地域で働く集団就職者との出会いと交流に焦点を当てる。沖縄出身者との出会いと交流が、デイゴの会の沖縄問題認識をどのように変えていったのか。そのプロセスをデイゴの会の準備が始まった一九六七年から一九七〇年までの時期に焦点を当てて詳述し考察する。(1)

2　大阪と沖縄

2-1　流民たちの都市

デイゴの会の運動を述べる前に、沖縄と大阪の関係とその歴史について概観しておこう。

沖縄からの県外・海外への移民・出稼ぎの歴史は、一九〇〇年のハワイ移民によって本格的に始まった。その後、人々は南米、北米、南洋諸島へ、日本では主に大阪、東京、神戸、名古屋へと渡っていく。

一九二〇年代に入り、沖縄経済は「ソテツ地獄」と呼ばれる深刻な経済危機と窮乏化にみまわれ、移民と出稼ぎの急増につながった。

阪神地域を中心とする関西への出稼ぎは、一九〇〇年初頭の紡績女工によって始まったといわれる。なかでも大阪は多くの沖縄出身者が集まる都市となった。当時の大阪は綿糸紡績業の発展が著しく、海外から綿糸や衣料の注文が殺到、その市場は東南アジアやアフリカにまで広がり「東洋のマンチェスター」と呼ばれていた（大阪沖縄県人会連絡会五〇周年記念誌編集委員会編 一九九七：六二）。大阪の産業発展にともなう労働力不足を補ったのは、各地の農村地域などから流出した人々であった。沖縄から大阪へと海を渡った人々の数は年間二万人を超えたといわれる（大阪人権博物館 二〇〇〇：五五）。労働者の一部は徐々に定住し、大阪市大正区や兵庫県の尼崎などに集住地域を形成していった。

一九五〇年代後半から一九七〇年代前半にも、多くの労働者が大阪に集まった。高度経済成長に伴う経済・産業構造の変容のなかで、大阪は農村や漁村で生計をたてられなくなった「流民」（自主管理労組・全金山科鉄工支部 一九八一）が集まる都市となっていく。西成区の鉄工所で働くある労働者は、次のように語っている。

ボクら、そういう意味では、沖縄とか、奄美、九州と西日本の各地から来てる訳で、百姓に二男、三男が多いわけです。あるいは百姓しとって、炭坑に行き、石炭を掘っとった人です。そういう人間が、南大阪に集めさせられて、鉄を扱わされる。こういう、ボクらの集団の人間の経過は、明治以降の日本の近代そのものなんです。（自主管理労組・全金山科鉄工支部 一九八一：七七［阿久根良正・山科鉄工労組書記長の発言］）

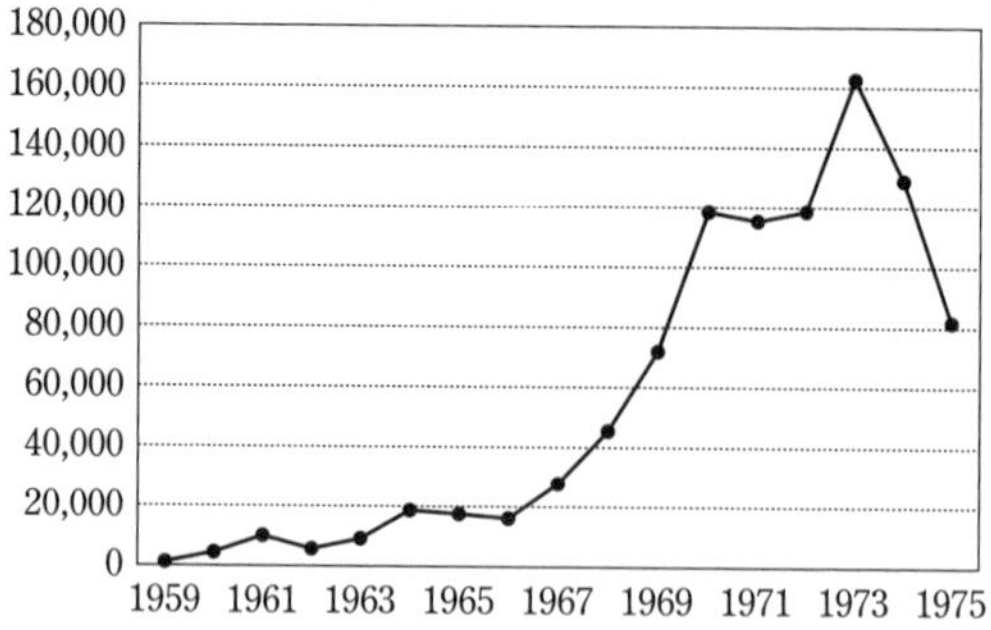

表6　沖縄から本土への年次別求人数（単位：人）

＊琉球政府（一九六五）、琉球政府（一九七二）、沖縄県労働商工部雇用対策室（一九七六）に基づき筆者作成。

＊求人数は公共職業安定所による紹介件数を指す。

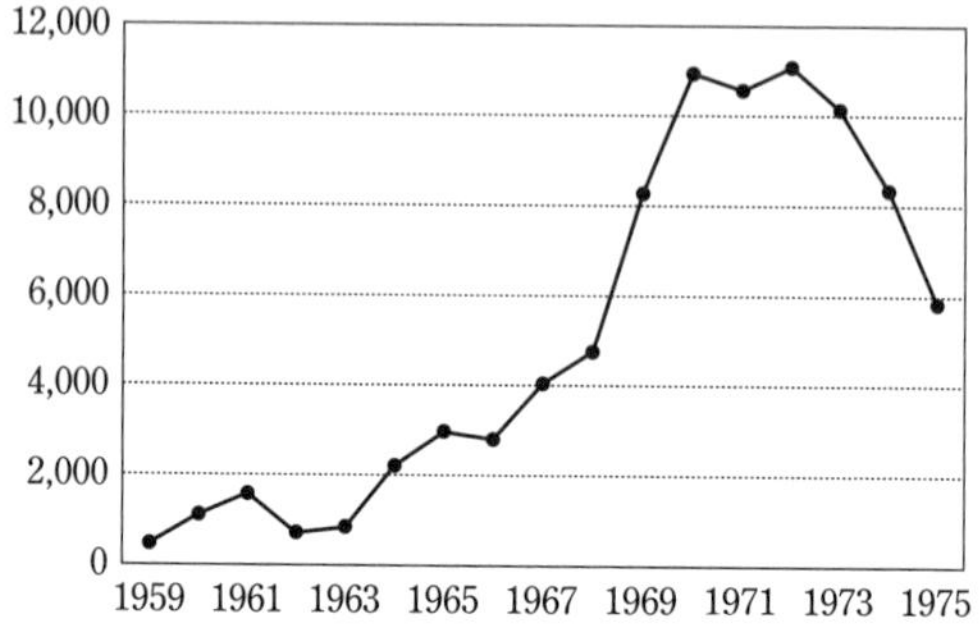

表7　沖縄から本土への年次別就職者数（単位：人）

＊琉球政府（一九六五）、琉球政府（一九七二）、沖縄県労働商工部雇用対策室（一九七六）に基づき筆者作成。

＊就職者数は、公共職業安定所の紹介斡旋により就職したことが確認された件数。

表8　沖縄から本土への都道府県別就職状況（1965年、単位：人）

府県	全体（人）	割合（%）	実数（人）	
			男	女
大阪	944	31.7	268	676
兵庫	312	10.4	126	186
愛知	486	16.3	64	422
東京	186	6.2	118	68
静岡	222	7.4	8	214
岡山	49	1.6	0	49
神奈川	309	10.3	135	174
その他	468	15.7	211	257
合計	2,976	—	930	2,046

＊冨山（1991）をもとに筆者作成。

「何かこうごった煮みたいな感じがするわな」（自主管理労組・全金山科鉄工支部 一九八一：七八）と語られる大阪は、各地の農村や漁村、炭坑の崩壊過程と結びついた形でつくられていった。

施政権返還前の沖縄も例外ではなかった。本土が高度経済成長期に入り、沖縄との所得格差は急速に拡大、沖縄から本土大都市への労働力供給圧力は急速に高まっていった（冨山 一九九一：一二三七）。とりわけ「金の卵」と呼ばれた集団就職者の多くが阪神地域へと渡った。集団就職の第一陣は一九五七年一二月二四日神戸港に到着した大阪のパン見習工六八人と製麺見習工五四人である（大阪人権博物館 二〇〇〇：七六）。表6〜7にあるように、県外就職の全体量は一九六五年を機に大きく増加していく。男女を比較すると、女性が圧倒的に多く、男性の倍以上であることもわかる（琉球政府 一九六五、琉球政府 一九七二）。その渡航先の三割を占めたのが大阪であった（冨山 一九九一：一二三九）。

2-2 泉州地域と繊維産業

本章の後半で考察する泉州地域についても簡単に触れておこう。大阪府南部に広がる泉州地域は、明治中期以降、紡績、織布、タオル、毛布などの繊維産業によって栄えた土地である。戦後は、沖縄、九州、四国、中国を中心とした中卒出身の労働者が多く集まっていた。たとえば、一九六九年一月〜六月の半年間で、沖縄から大阪に就職した中卒者の人数は四五六名、そのうち泉州地域への就職者数は一七三名（うち女性は一四五名）で全体の約三八％を占めている（デイゴの会 一九七〇：一二八）。若い労働者が従事したのは、主に紡績と織布の仕事である。

だが、高度経済成長にともなう高校進学率の増加により、泉州繊維産業は求人難に直面、求人対策が喫緊の課題となった(2)。そこで生まれたのが隔週定時制高校であった(3)。隔週定時制高校とは、工場等の二

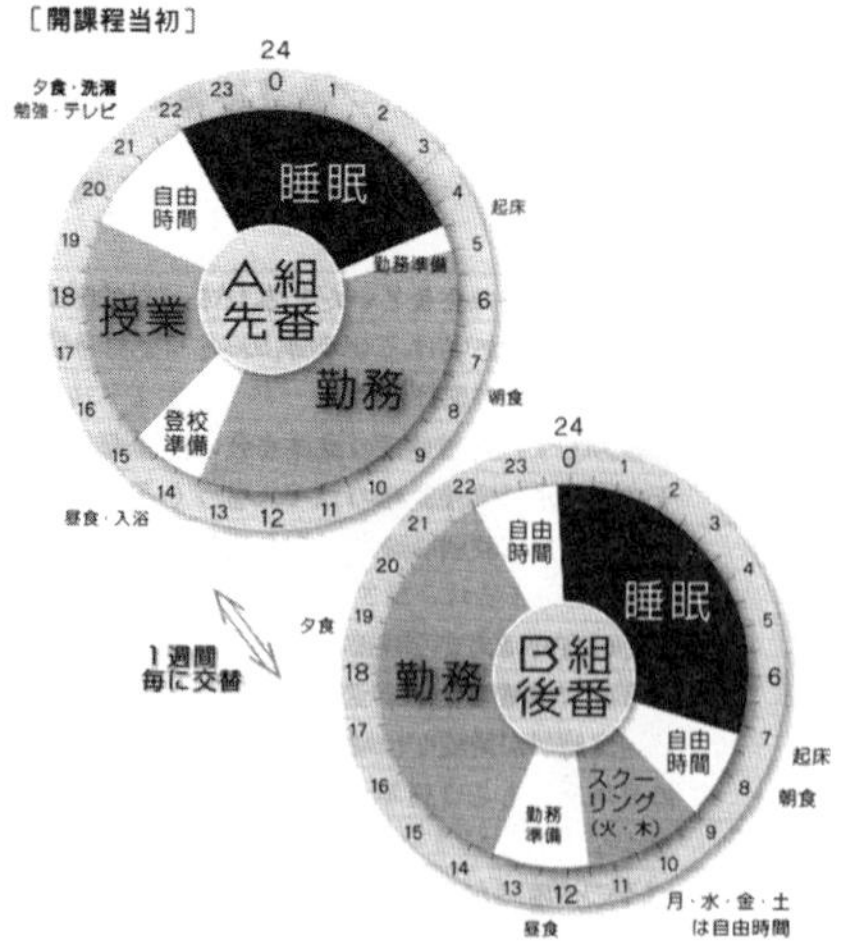

図 13　隔週定時制高校のカリキュラム例（大阪府立貝塚高等学校隔定記念誌編纂委員会 2006：32）

表 9　隔週定時制高校の年度別・学校別志願者数と入学者数（樫日 2012：26）

	学　校	貝塚	和泉	泉南	横山	合計
1969 年	志願者（人）	113	173	182	(60)	528
	入学者（人）	104	110	100	60	374
1970 年	志願者（人）	85	143	219	(77)	524
	入学者（人）	85	135	192	77	489
1971 年	志願者（人）	85	146	219	(77)	527
	入学者（人）	85	135	191	77	488
1972 年	志願者（人）	87	121	190	(79)	477
	入学者（人）	84	115	170	79	448
1973 年	志願者（人）	88	145	250	(44)	527
	入学者（人）	83	137	181	44	445
1974 年	志願者（人）	131	168	189	(25)	513
	入学者（人）	90	158	181	25	454
1975 年	志願者（人）	89	184	207	(25)	505
	入学者（人）	89	181	170	25	465

＊ 1969 年まで 4 校 2 クラス。70 年以降、和泉・泉南は増学級。定員は 69 年 1 クラス 44 人、70 年 42 人、71 年以降 40 人に漸減。

＊横山の志願者数は不明につき、入学者数に合わせた。

交替制勤務にあわせた定時制と通信制の併習による四年制の高校である。泉州繊維産業界が大阪府に働きかけ、一九六六年四月に大阪府立鳳高校横山分校、和泉高校、泉南高校、貝塚高校の四校に設置された。大阪で生まれた全国初の制度であった。学生は、先番の週と後番の週を一週間ごとに交替し、先番の週は朝五時から一三時半まで勤務のあと、一五時から一九時半頃まで定時制の授業を受ける。後番の週は、週に二日間ほど、午前中の通信制のスクーリング（集団面接指導時間）をこなし、一三時半から二二時頃まで勤務するというカリキュラムであった（図13）。

設置当初の参加企業数は、鳳高校横山分校六社、和泉高校一五社、貝塚高校一一社、泉南高校二一社。学校ごとに企業による後援会も結成されている。四校ともに一学年二学級、計百人で開設されたが、応募者数は定員を上回り続けた。繊維産業界の設備拡張等の従業員数増加に伴い、一九七〇年度からは和泉高校と泉南高校でさらに二学級を増やす措置が取られた。企業が「泉州の織物業で働きながら高校卒業資格を！」のキャッチフレーズで多くの学生を集めたためだ。

沖縄出身労働者も隔週定時制高校に通っていた。たとえば、貝塚高校隔週定時制には、閉校した二〇〇六年までの総入学者数二三五二人に対し、沖縄出身者は五〇名である。沖縄を含む九州地方からは一五九七人、全体の約六八％を占め、つづいて四国地方、中国地方がつづいている。

また、そのカリキュラムは女子従業員を想定し家政科であった。労働現場と教育制度の双方がジェンダー化されている点にも特徴がある。

3　大阪沖縄連帯の会（デイゴの会）

3-1　「沖縄を忘れることの出来ないあなたに」

一九六八年三月一三日、デイゴの会が結成された。結成のきっかけは、一九六七年四月二八日の沖縄デーでの記念集会である。そこに集まった数人の青年たちの思いがその出発点であった。

集まった青年たちは、あまりにも沖縄のことが知られてないことに、自分も含めて憤りを感じた。彼らは、沖縄をもっと知らせ、本土の国民が沖縄の県民に負っている罪禍について語りたいと思った。そしてその罪禍として沖縄を奪いかえしたいと思った。そして、ひとつのグループ（組織）を作ろうと思いたった。［……］

青年たちと、同じようなあせりと熱意とをもつ人は、多かった。特にこの四・五月間に急速に政府の手によってもり上ってくる「沖縄」の問題（それは、決して沖縄の「返還」をめざす目的で言い出されたのではないが）の中で、知識人・文化人・活動家は、その青年と同じあせりと熱情を感じ始めていた。沖縄返還の課題を、今までのように政党や民主団体だけにまかせていてはいけない。（大阪沖縄連帯の会結成準備会　一九六七：一）

青年たちが、沖縄問題についての社会的な無関心と政治情勢の変化に対して危機感を感じていたことがわかる。あまりにも沖縄のことが知られていないまま、沖縄問題に関する日米両政府の交渉が進められていた。たしかに、共産党、社会党、総評、そして沖縄連や沖実委の地域組織は存在し、沖縄返還運動を続けていた。しかし、それらに甘んじることなく、問題意識をもった個人による取り組みを大衆化していく必要がある、そう青年たちは考えたようだ。デイゴの会・事務局長を務めた鶴嶋雪嶺(当時、関大助教授)は次のように語っている。

その頃は、すでに沖縄問題の重要性については語られていましたが、具体的なカンパニアはほとんどみられませんでした。このことを良く物語るのが四・二八沖縄デーです。大阪では、この日にどのような集会もデモも、社会党や地評の計画には上がっていませんでした。メーデーをひかえて、たとえそのような集会、デモを企画しても人が集まらないだろうということでした。(鶴嶋 一九六九:四七)

デイゴの会結成の動きをつくった一人に浜辺章太郎がいた。浜辺は大阪の沖縄連の事務局で活動に取り組む若き活動家であった。浜辺と交流のあった畑健次郎は次のように語っている。

――「沖縄連みたいなんではあかん」ていうのがあったんですかね。

畑:組織と組織が形だけつながってもしょうがないやろうって。彼[浜辺]としてはいてる位置[沖縄連など]をうまく使って、もっと大衆的で、いろんな人がわっと関わって、そっから声がもっとあがるような形につくりたかったんだと思います。そのときには、鶴嶋[雪嶺]さんとか、沖縄県人会とか、そこにもうまくわたりをつけて。

――オルガナイザーですね。
畑：ほんまにオルガナイザーとしてはごっつ一流やったと思います。（二〇一三年一〇月三日、八尾市内のカフェでの聞き取り調査結果による）

結成前に発行されていた『大阪沖縄連帯の会（デイゴの会）結成準備会ニュース／デイゴの花（仮称）』第一号（一九六七年一二月一〇日発行）には、「学者や文化人と心をひとつにして、しかも在阪沖縄県人との協力の中で、本当に沖縄返還運動に献身する組織を作ろう」（大阪沖縄連帯の会結成準備会　一九六七：一）との確認がなされている。そして、数回の準備会合を経て、呼びかけ文「沖縄の即時返還めざして行動する個人の集団　大阪沖縄連帯の会（デイゴの会）に加わろう」（一九六八年三月）が発信された。


ひとつの民族が、二つに分断されている悲劇は、単にドイツや朝鮮やベトナムにあるだけではありません。わたしたちの日本にすら、厳然として、それはあるのです。沖縄がそれです。〔……〕現在、沖縄の同胞は、基地の鉄条網と海とのはざまで、基本的人権すら侵されつつ、経済を支配され、戦争と核兵器の恐怖におびえつつ生活をしています。

平和憲法の崇高な精神も、沖縄には及んでいないのです。

そこからはベトナムにむけて殺人機がとびたち、そこには兵隊が死のかげでおびえながら、狂気の享楽をもとめてうろついています。

沖縄の人々は〝棄民〟（捨てられた民）にされようとしています。

沖縄の人々を〝棄民〟にしたのは誰か？

わたしたちは知らなければなりません。

沖縄を基地として維持しつづけようとするアメリカ――彼らの悪はまっ先に責められねばなりません。

しかし、同時に、沖縄の通貨をドルに切り換えたのは、一九五八年、当時、大蔵大臣であった佐藤栄作であったことも、知っておかねばならないと思います。〔……〕

そして、同時に、沖縄の分離と差別とを、ずうっとずうっと見のがして来たわたしたち――そのわたしたちの存在こそ、沖縄の現状を生み出して来たひとつの影の原因であったのではないかということも……。〔……〕

今こそ、誰にまかせきってしまうのでもなくわたしたちがみずから、自分自身にせまってくる問題として、「沖縄」を考え、いささかのことをなすべき時だと思います。

そうしないとすれば、結局、やはり沖縄は帰って来ないのだし、それどころか、本土自体も、今の沖縄のようにさせられているのです。

わたしたちは、今、個人加盟の沖縄返還運動組織「大阪沖縄連帯の会」（通称、「デイゴの会」）を結成します。

あなたの決断と参加を待ちます。（デイゴの会 一九七〇：六‐七）〔強調は引用者〕

デイゴの会結成時の問題意識がよく伝わってくる。第一に、沖縄問題が十分に知られていないこと、理解されていないこと自体が問題であり、そのことが沖縄の分離を許してきたという認識である。そのため、デイゴの会は「心の中にまず沖縄を取り戻そう」と訴えた。

沖縄県民を無視し、私達を無視して本土と沖縄との間にひかれた境界線は、いつのまにか、私達の心の中にさえ軌跡を作っているのではないでしょうか。沖縄を返せと叫び、沖縄県民の解放をめざすときに、私達は、何よりもまず、私達の心の中のこのような境界線のかげをも止めてはならないはずです。このいわば「私達の心の中にまず沖縄を取り戻そう」という考え方こそ、私達デイゴの会結成の趣旨であり、私達の活動を貫いている理念なのです。（鶴嶋 一九六九：四六）

デイゴの会にとって、沖縄問題をめぐって問われるべき境界線は、施政権上の境界線だけでなく、「私達の心のなか」の分断＝無関心の境界線でもあったのだ。デイゴの会の「精神をあらわしたもの」として、「沖縄を忘れることの出来ないあなたに」という言葉が度々使用されている（デイゴの会 一九七〇：五）。デイゴの会は、「沖縄思い出し運動」（デイゴの会 一九七〇：四）としてスタートした。

第二に、復帰運動を推進するという強い目的意識が確認できる。呼びかけ文には、「同胞」、「痛み」、「贖罪」、「罪禍」といった言葉が散見される。これらの言葉は、同じ日本人として沖縄の復帰を実現させなければならない、という責任感を表現している[4]。

第三に、個人参加の市民組織というスタイルへのこだわりである。デイゴの会は自らを「行動する個人の集団」と位置づけているが、これまで復帰運動を支援してきた既存の政党・民主団体では取り組めないような、個人の創意による柔軟な活動が必要であるという問題意識を持っていた。また、個人参加の市民運動であるべ平連が急速に力をつけていた状況にも強く影響を受けているように思われる。

第四に、会の準備段階から、在阪沖縄県人との協力関係が意識されていた（大阪沖縄連帯の会結成準備会 一九六七）。大阪沖縄県人連合会や琉球新報、沖縄タイムスの記者らも結成作業に関わっている[5]。在阪沖縄県人は返還運動を推進するための重要なパートナーとしてとらえられていた。

第五点目として、デイゴの会にとって沖縄問題とは〈沖縄の人々が抱える、あの島＝沖縄で起こっている問題〉であった。そして、その解決のため復帰運動に奮闘している沖縄の人々への支援や連帯こそが自らに課せられた行動であると受け止められていた。デイゴの会にとって大阪で沖縄返還運動を盛り上げることが活動の中心となったのである。沖縄と日本とが不当に分断され、米軍占領下の沖縄では人権侵害、経済の抑圧、戦争の恐怖が生じてしまっている。沖縄が日本国民や「平和憲法の崇高な精神」の外部へと分断されていることを指して「棄民」という言葉が使われている。

3－2　結成総会

一九六八年三月一三日午後六時より、大阪市北区郵政会館会議室にて七〇名の参加者を集め、デイゴの会結成総会は開かれた。発起人代表の山口源治郎（地評：地方労働組合評議会）の開会挨拶ではじまり、奥間錫（大阪沖縄県人会連合会前会長）による開会宣言、会員の決意表明やアピールなどがつづき、活動計画について活発な議論がなされた。最後に、新役員を代表して、奥間が「沖縄をとりもどす以外、私達の真の平和はおとずれない」（デイゴの会　一九六八a：一）と挨拶をし、全員で「沖縄を返せ」を合唱、午後九時に閉会した。

結成総会で決定された会則をみてみよう。

第二条（目的）

一刻も早い沖縄の本土復帰のために、各種の宣伝、交流、運動を、個人の独自性を尊重しつつ、しかも連帯して行なっていくことを目的とする。
第三条（活動）
本会は目的達成のために次のようなことを行う。
一、沖縄の実情を学び、これを知らせる活動
二、沖縄と大阪府民、本土県民の交流活動
三、沖縄返還のための政府、自治体、市民への要求提出とアピールの活動
四、署名や募金活動
五、会員の拡大
六、機関紙「デイゴの花」や各種資料の発行
第四条（会員）
目的の趣旨に賛同し、会費を納め、(6) 会則と決定を順守する人は、党派思想、信条を問わず会員になることができる。
第五条（決定）
そのときどきの情勢にみあった活動をするためにスローガン、活動方針、行動形態については、該当する機関において決定しこれを会員は順守する。
但し、自己の信念において、多数の決定に服しえないときは、その活動に参加する義務を負わない。
第八条（支会）
本会は、支部として支会をおく。

支会は、「大阪沖縄連帯の会○支会」と称し、活動に便利な二人以上のグループをもって組織する。支会に支会長等の役員をおく。（デイゴの会 一九七〇：八－九）

この会則には、前述した結成時の五つの問題意識が反映されていることがわかる。

また、結成総会は役員を選出した。顧問には菅原昌人（弁護士）、仲橋喜三郎（地評）、荒木正三郎（社会党）、下地玄信（会計士）、代表委員には奥間鍚（沖縄県人会前会長）、勝部元（桃山大学教授）、山口源治郎（地評）、事務局長に鶴嶋雪嶺（関大助教授）、事務局次長に筒井明（沖縄連事務局長）、会計委員に岡田義雄（弁護士）、会計監査委員に松本建男（弁護士）、下門清行（県人会）が選ばれた（デイゴの会 一九六八a：一）。社会党・総評系の人脈と、沖縄問題に長年取り組んでいる沖縄連とのパイプ、そして、大学教員・知識人、さらには在阪沖縄県出身者らが就いていることがわかる。デイゴの会は、これらの人的ネットワークを活用しつつ、しかし、既存の組織に従属するのではない形で、個人の自発的な提案や創意に基づく活動を展開していった。

3－3　活動の概要

結成後、デイゴの会は会員のなかから特に積極的な者を事務局員として集め、週一回のペースで事務局会議を開き、日々の活動を企画した。設立当初の事務所は、松本建男弁護士の協力により、大阪市北区老松町の大阪合同法律事務所内におかれた。一九六九年初頭には、大阪市北区万才町一番地の北一ビルに移転。「金物屋の三階の「屋根裏部屋」という形容がぴったりの三坪の天井の低いムシ風呂のような部屋だった」（デイゴの会 一九七〇：六二）という。

図 15　大阪駅地下街での路上対話集会の様子（デイゴの会 1970：129）

図 14　「沖縄を考える市民の集い」のポスター（デイゴの会 1970：75）

> 役所で建設設計をやっている青年、米屋のセールスをやっている青年、弁護士事務所の事務員をやっている女の子などが、仕事が終ると集まり、ガリを切り、文章を考え、企画をねり旗の図案を考え、封筒の宛名を書き、街頭で沖縄を訴えたのです。（デイゴの会 一九七〇：七三）。

では、どのような活動が行なわれたのだろうか。前述の会則「第三条（活動）」に添いながら、確認してみよう。

（1）沖縄の実情を学び、これを知らせる活動

デイゴの会は、沖縄問題に関するセミナーや集会を開催し、街頭での宣伝活動にも取り組んだ。たとえば、一九六八年四月二八日、大阪市立労働会館（森ノ宮）において「沖縄を考える市民の集い」が行われた。

約四〇〇名の市民、学者、文化人、労働者、学生が集まり、沖縄の復帰協代表吉田松春氏をまじえて、沖縄の現状、法的地位、人権、平和運動等多くの立場から「沖縄奪還」のために語り、考え、そして行動した。集会が終ってから、折から雨の降りしきる中を参加者全員が「沖縄返還」を訴え、京阪天満橋までデモ行進を行った。（デイゴの会　一九六八a：二）

そのほかにも、大阪駅地下街での路上対話集会「沖縄を訴える！対話集会」（図15）や[7]、一般市民向けの「デイゴセミナー　いまこそ〈沖縄〉を」などが開催されている[8]。

また、映画の上映会や紙芝居、音楽劇の公演などを通じて、デイゴの会は沖縄の実情を伝えようとした。たとえば、映画『ひめゆりの塔』[9]や『沖縄列島』[10]の上映活動、大阪駅東口の路上での「〝状況〟紙芝居『沖縄』」の公演（デイゴの会　一九六九b：四）、音楽劇『沖縄――海の底深く』[11]の上演協力などである。

（2）沖縄と大阪府民、本土県民の交流

デイゴの会は沖縄出身者との交流イベントをたてつづけに実施している。主なものでは、一九六八年七月七日に「大阪で働く沖縄出身の若人のための激励七夕フェスティバル」[12]（会場：関西大学）、七月一四

日には高石町地区の沖縄県出身者との交流会（浜寺公園）、一〇月六日には沖縄県出身者とのハイキング（仁川）、一〇月二七日には若いデイゴの会・東住吉及び貝塚帯谷を中心にした「宮古、八重山出身者のための青年フェスティバル」（羽曳野市青少年センター）、そして一二月二二日には「デイゴクリスマス」という交流会が開かれている（デイゴの会 一九六c・e）。

（3）沖縄返還のための政府、自治体、市民への要求提出とアピール活動

デイゴの会は一九六八年六月一五日、ベトナム反戦全国行動大阪実行委員会主催「ベトナム反戦全国行動大阪集会」と御堂筋デモに参加する[13]など、多くの街頭行動に関わり、市民へのアピールを行なっている。

（4）署名・募金活動

沖縄の復帰運動を支援する署名・募金活動が活発に行なわれた。特に多くの参加者を集めたのは、一九六八年一一月の沖縄主席選挙にあわせた革新派候補・屋良朝苗支持のアピール活動と、街宣車を送るためのカンパ集めである。梅田の阪神デパート、梅田地下街、枚方市香里園団地、ひらかたパーク前など府内のさまざまな場所で同年七月頃から継続して取り組まれた[14]（デイゴの会 一九七〇：三二―三三）。また、観光目的で大阪から沖縄へ船で渡航する人々に、出港する弁天ふ頭で「真の沖縄の意味をキャンペーンする行動」、具体的には「弁天ふ頭事務所前にて「沖縄パンフレット」「沖縄ワッペン」等の販売を行う」（デイゴの会 一九六八b：四）ことやカンパ活動なども計画されていた[15]。さらに、「沖縄問題を、ひろく国際組織に知らせるために映画を作って送ろう、アメリカの不当な沖縄支配をやめさせるために

佐藤政府に国連提訴を要求しよう」（デイゴの会 一九六八b：二）という主旨のアピールと署名、カンパ集めの活動も、一九六八年四月から開始している。また、一九六八年九月二八日には宮古島台風救援カンパ集めも行われた。

（5） 機関紙『デイゴの花』の発行

機関紙『デイゴの花』はデイゴの会の行動予定、活動結果報告、その時々の沖縄をめぐる情勢に関する情報やニュース（主席公選、B52墜落、二・四ゼネスト挫折）、そして会員らのエッセーなどを掲載した。その内容と発行日は表10のとおりである。

これらの活動の結果、一九六八年五月一七日の時点で、会員数は約一二〇名（一九六九年一月には五〇〇名と報じられている［デイゴの会 一九七〇：八〇］）となり、月当たりの会費収入は約一万七千円、『デイゴの花』の発行部数は九四〇部を数えた（デイゴの会 一九七〇：七三）。また、会の支会組織も次々に誕生し、各地域に運動は広がっていった。記録に残っているものだけでも、「東大阪デイゴの会」、「北大阪デイゴの会」、「泉州デイゴの会」、「関大デイゴの会」、「高野山デイゴの会」、「ヤングデイゴの会」、「高校生デイゴの会」が結成されている。

4 「大阪のなかの沖縄問題」の発見

デイゴの会は活動の進展とともに、沖縄問題に関する認識を大きく変えていった。その転換のきっか

表10　機関紙『デイゴの花』の内容

号数 (ページ数)	発行年月日	主な内容
第1号 (2p)	1967年12月10日	デイゴの会発足のきっかけ、会則案、発起人リスト
第2号 (2p)	1967年12月20日	第1回発起人会合の報告、推薦された役員候補者リスト、鶴嶋雪嶺事務局長らの沖縄渡航計画
第3号 (2p)	1968年2月22日	デイゴの会参加呼びかけ、結成総会案内、沖縄の最新ニュース
第4号 (4p)	1968年4月20日	結成総会報告、総会を報じる新聞記事、会則、シリーズ「沖縄問題の盲点」、4月28日「沖縄を考える市民の集い」の案内、講座「沖縄」案
第5号 (4p)	1968年5月20日	沖縄のニュース（全軍労24時間ストライキ、米国原潜への立ち入り調査)、「沖縄を考える市民の集い」報告、国連等への沖縄問題アピール署名・募金活動の第一次集約結果、シリーズ「沖縄問題の盲点」
第6号 (6p)	1968年9月5日(16)	屋良朝苗支援呼びかけ、屋良候補アピール文、「大阪で働く沖縄出身の若人のための激励七夕フェスティバル」報告、「6・15御堂筋デモ」報告、シリーズ「沖縄問題の盲点」
第7号 (4p)	1968年10月25日	沖縄のニュース（主席公選、その他の事件・事故・出来事)、仁川ハイキング報告、シリーズ「沖縄問題の盲点」、東住吉支会発足、デイゴ・カウンセリング開始のアピール
第8号 (6p)	1968年12月25日	沖縄のニュース（屋良主席誕生、B52墜落)、11月7日「沖縄三大選挙支援の大阪・沖縄連帯集会」報告、12月22日デイゴクリスマス呼びかけ、シリーズ「沖縄問題の盲点」、宮古・八重山出身青年フェスティバル報告
第9号 (4p)	1969年4月10日(17)	2・4ゼネストの中止、2・4連帯行動への弾圧、沖縄渡航多数の不許可、「沖縄を訴える！対話集会」報告
第10号 (2p)	1969年11月4日(18)	佐藤訪米阻止行動呼びかけ、11月9日「沖縄県出身の勤労青少年を囲む座談会」呼びかけ、七夕フェスティバル報告、『沖縄列島』上映だより
11号 (4p)	1969年12月10日	日米共同声明糾弾アピール、デイゴの広場（読者投稿欄)

けは、一九六八年七月七日の「大阪で働く沖縄出身の若人のための激励七夕フェスティバル」（以下、七夕フェスティバル）であった。

4-1　転換点としての七夕フェスティバル

七夕フェスティバルは、大阪で働いている沖縄青年を励まそうという考えから企画された。その準備は次のような不安とともに始められていたという。

　この計画を立てたとき、誰もが参加者数の確保について自信がなかった。この計画を準備していく過程で、常に「あまりにも少い参加者しか得られないのではないか」という不安が会員を襲った。「とに角《ママ》十名でもいい。第一回目なんだし、大阪で初めてなんだから、ともかく内容のある集会さえできれば。」誰もが何回となくそう自らに語っては自分を慰めていた。大阪といわず全国においても、かかる催しをやるのは本会が最初であろう。それだけに五里霧中の準備であった。（デイゴの会 一九六八c：三）

デイゴの会の会員にとっては、沖縄青年のための交流イベントは、「既成の返還組織にとって、まったく未開拓の分野だった」（デイゴの会 一九七〇：八二）。当時、政党や党派の活動に、沖縄出身者が参加することはあった。また、第六章で述べるように、本土における沖縄出身者の運動の歴史もある。しかし、沖縄出身者への「激励」や「交流」を目的とする活動は珍しかったのだ。

そこでデイゴの会は、琉球政府大阪出張所に相談し、所内にある名簿を書き写すことから作業を始めた。そして、「手紙をだし、在阪県人の成功者などの人々の家を一軒一軒あるき、集団就職者を雇っている会社にゆき、資金カンパを集め」るなど試行錯誤をくりかえし準備は進められた（デイゴの会 一九七〇：七四）。

送付した招待状は次のようなものだった。

沖縄を故郷とする若いあなたへ

郷里沖縄から離れて、今、大阪でその若さを生かして働いているあなたに、私たちデイゴの会から初めてのお便りを差し上げます。

私たちの会は、同じ日本人でありながら、不幸にも二七度線で断ち切られている沖縄の同胞と固く結びついてお互いに同じ国民として平和に幸福に暮せる日が来るように、と願って作られた会です。［……］

私たちは、お互いの持っている特徴を尊重しあいながら、政治団体では出来ない、沖縄と大阪の人間と人間との連帯を作っていこうと努力しています。

私たちは、今、みなさんと友達になりたいと考えています。お互いの悩みや喜びを語りあって、同じ日本人として手を取りあって成長していきたいと考えています。

そこで、「大阪で働いている沖縄出身の若人のための、激励七夕フェスティバル」という大変長い名前の集まりを計画しました。この集まりは、その名のとおり、フェスティバル（お祭り）です。天の川によって二つに引き裂かれている織姫と彦星のように、二七度線で引き裂かれている本土と沖縄とがいつの日か永遠にひとつになるために、まず七夕の日に会ってみましょう。［……］

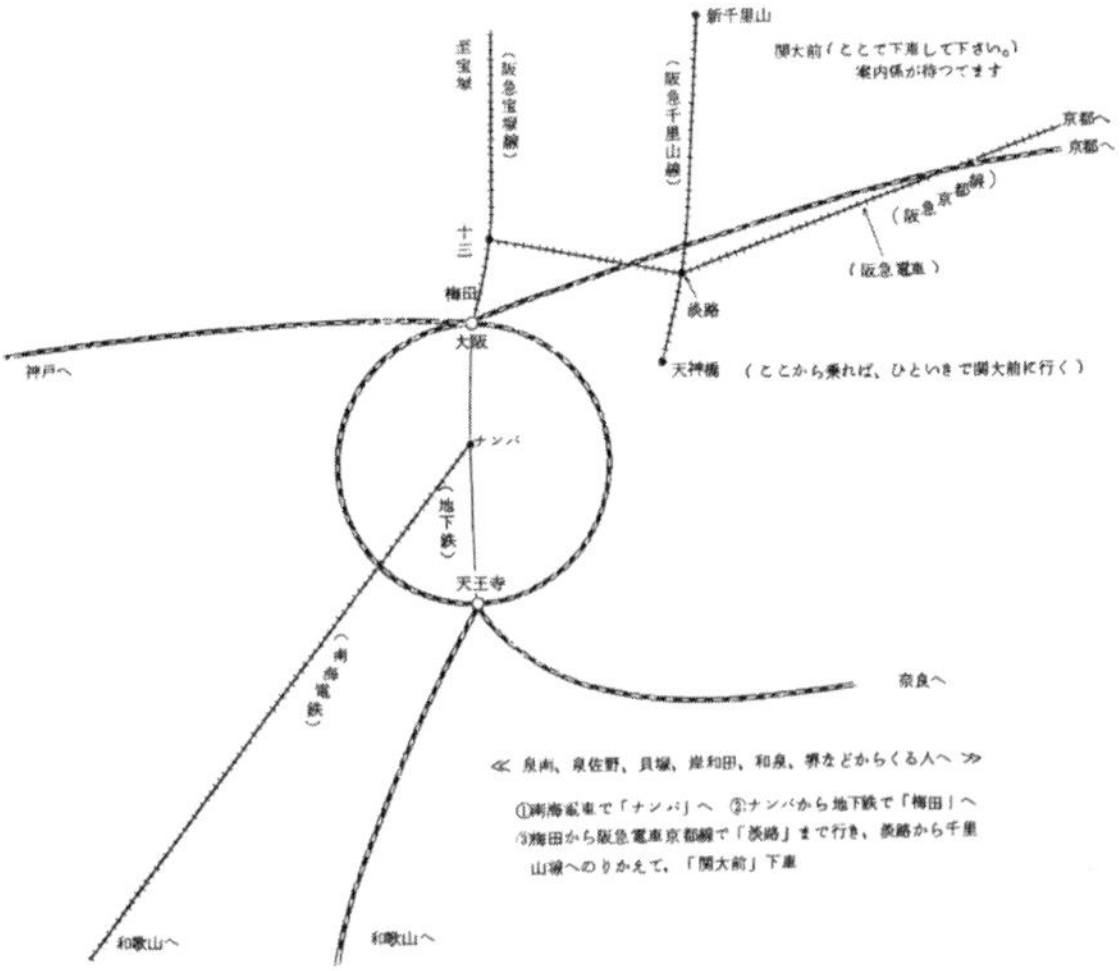

図16　七夕フェスティバルの呼びかけ文内の案内図（デイゴの会 1970：106）

来て下さい。友達をさそって。
琉球新報、沖縄タイムス、沖縄時報という
みなさんの故郷の新聞社がこの集まりを後援
してくれています。
あなたよりも一足先に大阪に来た人々も、
あなたを歓迎します。
来て下さい。色々な喜び、思い出、悲しみ、
希望をかかえて。
あなたと私たちの連帯が、沖縄と大阪の連
帯の第一歩となるように。（デイゴの会 一九
七〇：一〇五）

七夕の織姫と彦星の関係に、沖縄と日本、「あなた」と「デイゴの会」とを重ねており、沖縄を女性化するオリエンタリズムを確認することができる。だが、「政治団体では出来ない、沖縄と大阪の人間と人間との連帯を作っていこう」という言葉からは、集団就職者一人一人のおかれている状況を理解したいという、デイゴ

の会の真摯な姿勢が感じられる。沖縄の厳しい現実を訴え、返還を求める猛々しいトーンはほとんど感じられない。大阪で働く沖縄出身の若い青年たちとの出会いへの歓びと期待に満ちた呼びかけである。また、呼びかけ文によれば、沖縄タイムス、琉球新報、沖縄時報の各関西支社が後援団体になっている。会費は百円、会場は関西大学構内に決まった。案内状には関西大学までの行き方を伝える地図が掲載されているが、西は神戸、東は京都、南は和歌山までカバーされており、関西圏の幅広い沖縄出身者に呼びかけていたことが想像できる（図16）。

さらに、デイゴの会は「「大阪で働く沖縄出身の若人のための激励フェスティバル」に対して御協力方をお願い致します」という標題の協力依頼状を勤務先にも同時に発送している[19]（デイゴの会 一九七〇：一一二）。

一九六八年七月七日、快晴の空のもと、会場には続々と参加者が集まってきた。主催者の心配をよそに、集まったのは二三一名[20]。企画した会員が百人集まるかどうかで賭けをしていたなか、予想を大きく上回る参加人数となり大変な盛り上がりとなった（鶴嶋 一九六九：六八）。デイゴの会会員であった畑健次郎は、「沖縄県人会のバックアップがあったから、沖縄出身者が来やすかった」と振り返っている（二〇一三年一〇月三日、八尾市内カフェでの聞き取り調査結果による）。

デイゴの会・事務局長の鶴嶋のあいさつにより七夕フェスティバルは始まった。つづいて、フォークシンガーの中川五郎とフォークキャンパースによるフォークソングコンサートと合唱。そして、「語り合おう、友情の輪をつくろう」と題した参加者同士の意見交換会があり、沖縄そばと泡盛を用意しての懇親会、最後にデイゴの会代表委員・奥間からの挨拶によって締めくくられた（デイゴの会 一九七〇：一〇八）。

参加者にはアンケート用紙が配られた。

アンケートのために　ちょっとお手を拝借！

・大阪方面へ来られて何年になりますか。

・職場の環境はどうですか。（労働条件、風紀、衛生など）

・職場以外、他の悩みなどは。

・デイゴの会への期待をお聞かせ下さい。

・デイゴの会に入りますか。

・故郷の思い出を少し書いて下さい。

・今日の〝集い〟は　楽しかった　普通　余り楽しくなかった

・よかったら今日の感想をひとこと。（デイゴの会　一九七〇：一〇九）

回収率は二五％（参加者二三一人のうち五七名が回答した計算になる）。「今日の〝集い〟は」という質問に対し、「楽しかった」六五％、「普通」一三％、「余り楽しくなかった」〇％、「回答なし」二二％という結果となっている。回収率の低さの理由は明らかでない。

また、参加者からは次のようなコメントが寄せられている（デイゴの会　一九六八ｃ：一二）。

さびしくしている所へデイゴの会があると聞かされてそこへ行ったら故郷の人に会えると胸をふくらませていた。今日一日はさびしさも、どこかへ消え、楽しくすごしました。今後とも続けていけま

すよう望んでいます。（久米島）K

若い私達〈沖縄出身〉にはぜひとも必要な会合だと思います。なぜなら現在の私には特に必要な気がするのです。それは自分をとりまく環境にどうしてもおって《（ママ）》いくことができないのです。別に引っこみじあんでもなく無口な方でもないのに、することなすことに満足できないのです。それをちょっとでも満たしてくれるのが沖縄県人だけの話し合いなのです。私も皆のようにきれいに着飾って遊びたい。でもやっぱり故郷の母のことを想うとそういう気持もふっとんで自分は高校を卒業するまで心をゆるめてはいけないのだと反省する気持になるのです。［……］私達の会社には勿論沖縄県人だけでどこかへ遊びにいく時がありますけど、なぜか男の人と女の人が一体化してないみたいで弱々しい感じがします。同じ沖縄県人なのだからなにも恥かしがらずに積極的に行動して自分の思っていることを素直に言って欲しい。そうすればちょっとでもまとまりがついてこれからの毎日が楽しくなるんじゃないかしらと思うのだけど……。機会があれば、いつでもこういう会に出席したい。［……］（具志川村）K

他の仲間達と一緒になって交換をしたいと思いました。苦しみ、悩み、悲しみ、そしてつらいことがあったはずです。もっと他の人と親しく交流ができなかったのがなにより心残りでした。［……］（美里）O

デイゴの会というものがあるということを皆に知らせそして皆で盛り上げて、本土の住民達に、沖縄の戦争中から今までの状態を訴え、そして納得いくように話して、沖縄への関心を高まらせ、そして本土の人、そして私達で、沖縄を祖国に帰そうではないか。（宮古）C

今日の集いは良かったと思います。海や山へも出かけ活発にやりたいと思います。デイゴの会の今後の活躍に期待します。みなさん頑張って下さいね。私も会に入って頑張るつもりです。（浦添）T

図17　七夕フェスティバル（デイゴの会一九七〇：一一）

図18　七夕フェスティバルでの交流風景（デイゴの会一九六八c：二）

集団就職者は、同世代の、そして同じ境遇にいる沖縄出身者との交流を求めていたことがわかる。参加者は、日常生活における「苦しみ、悩み、悲しみ、そしてつらいこと」を共有したいと感じながら、大阪で暮らしていた。その背景にはまずなによりも、生まれ故郷、家族や友人から遠く離れた生活ゆえの孤独感があった。また、行動の自由が企業によって制限されることも多かった。集団就職者は職場と寮において閉鎖的な生活を続けていた。なかには、大阪に来て数年になるにもかかわらず、大阪駅にさえ行ったことのない人も珍しくなかったという

（鶴嶋　一九六九：六九－七〇）。デイゴの会からのイベントへの参加呼びかけを受け取ったところ、会社の人事担当から呼び出しを受け、「お前はこんな奴らとつきあっとるのか」（デイゴの会　一九七〇：二五）と叱責されるということも起こっている。七夕フェスティバルは、このような境遇を生きる同じ沖縄出身と交流したいという人々の期待にうまく応えたのだ[21]。

そして、参加者のうち五六名がデイゴの会に加盟希望を出した。そのうち、貝塚、泉南、岸和田、和泉といった泉州地域で紡績工場などに働く女性は二九名にのぼった。そのほかには、東住吉のかまぼこ工場の男性四名、尼崎市の繊維会社の女性五名から加盟希望が寄せられた。なお、五六名のうち四五名が女性であったという（デイゴの会　一九六八＝一九七〇：七四）

以上の反応を受けて、デイゴの会は「集会は成功であった」（デイゴの会　一九七〇：二九）と総括している。

まだほんの端緒にすぎないけれど、この「触れあった心」がフェスティバルの成果である。参加した若者とわれわれの、在阪県人とわれわれの、苦労を共にしたわれわれの会員同士の、この「触れあった心」は、しかし、決してこのままで終ってはならない。この「心のふれあい」は、本土と沖縄が本当に触れあうための、最初の一歩にすぎない。（デイゴの会　一九六八c：三）

そして、デイゴの会は若い沖縄出身者との交流のなかで、彼ら・彼女らの生活や労働の実態を詳しく知ることになった。パスポートを会社から取り上げられ職場に不当に拘束されていること、高校に就学しながらの勤務を希望していたが困難なこと、長時間労働などハードな労働条件の問題（デイゴの会　一九六八c：三）。事務局長の鶴嶋は「ふと戦前の『女工哀史』を思い出した」（鶴嶋　一九六九：四九）と述べている。

その結果、デイゴの会のメンバーは、沖縄返還を要求する政治運動だけでは不十分だと考えるようになった。

送った案内状の二割が、「受取人は行方不明」「転職」の理由で返送されて来た事実は、「返還運動は署名運動とデモと政治的発言をしていればいい」というものでは決してないことを教えてくれた。本土にいる彼らの矛盾は、返還問題の矛盾と返還後の沖縄の矛盾を暗示するものだろう。だからこそ、その仲間が手をにぎり輪を作る核が必要なのである。（デイゴの会　一九六八c：三）

鶴嶋は、デイゴの会が向き合うこととなった大阪に住む沖縄出身者の労働問題や生活問題を、「大阪の中の沖縄問題というべきもの」（鶴嶋　一九六九：五〇）と表現している。こうして、沖縄問題は〈沖縄の人々が抱える、あの島＝沖縄で起こっている問題〉ではなくなった。沖縄問題とは、〈大阪に暮らしている沖縄の人々が抱えている問題〉として、そして、〈大阪に住む沖縄出身の若い労働者たちと自らとをどのように関わらせ、問題を共に解決していくのか〉という極めて実践的な課題としてとらえかえされたのである。七夕フェスティバルと沖縄出身者、なかでも集団就職者との交流は、デイゴの会の活動を大きく転換することになった。[22]

4-2 「大阪のなかの沖縄問題」への取り組み

七夕フェスティバルの後、デイゴの会は、「大阪のなかの沖縄問題」をめぐって三つの新たな活動を打ち出している（デイゴの会 一九七〇：一一六）。

第一に、労働者たちの労働問題や生活実態について、情報収集と調査、結果の公表を行なうことである。「来春大阪に就職しようとする沖縄の若者は、自分の就職しようとする企業の内容、自分が契約した条件の確かさについて、本会に照会されたい」（デイゴの会 一九七〇：一一六）と呼びかけた。また、収集した情報を、これから大阪にやってくる沖縄の労働者たちに提供していくことも決めた。

第二に、在阪沖縄出身者への恒常的な相談窓口として「でいごカウンセリング」を設置することが決まった。

われわれは恒常的相談機関である「でいごカウンセリング」を創設したい。いつでも相談にのり、いつでも解決に力を貸せる。沖縄出身者のためのよろず相談所としてこのカウンセリングをなるべく早い期間にわれわれは作り出そうではないか。（デイゴの会 一九六八c：三）

この方針のもと、一九六八年一〇月頃、「でいごカウンセリング」は設置される。その創設趣意書は、「人生問題であれ、恋愛問題であれ、職場と生活の問題であれ、沖縄のことを本当に理解し、県民のことを何の差異もない文字どうり「同胞」だとうけとめている人に、相談したいと願わないではおれない」（デイゴの会 一九七〇：一一四-一一五）と、大阪で働く沖縄出身者たちの心情を記している。「でいごカウンセリング」は、集団就職者だけでなく、在阪沖縄出身者全般に開かれ、「連帯を確かめあい励ましあ」い、「同じ日本人どうしが、共に手をとりあって、平和で豊かな生活を作っていくこと」（デイゴの会 一九七〇：一一四）を目的とした。

第三に、以上の活動の成果を持ち寄り、沖縄出身者たちの労働条件を具体的に改善する取り組みが提起されている。

彼らが働いている職場での労働条件を少しでも快適にしていくために、雇用主とも積極的に会い、指摘すべき点を指摘し改善させる点をさせていくことである。

弁護士、学者、労働運動家を会員にかかえるわが会は、働きながら学びたい人にその条件を与え待遇を改善させ、より適当な職場をあっせんするほどのことを必要とされるであろう。すくなくともパスポートを会社があずかるという形で一人の人間をしばることを看過してはなるまい。

彼らの生活条件を百パーセント満足にすることは、もとよりわが会の力にあまることである。

わが会は、彼らの生活を少しでも快適にするために「運命を最後まで共にする連帯」を実行したいと思う。（デイゴの会 一九六八c：三）

しかし、「大阪の中の沖縄問題」への取り組みは容易なことではなかった。鶴嶋によれば、「最初は、このことをうったえて何か良い方法はないものかと、労組幹部や工場主に相談してみましたがはかばかしい反応はえられ」（鶴嶋 一九六九：五〇）なかったという。また、「直接たずさわるのは、多くの場合、始め若い活動家を通してたずさわるのですが、若い活動家が、その若さもあって十分にさばききれないまま問題が本人の帰省や、転職によって仕方なく済んでしまう」（デイゴの会 一九七〇：一二七）といった困難も抱えていた。だが、デイゴの会は会員のネットワークを活かしながら、関係団体との協力関係を少しずつ築いていった。なかでも、「大阪府勤労青少年教育研究協議会」（以下、勤青協）と「泉州地方労働組合連合会」（以下、泉州労連）との連携は、後述するようにいくつかの具体的な成果を生み出していく。勤青協は、定時制高校の改善に取り組んでいる教員を中心とした組織で、その代表の小山仁示（関西大学助教授）はデイゴの会の会員であった（木村 一九九六：一六七－一七七）。また、泉州労連（一九六三年結成。前身は、一九五三年結成の泉州地協）は、近江絹糸人権争議（一九五四年）をはじめとする労働争議、勤評闘争や三井三池闘争への連帯などに取り組んできた、泉州地域労組のローカルセンターである（泉州地方労働組合連合会編 一九八二）。デイゴの会と勤青協、泉州労連との協力関係については後述する。

4－3　拡張する沖縄闘争

「大阪のなかの沖縄問題」への取り組みによって、何が明らかとなり、どのような成果が生まれたのかをみていこう。

まず、一九六九年初頭のデイゴの会の調査によって、次のような労働問題・生活実態が明らかにされた。①多くの労働者が労働基準法に違反する労働条件で公然と働かされていること、②他の地方出身者と比較して、沖縄出身者は事務系より現場系の労働に就いていること、③会社や同僚による日常的な差別や無理解に苦しんでいること[23]、④「そこに居る人々のために公表できない重い現実」（デイゴの会 一九七〇：一二七）である。具体的には表11のような事例が公表されている。

表11　沖縄出身者に対する就業先企業での取り扱い事例

企業名、企業概要	不当取扱い事例
関西染工業 (大阪市旭区。資本金750万円。従業員75名。)	契約内容と実態の大幅な相違。7時から17時が「定時労働」。帰省願いの放置。退職届けおよび賃金精算の拒否。退職届提出後の寮費・食事代の自己負担要求。
南海毛糸 (大阪市東区。大阪府高石市ほかに工場。資本金8億5,300万円。従業員1,050名。)	親の急病による帰省拒否。離職の場合は、就職時の旅費と支度金の全額返済要求。
森田紡績 (大阪府和泉市。資本金9,500万円。従業員1,110名。)	身分証明書の会社保管。契約内容と実態の大幅な相違。支度金旅費や学校費用の返却なしには退職を認めないと要求。深夜営業の半強制。査察が入った際の「訓練」の実施(工場から寮への抜け道をつくり、通報後何分間で工場から寮へ戻り、布団に入れるかの確認)。
帝国産業 (大阪市北区。大阪府貝塚市、泉佐野市、岸和田市に工場。資本金20億円。従業員3,721名。)	近親者急病のための帰省依頼に対し、本人の説明を信用せず、なかなか身分証明書を返却せず。
上田紡績	最初の1年はいかなる理由でも帰省は無許可と公言。

＊デイゴの会作成の琉球政府・大阪支所宛て報告書「大阪沖縄県出身勤労青少年に対する就業先企業の不当取扱い事例について」(大阪沖縄連帯の会 1969＝1970：120-121)より筆者作成。

調査結果を踏まえ、デイゴの会は、これらの問題の解決にむけた取り組みを行なっていった。

（1）身分証明書取り上げの撤回

デイゴの会は、琉球政府大阪事務所に対し、企業からの身分証明書返却を求める申し入れを行なった。これを受けて、事態を重くみた琉球政府大阪事務所は大阪府に対して実情調査と行政指導を申し入れた。その結果、府労働部から企業に対し改善を求める通達が出され[24]、この動きはマスコミでも報じられたこともあり、身分証明書の本人への返却が進んだという（鶴嶋 一九六九：五〇）。

（2）隔週定時制高校における教育権をめぐる取り組み

調査によって、隔週定時制高校の問題が明らかになった。それは、企業内の教育制度にとどまり大学受験資格が得られないといった悪質な実態であった。

学生たちからは次のような不満と怒りの声があがっている。「会社も、中学校の先生も、普通科定時制といいました。なのに……。早朝や夜おそくまでの労働。その合間の勉強。教育とは、隔定とは、いったいなんだろう」、「郷里を出なければ生活していけない中卒者。それを人手不足の企業がねらい、つくったのが隔週だったのです。そこに教育の姿は見当たらなかった。やめていった人が多いのも当り前です」、「みんな一回は病気にかかった」、「大阪の人はウソつきだ」、「学校へ行きたくても、残業で登校できない日もあった」（『朝日新聞』一九七〇年三月二日朝刊）。これは鳳高校横山分校の卒業生たちの言葉である。一九六六年の入学者三三〇名に対し、一九六九年の卒業者数は一四二名であり、半数以上が卒業できなかったことになる。その後も同様の割合で退学者や休学者は出続けている（大阪府立和泉高等学

校校史編纂委員会 二〇〇一：四三四）。

また、教職員の一部も、「産学協同を地で行くような隔定高校の設置を、「戦前の複線型教育の再来」「安上がり公教育の実施」」であると受け止め、「「隔定から定時制へ」」を合い言葉に、長きにわたる隔定反対闘争」に取り組んだ（榲日 二〇一二：一九）。

デイゴの会や勤青協は、大阪府教育委員会、大阪府労働局などに実態を報告し、管理責任を追求、マスメディアもこの問題を大きく報じた。『朝日新聞』は社説「勤労青少年の向学心をつむな」を発表し、「〝女工哀史〟的な現状を打破し、勤労青少年が安心して勉強できる体制づくりを急ぐべきだ。でなければ、教育が企業の道具に利用されているという批判を受けてもやむを得まい」（『朝日新聞』一九七〇年二月二七日朝刊）と批判している。

一九六九年三月と八月には、勤青協のメンバーが大阪教職員組合・沖縄教育実践交流団の一員として沖縄へ渡航した際、沖縄教職員会との交流の場をもち、集団就職者の教育や労働の実態を共有した。沖縄の教員は、「沖縄は外でもそのように扱われているのか」（木村 一九九六：一七〇）と語ったという。

このような批判があるにもかかわらず、一九七〇年一月三一日、大阪府教育委員会（以下、府教委）は、和泉高校と泉南高校に隔週定時制学級の増設を決定した（デイゴの会 一九七〇：一五七）。これに対し、同年三月、和泉高校生徒によって隔週定時制高校制度への反対運動（「隔定増募に反対する会」）が開始される。デイゴの会は泉州労連らと、この運動に加わっていった。生徒を中心に、学校長との話し合い、ビラ配り、交流会や内部討論会、校門前のすわり込み、職安や大阪府教育委員会（府教委）への抗議行動などが次々に組織された。そして、三月三〇日には府教委に対する抗議に約四〇名が参加、七時間半の座り込みが行なわれた。これらの過程で、その闘争スローガンは「隔定増募反対」から「隔週定時制高校解体」、さらには「二部交代制労働全面廃止」にまで変化していった（デイゴの会 一九七〇：一五八）。しかし、反対運動に対し高校への機動隊導入をにおわせるなど、府教委の態度は強硬であった。また、一部の企業は労働者に対し外出禁止等の「弾圧」を開始。この結果、府教委は隔週定時制学級の増設を強行してしまった（デイゴの会 一九七〇：一五八）。

（3）森田学園問題への取り組み

学生のなかには、隔週定時制高校への就学機会さえ与えられない深刻なケースもあった。たとえば、表11に登場する森田紡績は、向陽台高校（大阪府茨木市）の「分校」である「森田学園」への入学を募集要項に記載していた。しかし、その実態は、校舎が社内の「仮校舎」、教員一四名のうち九名は教員免許を持たない社員が兼任し、通信教育に必要な年間二〇日間のスクーリングも保障していない、というものであった（『日本経済新聞』一九六九年一一月二二日夕刊）。

デイゴの会は勤青協と泉州労連と連携し、琉球政府大阪事務所や大阪府に改善のためのはたらきかけを求めるとともに、社会党所属の大阪府議会議員を通じ府議会にも問題を提起した。その結果、泉州労連傘下の森田紡績労働組合が労使交渉を開始し、一九六九年一一月一五日、公立定時制高校への進学を保障する労働協約を勝ち取った。労働協約は、会社経営側に次の点を保障させるものであった。①進学希望者の公立定時制普通高校への就学、②森田学園通信制課程在学中の生徒の公立高校への転校、③就学に支障をきたさない勤務時間設定への配慮（具体的な労働時間については労使協議を実施）、④自習室の新設、⑤通学交通費などの必要経費の会社負担、である。若年労働者の高校通学保障を求める運動を続けていた勤青協の木村英雄によれば、これは運動の画期的な成功であった（木村 一九七〇）。

以上のように、デイゴの会は、勤青協や泉州労連との連携を深め、労働者であり学生でもある若い沖縄出身者たちの支援を行なった。それは、労働・生活実態についての調査、身分証明書返還の要求、定時制高校での就学機会の保障など多岐にわたっている。よって、デイゴの会にとって沖縄闘争とは、沖縄返還運動を越えて、集団就職者らの労働条件改善と教育権保障を要求する運動へと広がり、深まっていったのである。いわば、沖縄闘争は複数化されたといえるだろう。

5　沖縄返還運動から地域社会の変革へ

デイゴの会の沖縄問題への取り組みの複数化は、どのような意味をもつものだろうか。

第一に、〈大文字の沖縄闘争〉から〈小文字の沖縄闘争〉への分岐が経験されている。デイゴの会の運動は、沖縄返還運動だけでなく、沖縄出身者の個別具体的な権利獲得の活動へと広がっていった。この過程を、〈大文字の沖縄闘争〉から〈小文字の沖縄闘争〉への変化と考えてみたい。〈大文字の沖縄闘争〉とは、狭義の政治運動であり、沖縄返還を広く訴える運動である。その取り組みのなかで、デイゴの会は、「「返還運動は署名運動とデモと政治的発言をしていればいい」というものでは決してないこと」（デイゴの会　一九六八c：三）に気づく。この気づきが、〈大文字の沖縄闘争〉から、〈小文字の沖縄闘争〉への転換を生んだ。〈小文字の沖縄闘争〉は、沖縄出身者が抱えている個別具体的な諸問題の解決や権利の獲得のための取り組みである。これらの問題は大きな政治的スローガンを掲げて解決できるものではなく、勤青協や泉州労連などの専門家と組みながら、実務的な対応による解決が求められるものである。

だが、ともすれば、〈小文字の沖縄闘争〉は、それぞれのケースの「狭い」文脈に活動が限定されることになる。たとえば、デイゴの会事務局会議では、「でいごカウンセリング」をめぐって、次のような激論が行なわれていた。

そういった問題のとりくみ方について、事務局会議でも何回も激論をなしたものです。それは、まずそのような一見絶望的ともいえる程の私たちの力の弱さ、問題の大きさ、そしてそれらの解決は、最終的には、個々の問題の解決にとどまらないものであることなどから、イデオロギーの問題としてまで発展させて議論になったこともありました。けれども、いつもそこに「沖縄に生れ、育った」ためだけの《（ママ）》で差別が存在しているときに、それにとりくまずにはいられないのがデイゴの会でありました。（デイゴの会　一九七〇：一二七）［強調は引用者］

労働問題や教育問題への取り組みへの難しさが経験されている。すなわち、「個々の問題の解決にとどまらないものであること」から、構造そのものを変えられなければ徒労に終わるのではないか、という実感が共有されている。そこで、「イデオロギーの問題としてまで発展させ」るべき運動、つまり、沖縄の若い労働者をその底辺へと吸収し搾取する日本の資本主義そのものの変革に迫る運動として、発展させなければならないという意見が持ち上がっていたのだ。東大阪デイゴの会は、こんな苛立ちを発信している。

デイゴの会て、いったい何やろ。

これは、おそらくぼくらの共通の疑問です。

市民、市民……もうカンベンしてくれといいたくなる。
資本が結束を固めている時　われわれは良識派として抵抗するのか。否。否。死に物狂いの階級闘争を！[25]（東大阪デイゴの会　一九六九b＝一九七〇）

課題となったのだ。

〈大文字の沖縄闘争〉から〈小文字の沖縄闘争〉への発展と、それゆえ抱え込むことになった困難と葛藤を、ここにみることができる。つまり両者を別々のものとせず、つなぎながら取り組むことが新たな課題となったのだ。

だから、第二に、デイゴの会の沖縄闘争は、大阪という地域社会の変革を求めていった。岸政彦（二〇一三）が論じたように、集団就職制度とは、琉球政府労働局、文教局、学校、職安、在日沖縄県人会、沖縄地元メディアがつくりあげた「本土送り出しシステム」のもとで開始され、運用されていた。一九六〇年代後半の集団就職者数の増加は、経済的要因のみならず、社会・文化的要因によるものでもあった。岸によれば、社会・文化的要因とは、琉球政府を中心とした本土就職を促進し、本土との一体化を進めようとする復帰運動の論理であった。

ここで、このようなマクロなシステムのもとで、集団就職者の感性や身体に注がれていた眼差しに注目する必要があるだろう。本章でみてきたように、沖縄出身者は職場と学校への適応に困難を抱えていた。しかし、「本土送り出しシステム」のもとでは、本土への適応の度合いは、個人の意識や能力の問題として解釈され、そのために派遣前の研修や教育が行なわれている。このなかで、沖縄出身者の抱える諸問題は、個人化されていく（岸　二〇一三：三二七‐三六八）。

これに対して、デイゴの会の運動は問題を個人化せずに、社会化した点に最大の特徴がある。七タフェスティバルなどを通じて、個人で抱え込んでいた問題を共有する場がつくられていた。参加者は交流することに喜びを感じていたが、その理由は、単に日常のストレスから解放されただけではなく、抱える悩みや問題を共有できたからこそであったのではないだろうか。

そして、問題を個人化せず、共有するということは、人々が直面する問題を、大阪という地域社会の変革へと向け直していくことに他ならなかった。それは、学校教育制度や労働条件の改善という形で実践されたのである。岸のいうように「本土就職とは、「もうひとつの復帰運動」であった」（岸 二〇一三：三二四）とするならば、デイゴの会の運動は、集団就職の矛盾＝復帰運動の矛盾を見定めた上で、個人の問題や沖縄の問題とせずに、地域社会の変革の問題としてとらえかえすものであったといえるだろう。

そして、デイゴの会も、その活動に喜びを見出し、こだわりをみせていた。

「そんなことをやって何になるんだ」という声もあろうが、運動は観念だけでは進まない。――この逆の危険性も注意しなければならないのはモチロンである――やはり、生身の人間同士の交流の中から生き生きとした運動の展望も出てこようというものだ。［……］本土日本においてわれわれが「痛みを決して共有できぬ痛み」を運動のバネとして戦っているとするならば、沖縄のそれは決して痛みを共有できぬ者どもへの訣別と新たなる連帯関係を目ざす歴史的な第一歩となるであろう。（デイゴの会 一九七〇：一五九）

この文章の執筆者がいうように、「生身の人間同士の交流」を通じてこそ「生き生きとした運動の展望」は開かれてきた。デイゴの会における「交流」とは、単なる遊び（＝「そんなこと」）ではなく、個人化された問題を共有し、社会化する場であった。そして、「そんなこと」から始まる地域社会の変革が可能なのだ、という喜びと困難が経験されている[26]。

デイゴの会にとって沖縄闘争とは、ただ沖縄返還を要求するだけではなく、地域社会の変革という終わりなきプロジェクトとして自らの街で取り組まれるものとなったのである。

注

（1）管見の限りでは、少なくとも一九七一年四月までデイゴの会の活動は続いていた。たとえば『大阪社会労働運動史』によれば、一九七〇年一二月二一日にはコザ暴動に理解を求めるビラ配布（梅田地下街）、一九七一年一月八日にコザ暴動への騒乱罪適用への抗議アピールと署名集め（梅田地下街）、二月四日には「二・四沖縄ゼネスト二周年、返還協定三月調印阻止、沖縄闘争連帯、全大阪反戦決起集会」を全大阪反戦青年委員会、関西べ平連とともに主催、さらに四月一九日には「南朝鮮革命一一周年、入管法案粉砕、全大阪青年決起集会」を全大阪反戦青年委員会常任幹事会、関西べ平連、婦人民主クラブとともに主催している（大阪社会労働運動史編集委員会編 一九九四：一〇五〇‐一〇五二）。また、デイゴの会は、第六章で詳述する沖縄出身労働者・富村順一による東京タワージャック事件（一九七〇年七月）を受けて、同年一一月頃から、富村支援運動にも積極的に取り組み、「大阪・富村さんを支援する会」にも関わっていた（富村さんを支援する会 一九七一a、一九七一b）。残念ながら、一九七一年以降の会の活動については、史料が少なく、デイゴの会の終了や解散のプロセスは不明である。本章の目的と、このような史料上の制約をふまえ、本章では一九七〇年までを対象とする。

（2）圧倒的な売り手市場であった当時、ある企業で北九州地区（福岡、佐賀、長崎、大分）の求人業務を担当した社員は次のように記している。

「その当時は、家庭訪問も学校訪問も禁止の時代で、法規通りに手をこまねくと採用できないので、各社共に法規すれすれのところでしのぎを削っていました。新規開拓はあれこれと知恵を絞り、生命保険の外交員、タクシー運転手等、地区の事情に明るい人と接触し、在籍者の親戚や親類縁者を尋ね歩き、やっと就職を希望する生徒に辿り着いたものです。しかしそこではまた他社と競合するのです。挨拶に行ってもケンモホロロに断られる家もあれば、説明だけでも聞いてくれる家、どうぞと言って家に上げてくれる家と様々でした。熱心な家にはスライドで工場や寮の映写をし、少しでも興味を示してもらうと明るい気分になり、家を後にしながら、次回の訪問作戦は、この家では父、母、生徒の誰に絞って話すべきかを考えました。またテレビは何を見、野球は巨人ファンか、その時は巨人が勝っている時に訪問すれば話が弾むとか、娘に関して父母のどちらが決定権をもつかと、様々な攻略方法をあれこれと考えたものです。」（伊佐　二〇〇六：七七）

（3）隔週定時制高校については、大阪府立和泉高等学校校史編纂委員会（二〇〇一）、大阪府立貝塚高等学校隔定記念誌編纂委員会（二〇〇六）、櫨日（二〇一二）を参照した。

（4）デイゴの会結成準備期からのメンバー、東まゆみは次のように綴っている。

「今二十二年間の異民族の抑圧を打ち破り立ち上がろうとしている沖縄の人達。国籍のない国から、祖国に復帰しようと我々本土の人間に連帯を呼びかけ手を差しのばしている沖縄の人達。私達はこの連帯を、この手をしっかり握り、異民族の支配のないおびやかされない為に日本本土と沖縄の基地を撤去し真の復帰を勝ちとる為に全ての人と連帯し運動を押し進めましょう。」（東　一九六七＝一九七〇）

（5）一九六七年一二月一六日、第一回発起人会合には大阪沖縄県人会連合会前会長の奥間錫が出席している。奥間によって「この会の発足に対する喜びの声と、氏のこの会に対する態度が、きわめて熱烈で真剣な意見として、表明されました」（大阪沖縄連帯の会発起人会事務局　一九六七：一）とある。

（6）会則によると、会費は毎月百円、二百円、五百円、千円の四段階に設定されている。また、会費の多少によらず、権利は平等であることも確認されている（デイゴの会　一九七〇：九）。なお、一九七〇年に改正された会則では「定期収入のある者については、百円以上の任意額とし、定期収入なき者については、五〇円以上の任意額」（デイゴの会　一九七〇：九）に変更されている。

（7）一九六九年の秋に行なわれた。「大阪駅の地下街で三人の会員が、少しのひまをみつけて、そのポスター「沖縄を考える市民ティーチ・イン」をもち、「あんた沖縄て何か知ってまっか」と即席の街頭宣伝を行ったのです。たちまち、二、三〇人の輪ができ討論が行われました」（デイゴの会 一九七〇：七三）という。また、これをきっかけに「デイゴの会の活動が毎日新聞紙上を通して広く知らせることになった」（デイゴ 一九六九a：四）。

（8）第一回は一九六八年一一月頃に開催された。そのテーマは「基地の周辺」、会員の新里実俊（沖縄史研究）が講師となった。第二回は一九六八年一二月九日「「明治百年」と沖縄」、講師は浜辺章太郎、第三回は一二月二三日「人権問題（仮題）」、講師は松本建男。いずれも会場はデイゴの会事務所となっている（デイゴの会 一九六八e：五）。

（9）『ひめゆりの塔』は、一九五三年一月九日に東京で公開され、「それまでの日本映画興行記録を塗り替え、総配給収益一億八千万を超える大成功を収めた。その一週間後に公開された沖縄でも、上映館の大宝館と大洋劇場に連日の観客がつめかけた。大宝館前の国際通りは車の通行ができなくなるほど混雑し、これはただちに全国的な成功につながった」（崔 二〇〇八：五五）。監督：今井正、脚本：水木洋子、出演：津島恵子、岡田英次、香川京子、製作：東映東京（四方田・大嶺編 二〇〇八：二九二）。デイゴの会では一九六八年六月一二日に西成支会が上映を行なった。その後、デイゴの会は、八尾、大正、西淀川、東淀川などでも上映している（デイゴの会 一九七〇：七三）。『ひめゆりの塔』の社会的な受容のされ方とその変容過程については、福間（二〇〇六：一五三–一九八）を参照されたい。

（10）『沖縄列島』は、一九六九年四月一一日に東京で公開され、「新しい自立映画運動をめざす若い映画人たちが、一九七〇年代の日本の焦点であり、同時に盲点でもあり得る沖縄に、あらゆる映画的可能性をかけて取り組んだ、自主製作、長編記録映画」（シグロ 二〇一〇）である。監督・脚本：東陽一、製作・高木隆太郎・東プロダクション、配給：「沖縄列島」上映委員会。

（11）女優・望月優子による自主製作・演出・出演の音楽劇。一九六八年一一月に東京で初上演された（デイゴの会 一九七〇：八〇）。

（12）七夕フェスティバルは、一九六九年、七〇年と連続して開催され恒例イベントとなった。

（13）六〇年安保闘争以降、御堂筋では歩道を歩くことが大阪府警によるデモの許可条件となってたが、この御堂筋デモは八年ぶりに車道を歩くことに成功した。主催者によれば、参加者数万人、大阪府警調べでは約七千人であった（大阪社会労働運動史編集委員会編　一九九四：六九六‐六九七）。

（14）機関紙『デイゴの花』第六号には「屋良朝苗さんが沖縄主席になるために」という巻頭記事が掲載されている。記事によれば、「アメリカが基地沖縄を維持するために、いま最も必要としているのは、サイゴン政府のような琉球政府ではないでしょうか。沖縄の主張かそのようなアメリカの意に迎合する人で占められたら、それこそ大変です」という問題意識から、「屋良さんの勝利だけが沖縄奪還につながるということは、沖縄がこれまでたどった過程と、沖縄の現状からいって、誰がみてもたしかなことなのです」（デイゴの会　一九六八c：一）とある。その上で、デイゴの会は具体的な支援活動として、屋良陣営が必要とする街宣車を送るためのカンパを呼びかけた。その結果として、カンパ額は目標の一五〇万円には達しなかったものの、約四五万円が集まった（デイゴの会　一九六八e：三）。

なお、『デイゴの花』は「そのような努力の中で忘れてならないことは、沖縄奪還の鍵が沖縄にだけあるのではないということです。／本土にも、それを妨げる障害がいろいろな形で存在します。その一つ一つを取除くための努力も、これを機会にいっそう強めようではありませんか」（デイゴの会　一九六八c：一）とも主張しており、この活動を、沖縄への支援運動としてではなく、「沖縄奪還」を妨げる「障害」を大阪において発見し、取り除いていくものとしてもとらえれている。

（15）この活動について、実行されたかどうかは確認できなかった。なお、沖縄闘争が活発化するなか、沖縄への／からの窓口となる港は、本書第二章で紹介した渡航制限撤廃闘争の場であり、また、沖縄の現状を広く訴える街頭宣伝活動の場となった。たとえば、沖縄県人会兵庫県本部は、一九六九年七月二日に同本部会長の上江洲久が神戸港で渡航制限撤廃闘争に取り組み、この行動を受け、七月一〇日からは船客への手続き拒否などのアピールを継続した。その三週間後には、「県人会の訴えに共鳴した京都の女子大生二人が、手続きを拒否して下船した」（沖縄県人会兵庫県本部三五年史編集委員会編　一九八二：四一〇）という。また、同本部は「ベンチもなく、夏は人いきれが充満して息苦しく、冬は六甲吹き降ろしの冷たい風が吹き抜け」、「荷物も人間もごっちゃまぜ、公衆電話一つない、不便この上ない」（沖縄県人会兵庫県本部三五年史編集委員会編　一九八二：二〇三）という神戸港中突堤の待合室の改善運動にも取り組んでいる。

（16）編集後記には「機関紙『デイゴの花』は「夏枯れしたんじゃないか」と廻りで囁かれるほど今号の発行は遅れました。まず素直におわびします」（デイゴの会 一九六八c：六）とある。

（17）「編集部」名義の文章では、「デイゴの花第九号はここに咲いた。しかし何故、定期的に咲かないのか？／それは会員の一人ひとりが水をさす義務を怠っているからだ！／デイゴの花は編集部の「もの」ではない。私たち一人ひとりの花だ。デイゴの花が枯れたら私たち一人ひとりの責任である」（デイゴの会 一九六九a：一）との意見が載せられている。

（18）「編集部より」という欄には、「カネとチカラ不足の為、九号より断絶すること六カ月、ここに『デイゴの花』一〇号をおくる。「佐藤訪米」でいてもたってもおれぬ気持をガリ版で急きょマトめた次第。読者の「発言」と「批判」を募る。バテるまで切り続ける覚悟。よろしく！」（デイゴの会 一九六九b：一）とある。

（19）協力依頼状には以下の文言がならんでいた。

「日頃より沖縄県の若人に対していろいろと御高配を賜り、働きやすい環境をお与え下さっております貴社の御努力ふかく感謝と敬意を表明すると共に、どうか、この集まりに、貴社の該当する若者を参加させていただきますよう格段の御配慮をお願い致します。

ともすれば、孤独感に陥りやすい若者に、自分と故郷を同じくする沢山の仲間がおり、加えて、相談相手になる沢山の大阪人がいることを、知ってもらうことは、彼らの未来のために、貴社と私どもに負わされた共通の義務かと存じます。

私どもは、このことに対して、貴社とともにその義務の一端を背負う意志を有するものです。

なにとぞ、よろしくお願い致します。」（デイゴの会 一九七〇：一一）

労働者が抱えている「孤独感」への配慮や「沢山の仲間」と出会うことの必要性が控え目に訴えられている。これに対し一部の企業では、「デイゴの会からの案内状を会社の庶務の人がとってしまい本人の手にわたらない」（デイゴの会 一九七〇：一二五）ということもあった。

（20）参加者の出身地は、確認できたものだけで、那覇三六名、宮古三五名、玉城一三名、八重山・石垣一三名、コザ一二名、石川・宜野座・安慶名・具志川六名となっている（デイゴの会 一九六八c：四）。

(21) 七夕フェスティバルは恒例イベントとなり翌年以降も続けられた。一九六九年は五百名を超える参加者を集めた。この点からも、沖縄の青年たちからの高い評価が感じられる。しかし、一九七〇年はその一〇分の一にもみたない参加者しか集められなかったという（デイゴの会 一九七〇：一一七）。この理由や背景については、今後、調査したい。

(22) デイゴの会は、沖縄返還運動から、「大阪のなかの沖縄問題」という具体的な取り組みへと変化したわけだが、東大阪デイゴの会の機関紙『沖縄』第一号（一九六九年四月二七日発行）では、次のような沖縄出身労働者Aさんの印象的な発言が掲載されている。

「私はデイゴの会員であり、一労働組合員でもあるわけですが、こういった問題［沖縄問題］に、本来、積極的であるべきはずの労組が、もう、テンで消極的なんです。たまに沖縄を訴えても、スローガンだけにおわっています。たとえば、組合の動員でデモにくる。そしたら、みんな言うんです〝沖縄を返せ〟一体、どこに向かって言ってんだ、とこちらが聞きたくなります。／〝沖縄を返せ〟なんていったって、自分と関係ないのに義理で声《ママ》っているんじゃないかと思うほどぬけぬけとホガらかに、いい調子で言をだす。だけどやっぱり空しいですね。」（東大阪デイゴの会編 一九六九～一九七〇：一三五）

(23) ある沖縄出身のデイゴの会の会員は、日本人から「日本語が書けるのか」と驚かれたという（デイゴの会 一九六八e：六）。また、他の会員も「沖縄にもテレビがあるの」、「沖縄ではゴハン食べるの」、「英語を使っているの」（デイゴの会 一九六九b：二）などの言葉をかけられている。それに対し沖縄出身者は「差別されているような感じ」（デイゴの会 一九六九b：二）を受けたという。

(24) 以上の経緯は、『日本経済新聞』の記事「求人難で〝足止め〟に パスポート取り上げ」（一九六九年五月二二日朝刊）による。

(25) 東大阪デイゴの会の機関紙『沖縄』第三号の裏表紙の「あとがき」の最後に添えられていた言葉である。

(26) 東大阪デイゴの会の会員は「「祖国」のこと」というエッセーでこう記している。

「本土の我々にとっても祖国とは日本でしかありえない。公害と事故と、合理化に晒されている日本、基地も自衛隊もある、天皇健在の我がニッポン。侵略戦争を助勢している我が祖国――それは本土人民に対する〝精神的拷問〟だ。沖縄の人々は「今の日本には帰りたくない。帰っても同じことだ」と言う。だが既

に本土に縛りつけられている我々は、この中で闘争し変革してゆくことしか許されない。」（中岡　一九六九）

この文章からは、日本に縛りつけられた身であることが、「精神的拷問」と表現されている。デイゴの会の会員にとって、大阪に暮らし、日本に生きるということは、抑圧や管理を生きるということでもあったのかもしれない。いわば、デイゴの会の会員らも、流民化する日々を生きていたのではないだろうか。

第四章　復帰運動の破綻と文化的実践による沖縄闘争の持続
――竹中労、ルポルタージュ、島唄

音楽的な昂憤は階級意識よりもすぐれて革命である
――竹中労（竹中　一九七二＝二〇〇二：五四七）

1　沖縄闘争のなかの文化へ

本章では、沖縄についてのルポルタージュを数多く残したルポ・ライターであり、アナキストとして数々の活動やイベントをオーガナイズした竹中労（一九三〇‐一九九一）の活動を検討する。

竹中は、一九六九年一〇月、米国統治下の沖縄を初めて訪問した。その後、竹中は、渡航が許可されない時期をはさみながらも、沖縄の日本復帰までに計五回の現地取材を行ない、ルポルタージュを発表している。また、復帰後もライフワークとして、沖縄をめぐる著作の発表や島唄に関する活動を続けた。[1] 竹中の活動は島唄などの文化的領域において取り組まれた点に大きな特徴がある。

一九六〇年代後半から七〇年代初頭の、沖縄闘争を含む反体制運動を考えるにあたって、文化という領域に触れないわけにはいかない。四方田犬彦は、「一九六八年という言葉に代表される時代の興奮を形作っていたのは、疑いもなく政治と美学、さらにサブカルチャーに及ぶ異議申し立ての同時代性」（四

方田 二〇一〇：四二）であったと述べている。文化的な表現行為、なかでもアンダーグラウンドな実践と、それに対する若者を中心とした人々の熱狂や批評行為、これらは政治的な力をもっていた。公式的な高位の文化が体制を補完するものとして否定され、それらへの抵抗としての「非公式、非公認の文化の厚い層が横たわっていた」（四方田 二〇一〇：三〇）のである。このような時代背景をふまえるならば、沖縄闘争をめぐっても文化的領域における異義申し立ての政治を検討する必要があるだろう。

竹中労は、沖縄の芸能関係者や唄者（ウタサー）と出会い、交流し、ＬＰの共同制作やライブイベントの企画を行なった。竹中によって本土に紹介された唄者の一人である知名定男は、次のように述べている。

> 現在、沖縄が注目され、音楽だけでなくあらゆる芸能、食文化が本土はもちろんのこと諸外国にまで大きく認知され、戦後の復興に始まり、よくここまで来たなあと万感な思いがする。〔……〕われわれ民謡に携わる者やあらゆるジャンルで活躍しているミュージシャンは、竹中労が骨身を削って、この今の一歩をプロデュースしたことに、感謝と敬意を表わさなければならない（知名 二〇一一）

この文章は、竹中没後二〇年を記念して、竹中と交遊のあった人間が『琉球新報』に寄稿した文章の一つである。沖縄の芸能・文化に対する竹中の貢献は高く評価されているのがわかる。と同時に、竹中が当時の沖縄をめぐる政治状況とどのように向きあい、いかなる政治的意図により島唄に関心を持ったのかについては言及がない。

そこで、本章は、ルポルタージュや島唄のレコードやライブイベントのプロデュースなど、文化的領域における竹中の活動が、どのように復帰前後の政治状況に接合されていたのかを考察する。[2] そして、竹中の活動を沖縄闘争の一つとしてとらえ、その歴史のなかに位置づけることを試みる。一九六九年の日米共同声明＝復帰運動の破綻以降、竹中の活動が沖縄闘争を変容させながら持続させていったことが明らかになるだろう。

2　下層社会と芸能ルポ・ライター

竹中労は一九三〇年、東京・牛込区に生まれた。[3] 戦時下、教師に反抗し小学校の校舎に墨汁をたたきつけ、「御真影」へ向けて屁を放つ事件を起こすなど、竹中は幼い頃から問題児であった（木村 一九九九：一三五－一三六）。一九四四年、神奈川県大船の海軍燃料廠に学徒動員され、そこで朝鮮人労働者の過酷な状況を知る（竹中 一九七三a：一七－一八）。

戦後、東京外事専門学校（現・東京外国語大学）ロシア語科に入学したが、敗戦の混乱で休校状態であった。そこで、竹中は、在外同盟救出学生セツルメントの活動に参加し、東京・上野駅の引揚者仮泊所で戦争引揚者への支援活動に従事した。一九四七年には日本共産党に入党（その後、除名）。[4] そして、一九四七年から四八年にかけ、東京・山谷のドヤ街で生活した後、一九五〇年には拠点を父の住む甲府に移し、甲府自由労働組合情宣・文化部長として中小企業・日雇労働者の運動に関わるなどしている。

竹中の人生の転機は、一九五九年に『東京毎夕新聞』に入社し、職業ライターとしての活動を開始したことにある。その後、創刊されたばかりの『女性自身』のスタッフ・ライターとなり、風俗業界や芸能界についての記事を担当。そして、一九六四年、フリーのルポ・ライターとして独立した。

ここで確認しておかねばならないのは、日本のルポルタージュ史における竹中の位置である。日本では、新聞や新聞社系の週刊誌（『週刊朝日』、『サンデー毎日』等）において、戦争や貧困などをテーマとするルポルタージュの歴史的蓄積があった。その一方で、一九五六年に『週刊新潮』が創刊され、「出版社系ジャーナリズム」あるいは「ストリートジャーナリズム」と呼ばれる新たなジャーナリズムの端緒がひらかれた。出版社系のストリートジャーナリズムは、先行する新聞社系ジャーナリズムとの競争をくりひろげながら、これまで取り上げられてこなかった性、芸能、スキャンダル、左翼運動についてのルポルタージュを次々に発表。一九六一年には出版社系が新聞社系を発行部数において追い抜くに至った。ストリートジャーナリズムの人気を支えていたのが、梶山季之、草柳大蔵、五島勉、そして竹中といったライターであった（松浦 一九八二）。

竹中はフリーのルポ・ライターである自身を「文筆自由労働者」、「三文文士」、「マスコミ非人」（竹中 一九八一＝一九九九）などと呼んでいる。のちに、フリーのルポ・ライターになった頃をふりかえりながら、竹中は次のように自らの境遇を書いている。

組織を持たぬ一匹狼のもの書きが、いくらかの金に換える文章を製造するためには、バクロ記事が手っとり早い手段であった、とうぜん、暴露された側からは蛇蝎のごとく忌み嫌われる、刑吏・隠亡・下っ引き等々、江戸時代の人外非人が士農工商の恒民社会から恐れられ不可触とされたのと、それは軌を一にするのである、トップ屋、ルポライターはいうならば「マスコミ非人」である。（竹中 一九八一＝一九九九：二四）

ルポルタージュは、新聞や論壇、思想、文学の下に位置する低俗なものとする一般的理解があった。また、フリーのルポ・ライターは、出版社のヒエラルキーの最下層に位置した。だが、彼は言う。「浅草という伝統的な芸能者の世界で、奈落の人情に触れてきた私は、いわゆる弱いものいじめのスキャンダルは一切書かなかった」（竹中 一九八一＝一九九九：二四）と。竹中は底辺の位置を自覚しつつ、日本社会の権威や権力（政治家、マスメディア、芸能プロダクション等）を批判するスタイルを構築していった。

ルポルタージュの対象となったのは、まず、芸能である。竹中は一九六五年の美空ひばり論（竹中 一九六五＝二〇〇五）を皮切りに、呼び屋論やザ・ビートルズ来日ルポ、芸能界の利権システムの告発本などをまとめていった。芸能、特に音楽を、体制・秩序を批判・破壊する民衆の力としてとらえ、その力を整序し、管理しようとする国家権力と資本主義を批判した。

また、竹中は下層社会・下層労働者をめぐる作品を発表している。その代表作が『山谷』（竹中 一九六九）である。それまでの寄せ場に関するルポルタージュや行政による生活実態調査などが、下層労働者たちを社会病理として差別的にとらえ、主体性のない「被救済民」として規定するものが多いなか（中山 二〇〇四）、このレポートは寄せ場労働運動の黎明期を内部から記録・取材し、下層労働者を運動の積極的な主体として描くものであった。また、一九六〇年代から始まり、七〇年代前半から本格化する、世界各地のスラムや少数民

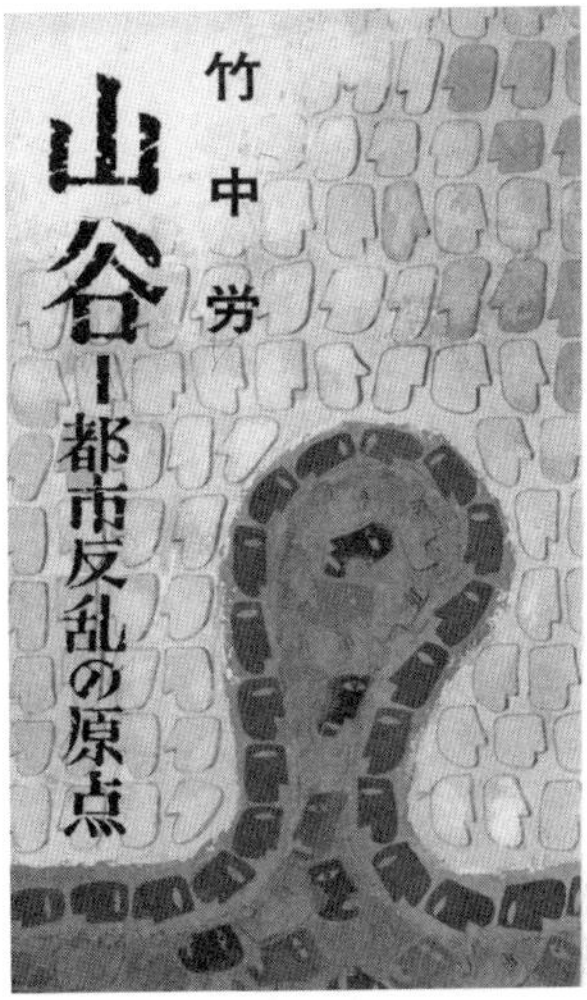

図19 『山谷』（竹中 1969）

族地域のルポルタージュも書き続けられた。竹中は、国家権力が及ばない一種のコミューンとして下層社会の実態を描いている。

どん底の人びとは、むしろ一般の市民社会よりも、コミューン（共同体）的心情を日常に生きていた。

出合《であい》の仁義、転落者の共感——人間同士の慰めあい、それは、街娼とヒモの社会にも、脈々とあった。これをやめれば、人間を廃業するだけという最底辺の職業を生きて、世間から何と呼ばれようと、仲間には〝義理〟をかかさず、刃傷沙汰、盗難にあっても警察《サツ》の厄介にはならず、かれらの〝囲内〟を必死に守って生存していたのである。（竹中　一九六九：一二三）

以上のように、竹中は、芸能と下層社会という領域から、国家や資本という権力・権威を批判していく。この視座は沖縄での取材にも活かされた。

3　ルポルタージュが照射するもの

3-1　竹中の足跡

竹中は一九六九年一〇月から一一月に沖縄を初めて訪問する。第二章でみたように、当時、沖縄への渡航は厳しく制限されていた。竹中は一九六五年から渡航申請を行なったが、長期間にわたり認められなかったという（竹中　一九七五：二九七）。

図 20　竹中労（竹中 1972 より）

図 21　竹中労『琉球共和国』（1972 年）

竹中が沖縄を初訪問した一九六九年、沖縄をめぐる政治状況はどのようなものだったのだろうか。あらためて確認しておこう。

日米両政府は一九六〇年代に入り、沖縄の統治政策を改め、施政権の日本返還を両国の外交課題としていった。一九六七年一一月、両国政府は両三年内に返還時期を合意する確認をし、つづく一九六九年一一月二一日の日米共同声明では、一九七二年の施政権返還が合意された。竹中が沖縄を初めて訪問（一九六九年一〇月）した直後に、一九七二年の沖縄返還が決定しており、彼のルポルタージュは返還合意以降に書かれ、発表されている点に注意したい。

このような政治状況のもと、沖縄闘争は復帰をどうとらえるかという問いを突きつけられた。復帰後も維持されるであろう米軍基地、追加配備される自衛隊、勢いを増す沖縄の人々の直接行動の管理のための機動隊・警察の能力強化、といったことが同時並行でおきていた。そして、復帰運動の終焉あるいは「破綻」（森 二〇一〇：四三）という事態のなかで、人々は復帰の内実と、求めていた復帰の姿との間の、眩暈を伴うギャップに向き合い苦悶していたといえよう。

かかる状況下で、竹中はアウトローな立ち位置を取る。竹中の実践は、沖縄社会や復帰運動のなかで周縁化される人々にあえて焦点を当て、当時の政治状況へと切り込んでいったのである。

では、具体的にみていこう。まず、竹中の沖縄訪問の目的は三つあった。第一に、一九七〇年の開催を目指して構想されていたインターナショナル・フォーク・キャラバンの準備。(5) 第二に、大島渚らとの沖縄を舞台としたミュージカル映画のための調査。そして、第三に、URCレコードから発売する予定の『日本禁歌集』(6) の沖縄版の準備であった（竹中 一九七二＝二〇〇二：六五－六六）。しかし、URCレコードの企画以外はさまざまな事情で計画が中止となった。

ここで注目したいのは、沖縄に足を運ぶ目的が歌と映画であった点である。竹中は「いうならば、非政治的な局面からの把握を先行した」（竹中 一九七三b：二五二）という。「メモ沖縄１９６９」の冒頭、竹中は次のように自らの足跡を紹介する。

余はほとんど連日、沖縄の海と空を眺めて歩き、琉歌・琉舞・琉酒に酔い痴れて娼婦の巷を徘徊せり。デモに参加せず〝活動家〟諸君と行をともにせず、三絃《さんしん》のリズムと、まるっきり理解できぬ沖縄方言《うちなーぐち》の町辻に沈淪したるのみ。

波の上、栄町、泊一丁目、拾貫瀬《じゅっかんじ》、コザの吉原、エトセトラ。女郎《じゅり》の里をへめぐって、スタミナの続くかぎり沖縄の底辺を探訪し尽せるなり。（竹中 一九七二＝二〇〇二：六五）

一～二回目の沖縄取材の結果を踏まえ、竹中は雑誌『話の特集』一九七〇年一月号より「メモ沖縄」と題したルポルタージュの連載を開始する。竹中の沖縄渡航時期と、その成果として書かれた主なルポルタージュや批評は表12のとおりである。

また、一九七〇年六月、三回目の沖縄訪問で初めて八重山に足を踏み入れ、『話の特集』同年八月号よりルポルタージュ「メモ沖縄1970」を連載。しかし、その後一年半、竹中の沖縄渡航はかなわなくなった(7)。

ようやく渡航許可が下りたのは、一九七二年一月(竹中 一九七二＝二〇〇二：二三一)。一月二一日から二月にかけて、復帰の世替り直前のひりひりとした空気漂う沖縄に足を踏み入れた竹中は、「映画シンポジウム・さらば、幻視の祖国よ！」の企画に関わり参加する(8)。また、『話の特集』一九七二年四月号から「メモ沖縄1972」の連載を開始。同年四月には五回目、そして復帰の日である五月一五日にあわせた六回目の沖縄訪問では、琉球独立党主催の討論集会「さらば沖縄県！」に参加している。

そして、復帰後の一九七二年七月、これまでのルポルタージュや批評をまとめた『琉球共和国――汝、花を武器とせよ！』(竹中 一九七二＝二〇〇二)が刊行された。

その後、竹中の活動のテーマとなったのは、島唄であった。その象徴的な取り組みが、一九七四年八月、七五年三月と八月に行われた「琉球フェスティバル」である。嘉手苅林昌、照屋林助、知名定男、大工哲弘、金城睦松、山里勇吉、国吉源次など、沖縄民謡のベテランから若手までを集め、東京、大阪、名古屋などを巡回してコンサートを開いた(表13参照)。

また、竹中は、これらのコンサートやスタジオ、沖縄の料亭で録音した音源を、次々にレコードにまとめ発表していった。その数は四〇枚を超えている。今日では、本土向けに初めて島唄を大々的に紹介

表12　竹中の沖縄渡航時期とルポルタージュの内容

渡航時期	ルポルタージュ・批評	主な内容
① 1969年10月31日〜11月 ② 1969年12月22日〜	「メモ沖縄1969」 『話の特集』1970年1月〜4月号	・沖縄渡航の目的の説明 ・売春街の訪問。「旅館」栄亭で島唄、とくに猥歌を聞く ・糸満、摩文仁での取材 ・コザの取材（唄者との出会い。ブラックパワーと黒人街）
③ 1970年6月7日〜	「メモ沖縄1970」 『話の特集』1970年8〜12月号	・復帰に向かう沖縄内部の矛盾や緊張の取材（具志川事件、Aサインバー、売春、少年非行、集団就職） ・独立論の主張の登場
④ 1972年1月21日〜2月	「メモ沖縄1972」 『話の特集』1972年4〜6月号	・沖縄島の取材（糸満、コザ、名護） ・離島の取材（伊江島、宮古島、石垣島）
	「海を奪うもの」 『テレビ山梨新報』1972年3月18日〜4月1日号	・海洋博の準備状況 ・本土資本の土地買い占め ・自衛隊配備、野呂防衛庁政務次官来沖
	「コザ——モトシンカカランヌー」 『テレビ山梨新報』1972年2月19日〜3月11日号	・NDU『モトシンカカランヌー』の批評、高い評価
	「『倭奴へ』——沖縄上映運動報告」 『キネマ旬報』1972年3月上旬号	・「映画シンポジウム・さらば、幻視の祖国よ！」の結果
⑤ 1972年4月	「さらなる幻視の海へ」 『キネマ旬報』1972年5月下旬号	・八重山取材（石垣島） ・石垣島・台湾人部落の訪問 ・NDUとの交流
⑥ 1972年5月15日〜	「メモ沖縄1972・5・15」 『話の特集』1972年7月号	・復帰の日の沖縄（日の丸の林立する国際通り、コザの「やけくそムード」） ・通貨の変更、物価高 ・復帰前の買い占め
	「メモ沖縄1972——総括」 『話の特集』1972年9月号	・「メモ沖縄」シリーズの総括 ・今後の課題として、①復帰後の乱開発（特に海洋博）、②琉球独立運動の展望、③島唄論の展望、を提示。

表13　琉球フェスティバルの内容

琉球フェスティバル74	1974年8月28日　大阪フェスティバルホール
	8月29日　東京・日比谷野外音楽堂
琉球フェスティバル75春	1975年3月23日〜25日　「嘉手苅林昌独演会」東京厚生年金会館小ホール
	3月28日　「又、語やびら島うた」東京厚生年金会館大ホール
	3月29日　「嘉手苅林昌独演会」名古屋愛知文化講堂
	3月30日　「嘉手苅林昌独演会」大阪厚生年金会館小ホール
	4月1日　「沖縄情歌行」京都円山公園
琉球フェスティバル75夏	1975年8月上旬　「島うたパーティー」東京青年会館
	8月12日　「又・沖縄情歌行」京都円山公園
	8月15日　「戦争もの語り」東京日比谷野外音楽堂
	8月16日　「カチャーシー大会」大阪難波花月劇場

＊原田（1998）及び竹中（1981＝1999）に基づき筆者作成。

した人物として竹中は評価されている。たとえば、照屋林助によれば、それまで大阪や東京などの沖縄県人会相手の公演旅行や、文部省主催の伝統芸能招聘イベントなど小規模な公演は開かれていたものの、「一般の客に見せるためのコンサートというのは、竹中労さんの主催で行なったものがはじまり」（照屋　一九九八：三四二）であったという。

そして、一九七五年八月、竹中は島唄論をまとめ、『琉歌幻視行――島うたの世界』（竹中　一九七五）を刊行した。

3-2　復帰批判のルポルタージュ

ここから、竹中のルポルタージュの特徴を追っていこう。

（1）復帰と沖縄の軋み

竹中の活動は、復帰と沖縄の人々との軋轢を描き出している点に特徴がある。先に、竹中のルポルタージュは下層から社会を見定めるという方法をとったと述べた。この点は沖縄取材でも一貫しており、「メモ沖縄1969」は「圧政と凌辱の根元である米軍事基地を望見する前に、沖縄民衆の生きざまをその底辺からベッ見しておかねばならぬなり。これ余の取材のセオリイにして、曲げることかなわず」（竹中 一九七二＝二〇〇二：七〇）と宣言している。

竹中が取材したのは、一般的には「政治」からは遠く、新聞の社会面や文化面の小さな三面記事に、ときに否定的に意味づけられて登場するような人々と出来事である。それは、米兵相手のAサインバーで働く人々、娼婦、栄町やコザなどの歓楽街・売春街、少年犯罪、本土に集団就職で渡った少年・少女、軍事物資の窃盗事件、日本・米国資本による開発や土地の買い占め、八重山の炭鉱夫、台湾人移住者、黒人米兵と白人米兵の衝突、そして沖縄民謡の唄者などである。竹中のルポルタージュがとらえたのは、沖縄において周縁に位置する人々であるといえよう。復帰へ突き進む政治、復帰に対峙しようとする運動において、積極的な政治主体にも労働主体にもならない存在、「卑しむべきルンペン・プロレタリア」（竹中 一九七二＝二〇〇二：二三〇）であり、政治からは排除されている存在ばかりである。

たとえば、娼婦についての記述をみてみよう。初めて訪れた沖縄で、竹中がまず向かったのは売春街であった。那覇港でつかまえた白タクに乗り込んだ竹中は、那覇で次のような光景を目にする。


「ここはどこですか?」

「ジュッカンジです」

「あの女は?」

「パンパンです」

「昼から商売しとるの?」

「はい、ああして立っております」
聞けば、料金二ドル（七二〇円）、那覇市最低の売春地帯なりという。車を止めて降り立ち、ジュッカンジと称するそのあたりを、ウロつきまわるなり。［タクシーの運転手と案内人の］少年も青年も、なぜかついてこず、余一人にて身をかかげねば通ることもできぬ小路に入りこむ。ドブの臭気はムッと鼻をつき、かたむきかかった軒と庇がもたれあうバラック小屋の間を、肥軀《ひく》を横にしてすりぬけ、迷路にわけ入れば死の沈黙《しじま》、シンと静まりかえった白昼の魔窟に、わずか二ドルで春をひさぐ女たちは、おそい睡りをまどろんでいるのであろう。［……］
「オジサンは、こういうところを見るのですか」
と、魔窟からはい出してきた余に、少年は仏頂面でいう。［……］沖縄の恥部――売春街に、ガゼン興味を示す本土からやってきた中年男に、彼らは非難のマナコをあびせ、饒舌になるなり。友よ、では大いに論じあい理会しあおうではないか！（竹中 一九七二＝二〇〇二：六八－六九）

竹中は売春街を細かく歩き、客となり、女性たちと寝食を共にしながら取材を行なった。一九六九年の琉球政府警察局調査によれば、「売春婦」の数は約七千三百人（日本弁護士連合会 一九七四：九〇）。その主な原因は貧困であり、基地があるゆえに成り立つ生業であった（日本弁護士連合会 一九七四：九五－九七）。竹中がコザで出会った一八歳、久米島出身のある女性は、娼婦となった理由を次のように語ったという。

姉が米軍ジープに轢かれて右足首切断、妊娠八カ月、奇蹟的に胎児はたすかって出産したが、義兄は片輪になった姉と離婚、父親は酒乱となり、基地の賄婦《まかないふ》であった母親、重なる不幸に精神錯乱早発性痴呆となる、いま廃人同然。おさない弟妹を食わせていくために、吉原に身を売るよりしようがなかった。（竹中 一九七二＝二〇〇二：一〇六）。

そして、ルポルタージュは、娼婦たちが沖縄の「恥部」として差別されていること、復帰後に完全施行される売春防止法の適用により、彼女たちの生存が追いつめられるのではないかという疑問を記していく。その頃、沖縄では売春防止法の成立に向けた動きが加速化、一九七〇年六月八日、立法院は売春防止法を可決した。保護更生関係規定や刑罰規定、補導処分規定は未整備のままであったが、一九五九年に沖縄婦人連合会が初めて立法化要請を行なってから一一年目の成果であった。

だが、娼婦たちは浄化や更生の対象にもなった。たとえば、琉球新報は社説「底ぬけの売春防止法」で、「これまでアメリカの統治下、軍事基地という特殊事情もからんでなにかと敬遠されてきた売防法であるが、青少年不良化や性病増大の温床ともなっている暗い谷間は、これをくまなく掃き清めねばならない」（『琉球新報』一九七〇年六月一〇日朝刊）と述べている。この主張の底流には「沖縄の美しい自然にマッチするような美化運動を自らくりひろげてゆく自主的な気構え」（『琉球新報』社説「町を美しくするこころ」一九七二年三月一五日朝刊）[9]を訴える、社会の浄化を推進する動きがあった。沖縄の人々は、復帰に向かうプロセスのなかで、日本と観光客からの視線を強く内面化しながら、自主的に娼婦を浄化の対象としてしていった。

さて、竹中のルポを読み進めていくと、沖縄各地を歩き経験を積むなかで、娼婦にとどまらず、復帰の軋轢がより多様な形で描き出されていることが分かる。「メモ沖縄１９７０」では、少年・少女たちの非行や授業ボイコットの姿が取材され、復帰運動の中心的存在である教師への反発、ひいては復帰運動への反発として解釈された（竹中 一九七二＝二〇〇二：一六一－一六八）。また、若者たちの集団就職の実態にも注目し、採用情報と労働実態との違い、就職前の労働規律強化のための合宿訓練の存在、渡航者の殺害事件などを追っている（竹中 一九七二＝二〇〇二：一六九－一七二）。取材のなかで竹中は、「〝復帰〟の内実たるや、沖縄少年少女を中小零細企業に組み入れ、最下層プロレタリアートとして（かつての朝鮮人のごとく）差別し、収奪する現実をしかもたらさない」（竹中 一九七二＝二〇〇二：九六）と主張した。[10] 日本の底辺を歩きつづけ、また、「ニッポンジンであることに絶望しておる人間」として、復帰運動への「何やら複合した違和感」を起点に取材をした、竹中ならではの見解であるといえるだろう（竹中 一九七二＝二〇〇二：八一）。

さらに、「メモ沖縄１９７２」では、八重山諸島と沖縄との歴史的な差別／被差別の関係性や、復帰前から進行した日本と米国の資本による土地の買い占め問題、自衛隊の配備の問題なども紹介している。このように、竹中のルポルタージュは沖縄の底辺や周辺のなかに、復帰をめぐる様々な軋轢が顕在化する実態を描き出したのだ。「メモ沖縄１９６９」から引用しよう。

本島の人間は先島《さきしま》と称する離島の人間を差別し、離島は離島でおたがいに差別しあい、また奄美大島からの移住者を流れ者と侮蔑し、さらにその下層に台湾からの出稼ぎ労働者を置き、乞食、パンパンはすなわち穢多非人であり、米兵相手の娼婦同士に白と黒オンリーとバタフライの差別があり、降るアメリカに袖はぬらさじと日本人専門の売春婦は毛唐と寝るパンパンをさげすみ、とりわけ混血の娼婦は爪はじきをされ、女を買う兵隊の間にもブラックエンドホワイトの差別があり……、これら差別の諸相はこんがらがり、錯綜複合してわけがわからなくなり、とどのつまりは反米愛国、なにがなんでも祖国復帰という偏狭な民族（血族）主義に収斂してしまうなり。

沖縄の人は怒るだろうが、［……］さらに借問する、祖国日本への復帰とは、いったい何を意味するか？　それは、佐藤栄作＝自民党警察国家の法と秩序、〝支配と搾取〟の機構にみずから組み入れられることではないのか？　重税と物価高と、後進地方としての差別を背負いこみ、機動隊・自衛隊をみちびき入れ、大資本に低賃金労働力を提供すること以外のどんな恩恵を、諸君の祖国は約束してくれるのだ？

〝日本〟という括弧でくくれば、いまあるもろもろの差別が解消するとでもいうのか、米軍基地は撤去されて、沖縄人はゆたかに平和に暮らせるようになるか？　イソップ物語の蛙どものように、それは支配者のスゲカエという悲喜劇をしかもたらさぬのではあるまいか？　いやそれよりも最悪の事態がおとずれることを、余は予感するなり。（竹中　一九七二＝二〇〇二：八九－九〇）

竹中は、沖縄をあるまとまりとしては描いていない。軋轢が走る、単数形ではなく複数形のものとして、沖縄のありようを提示している。この「複数の沖縄」を記述するにあたって、ルポルタージュという方法、「メモ沖縄」というスタイルは実に効果的である。「メモ沖縄」シリーズは、竹中自身の文章に加えて、現地で集めた新聞記事や雑誌記事からの引用、島唄の歌詞や詩などの断片をパッチワークのように並べることで、「複数の沖縄」を浮かびあがらせ、その網の目のなかに、竹中の主張を少しずつ織り込んでいく方法となっていたからである。

（2）独立論の展開と後景化

竹中は復帰を批判するなかで、琉球共和国独立論の論陣を張ってもいた。しかし、彼の独立論は一九七二年頃に展開され、その後、すぐに後景化していく。この過程を整理しよう。

まず、初めて沖縄に渡航した際、竹中は琉球独立論者である「某氏」に取材を行なった（竹中 一九七二＝二〇〇二：八〇）。この際、竹中は「余は某氏の琉球独立論に与するものではない（独立の是非をいうのではなく、某氏の〝歴史観〟に与しないのである・為念）」（竹中 一九七二＝二〇〇二：八〇）と述べており、琉球独立の是非について、態度表明を行なっていない。しかし、「メモ沖縄1969」では、「触目の現実からしても沖縄は自立共同体＝コミューン連合にむかうべきなのだ」（竹中 一九七二＝二〇〇二：九二）とし、国家権力の管理が及ばないコミューンとしての沖縄、という主張に変わっていく。

さらに、「メモ1970」では「〝祖国〟を絶対に信用してはいけない、本土中央集権からみずからを切り離せ、自主・自律・自治の小国家コミュニティとしての〝独立〟をえらぶべきだ。行政府に日本に帰属するのなら〝県〟としてではなく、〝琉球国〟として連邦する方が沖縄の主体性をむしろ保ち得るだろうとまで極論」（竹中 一九七二＝二〇〇二：一七五）すると述べ、これまでのコミューン論との間で、揺れを感じさせる文章を残す。

その後、竹中は、琉球独立党党首・野底土南らとの交流を深め、一九七二年の「映画シンポジウム・さらば、幻視の祖国よ！」では、野底の独立論を「正論であるがゆえに異端とされ、狂気とされた」（竹中 一九七二＝二〇〇二：五四五）と共感を示すに至り、一九七二年の復帰直前に、独立論を支持した。「メモ沖縄」の総括部分では、独立論について、「かならず上梓する第二著作『琉球幻視行／春歌と革命』では、暴力革命、独立戦争の戦略・戦術へ突き進む」（竹中 一九七二＝二〇〇二：五四一）として、そ

図 22　竹中労『琉歌幻視行』（1975 年）

の具体化については次の課題とされ、先送りされた。しかし、第二著作は、『琉歌幻視行――島うたの世界』（竹中 一九七五）とタイトルを変え、「独立戦争の戦略・戦術」は書かれていない。竹中の琉球独立論は、一九七三年頃には消えていく。そのかわりに全面展開されたテーマが島唄論であった。

独立論から島唄論へ。この移行をどのように考えればよいのだろうか。予告された第二著作の内容が大幅に変わり、独立論を本格的に展開しなかった理由は、明らかにされていない。だが、『琉歌幻視行』での次のような言及に注意を払う必要がある。

若かりしころ私には、「チャーリー・パーカーより他に」〝神〟はなく、美空ひばりに傾倒してからもなお、たとえば彼女のうたう『哀愁波止場』『哀愁出船』、海をテーマにした絶唱に、ニューオルリーンズで生まれた二グロのブルーズと通いあう、疎外のシンコペーションを、ラグタイムを聴いてきたのである。そして私のビートルズ……、リズム&ブルーズ、ツイスト・アンド・シャウト！　魔のごとく襲う一期一会の音楽的昂奮、波のうねりはさらに私を南東に攫った、四番目の〝神〟である嘉手苅林昌、彼のうたこそ私のもとめていたもの、ビーバップ、流歌、リバプール・サウンズを止揚して、人間の始原へ回帰する、風と水の呂律であった。「音楽は階級意識よりすぐれて革命である」と、私はいま、断言することができる。［……］これらのうたは、明らかにヤマト文化圏の埒外にあり、音楽の世界に限っていうならば、沖縄琉球共和国は、日本列島から独立しているのだということを理解してほしい、それが、嘉手苅林昌の世界なのである。[11]（竹中　一九七五：二三三）

ここから分かるのは、嘉手苅林昌をはじめとする音楽の世界に、そして、人々が生きている音楽的昂奮の波のなかに、常に、既に、日本＝ヤマト文化圏とは異なる、「沖縄琉球共和国」と呼びうる世界が広がっている、という竹中の確信である。狭義の政治闘争としての独立運動は、復帰以降、風前の灯火となっていたといわれる。竹中は政治の枠組みを押し広げて、島唄を通じて、日本＝ヤマト文化圏への復帰＝統合から逸脱し、おさまりきらない人々の姿を提示しようとしたのではないだろうか。よって、島唄をめぐる活動は、独立論や復帰批判からの変転であり、政治そのものの拡張の試みであったといえるだろう。では、その実態をみていこう。

4　島唄論――復帰の「失敗」の創出

4－1　プロテストソングとしての島唄

竹中は、一九七〇年から一九七五年にかけて、島唄のコンサートやレコードの企画、構成、録音、解説文の執筆などを精力的に行なった（表14参照）。

沖縄を初めて訪問した際、事前に知人から受け取った普久原恒勇編集『沖縄の民謡』という歌集が竹中のガイドブックであった。その縁で、上原直彦、備瀬善勝、嘉手苅林昌、山里勇吉、大城美佐子、知

表14　竹中による島唄などに関する活動

年月	タイトル　※『　』はLP、「　」はコンサート
1970年	『日本禁歌集3　海のチンボーラー』(URC)
1973年2月	「ジェームス・ブラウン沖縄でうたう！」(コザ闘牛場)
1973年5月	「琉球情歌行／嘉手苅林昌独演会Ⅰ」
1973年8月	「琉球情歌行／嘉手苅林昌独演会Ⅱ」
1974年	『嘉手苅林昌　琉球情歌行』(ビクター)
1974年8月	「琉球フェスティバル74」
1974年	『琉球フェスティバル'74　島うた、その風と水のリズムを』(CBSソニー)
1975年	『沖縄　うた・祭り・放浪芸』(CBSソニー)
1975年	『語やびら島うた　弾　嘉手苅林昌の世界1～4』(日本コロムビア)
1975年	『響　島々のうた1～4』(日本コロムビア)
1975年3～4月	「琉球フェスティバル75春」
1975年8月	「琉球フェスティバル75夏」
1975年	『戦場の哀れ』(コロムビア)
1975年	『望郷のうた』(コロムビア)
1975年	『決定版　これが島うただ！嘉手苅林昌のすべて』(ビクター)
1975年	『独演　嘉手苅林昌①～③潮騒のリズム』(ビクター)
1975年	『おきなわ怨み節Ⅰ～Ⅲ』(ビクター)
1975年	『又、沖縄情歌行』(ビクター)
1975年	『辻のブルーズ／糸数カメ』(ビクター)
1975年	『美ら弾き／登川誠仁』(ビクター)
1975年	『失われた海への挽歌・嘉手苅林昌』(テイチク)
1975年	『奄美の哭きうた　里国隆』(テイチク)
1975年	『狂闘乱舞　カチャーシー大会』(テイチク)

＊原田（1998）及び竹中（1981＝1999）を参考に筆者作成。

名正男、大工哲弘などの芸能関係者や唄者と出会い、共同作業を行なっていく。

竹中が注目したのは、沖縄の島唄のうち、特に、情歌、性に関する歌、反戦歌、労働歌である。つまり、「ユーモラスであり、解放的であり、あまえほこり（エロチックな哄笑）にみちあふれてい」る、「下人、百姓の遊び唄」（竹中 一九七五：一七二）や身売りされた女郎（尾類小）の唄、出稼ぎの唄、怨み節の歌などであった。

では、島唄をめぐる活動には、彼のどのような関心が反映されているだろうか。

第一に、竹中は島唄のなかに人々の受苦の経験があると考えた。薩摩藩による武力支配、「琉球処分」、収奪の歴史、そして「大東亜戦争という、悲劇というもおろかな大量殺戮をはさんでの苦惨な時代」（竹中 一九七五：三四二）を、民衆の側から記録・表現するものとして、竹中は島唄に注目していく。島唄は悲歌、怨み節であり、「私たちヤマトンチュの心を鋭い刃のように刺すプロテスト・ソング」（竹中 一九七五：三四二）として提示されるのだ。

具体例をみてみよう。竹中が企画・構成したコンサートやLPで、嘉手苅林昌らが何度となく歌っている代表的な曲として「軍人節」がある。

「軍人節(12)」

夫　無蔵《んぞ》とぅ縁結《いんむ》しでぃ　月読《ちちゆ》みばわじか　別《わか》りらねなゆみ　国《くに》ぬ為《たみ》でむぬ　思切《うみち》りよ思無蔵《うみんぞ》よ

妻　里《さとう》や軍人《ぐんじん》ぬ　ぬんでィ泣《な》ちみしぇが　笑《わら》てィ戻《むどう》みしぇる　御願《うに》げさびら　国《くに》ぬ為《たみ》しちいもり

夫　軍人ぬ勤《ちどう》み　我《わ》ね嬉《うり》さあしが　銭金《じんかに》ぬゆいに　哀れみしぇる　母親《ふあふあうや》やいちゃがすら

妻　例《たとう》い困難《くんなん》に　ちながりてィ居てィん　御心配《ぐしんばい》みそな　母《ふあふあ》ぬ事《くどう》や　思《う》みちみそり思《う》み里前《さどうめ》

二人　涙《なみだ》ゆい外《ふか》に　云言葉《いくとうば》やねさみ　さらば明日《あちゃ》ぬ日《ひ》ぬ　別りとみば　此《く》ぬ二人《たい》や　いちゃがすら

「軍人節」は一九三三年、沖縄から大阪に出稼ぎに出ていた普久原朝喜が作詞・作曲した。当時の出征兵士と妻との別れの悲しみを歌った曲であるとされる（普久原　一九七一：六〇、前田　一九八二）。夫婦のやりきれない思いが切々と描かれる一方で、「国ぬ為」（国のため）という殺し文句によって、納得させられていく／していく二人の様子が歌われている。戦争に対する沖縄の人々の悲哀が表現されているゆえ、「戦意高揚の国策に反するとして禁止された」（『琉球新報』一九七三年五月二六日朝刊）ともいわれた。一九七三年五月、東京での独演会で、嘉手苅林昌はこの唄を披露している。

若い男女が徴兵によって引き裂かれていく苦しみを歌った「軍人節」などは、「国のため…」ということばが、逆に国家への痛烈な皮肉ともきこえ、さながら本土にたいする「沖縄怨節」。会場はシーンとなり、思わず目がしらを押えるお年寄りもいた。(13)（『琉球新報』一九七三年五月二六日朝刊）

第二に、竹中は、沖縄の受苦の歴史のなかから、人々のしたたかな抵抗の情念・実践が生きているのを示そうとしている。「庶民というやつは、勤労人民のイメエジとはちがって、したたかに粋なのだ、苦しいからこそ切ないからこそ春歌、つやうた、糞マジメに教訓歌なんざうたっちゃいられない、いいい［……］はじめは知らずいつか〝情節〟へとうたいかえられ、絃歌の情趣を与えられたのである」（竹中　一九七五：三七九）という。そして、竹中は「哀傷、骨にきざむ労働の惨苦」というような「左翼紋切り型」ではない、「変幻自在なる主体性」（竹中　一九七五：二八三）を持つ民衆の姿を、島唄にみることができるとした。[14] たとえば、「県道節」が度々紹介されている。

「県道節[15]」

県道みち作《ちゅ》くてイ、サーヨー誰が為《たみ》になゆが、世間御万人《しけんおまんちょ》のサー為になゆせ、サヨ為になゆせ
監督の位《くれ》の、サーヨー眼鏡《がんちょう》までかけてイ、我し達《た》はるすがいサーましやあらに、サヨましやあらに
立っちよって目苦《みいぐる》ぐーしねー、サーヨー手間小《てまぐわ》ひかりんど、手間小ひかりんねエ、サーどうぬる損《すん》どうや、サヨどうぬる損《すん》どうや
きゆうの十二時や、サーヨー木枝《くんち》がかけてエら、なまで十二時や、サーあてイねらん、サヨあてイねらん

「県道節」は、昭和初期、沖縄で行われた県道敷設工事の現場から生まれたといわれている（普久原 一九七一：七六）。蘇鉄地獄と呼ばれる沖縄の困窮状態のなかで、沖縄県は失業救済事業を実施し、県道工事への就労を促した。だが、工事現場では、労働者によるトラブルやストライキが多発。このような工事現場で働く工夫たちが「県道節」を歌ったという。「県道節」は、猛々しい労働者の抵抗や主体を歌うものではない。偉そうな監督者にばれないように、「サヨどうぬる損どうや」（「上手にさぼれよ[16]」）と呼びかける、人々のしたたかな抵抗を歌う「労働歌」なのだ。

このように、竹中は、反戦や厭戦の感情や労働の拒否についての島唄を紹介した。そして、竹中の島唄をめぐる活動は過去の唄を「保存」するのではなく、現在もそれらの島唄が歌われていることの意味を問う「ドキュメント」（竹中 一九七五：四九）として展開されている。そして、生活のなかで歌われ聴

かれ続ける唄に、沖縄の人々の抵抗のありようを見い出すのである。この作業は、たとえば、「軍人節」は、軍事基地が維持され、自衛隊が配備される歴史的背景のもとで行われている。この唄を聴き「思わず目がしらを押えるお年寄り」（『琉球新報』一九七三年五月二六日朝刊）の涙は、第二次世界大戦の経験と、軍事化されたままの沖縄のはざまで流されたものかもしれない。島唄は、沖縄の人々の基地、軍隊、戦争に対する悲哀や不服従の情念とともに響いている。

また、「県道節」も、復帰前後の沖縄で乱開発が進むなか歌い直されている。以下のエピソードは一九七四年、金武湾闘争でのものだ。(17)「県道節」が時空を越えて生きられていること、また、唄のもつ変幻自在な力を物語っているように思う。

七四年五月、海中道路屋ケ名側入口で、シーバース工事者両阻止のピケット闘争が闘われ例によって機動隊が弾圧に出動した。激しいもみ合いの末に、道路ワキに押しやられたピケ隊のなかから、ヤケナアンマーが機動隊に叩きつけた歌がある。

巡査小やゆかてサヨ　立ちょて手間取ゆさ
さした守る会やサーいぬち限りサヨ
いぬちかじり

鉄面皮を常とする機動隊も一瞬素顔を見せ、うろたえたじろぎ、形成はたちまち逆転した。よく知られた県道節にのせて、県道節のテンポではなく叩きつける調子で一人のアンマーが歌い出

したこの痛烈なる替え歌は、ほどなく大合唱される歌となった。(平良 一九七五)

運動の現場で、変幻自在に歌い替えられていくプロテスト・ソングとしての「県道節」(前川 一九八二)。

竹中は、島唄を復帰の軋みの表現として、あるいはより積極的に復帰へのプロテスト・ソングとして捉え、過去の歴史と復帰前後の現在とを接続した。だが、その試みは、竹中の活動をはるかに越えて、唄を媒介にして、復帰前後に充満していた屈折、軋み、葛藤といった情念を、人々が確認し共有していく実践であったともいえるのではないだろうか(18)。だから、竹中のみの活動とするのは、いささか語弊があるだろう。唄は紹介され、歌われたときから、企画者や唄い手から離れ、人々によって受容され、何らかの変化を呼び起こす。

4-2 復帰の「失敗」をつくる/生きる

竹中は、国民国家・日本の「外」にある「小国寡民のリズム」として、島唄を聞き、紹介している。

日の丸復帰運動の中で、「沖縄ニッポンではない」といいきることには、正直にいって、かなりのためらいがあったのだが、僕は敢えていわねばならぬと思った。その思いは工工四《クンクンスー》のペンタトニイク(琉旋)、サンパチロク(八八八・六)の独自の詞型でうたわれる、沖縄の〈島うた〉に発したのである。とりわけて、嘉手苅林昌という風狂の謡人《うたびと》との感動的な出会い、彼のうたう『なーくに』『かいされー』等々の歌曲は、まさにラグタイムであり、大和文化圏の外に〝小国寡民のリズム〟を奏でていたのだ。それらの〈島うた〉は、いわば琉球共和国に属するのであり、ヨーロッパ・アメリカナイズされた日本のうたとは、次元を異にしていた。（竹中 一九七三b：二五二）

しかし、「外部」、あるいは「他者」の文化は、国民国家の統合の力学において両義的なはたらきをするものだ。島唄は、ユニークな沖縄＝日本の文化として、観光資源として利用され、聴かれうるものでもある。

復帰によって、国家と資本による沖縄の統合プロセスは着々と進められていた。「沖縄振興開発特別措置法」（一九七二年施行）に基づく「沖縄振興開発計画」がまとめられ、大規模な開発事業が実施されるようになった。その象徴的なイベントが、「沖縄国際海洋博覧会」（海洋博。一九七五年七月〜七六年一月）である。沖縄振興開発計画は「豊かな民俗文化」を開発資源の一つとして積極的に位置づけていた（多田 二〇〇四：四〇 - 四二）。海洋博を契機としながら、国家と資本による開発のまなざしを内面化し、「豊かな民俗文化」を積極的に確認し、表現する「沖縄」が主体化／客体化されていく（多田 二〇〇四）。よって、沖縄の島唄という「異質性」も、「対日本という関係のなかに固着してしまうとき、他ならぬその「異質性」という否定的媒介を動員することで、日本が、その統合性を強化していく」（新城 二〇〇九：六九）力学に、簡単に回収されうるものなのだ。

ここで問わなければいけないのは、沖縄の日本への政治的・文化的・経済的統合のプロセスのなかで、竹中の活動に、他者化された沖縄の紹介以上に、どのような意義があるのかという点である。たとえば、一九七四年、一九七五年の琉球フェスティバルでは、司会・進行のほとんどがウチナーグチで行われ、歌われたウチナーグチの島唄に丁寧な解説はなされなかった。企画に携わり、出演者の一人でもあった照屋林助は次のように述懐している。

竹中労、普久原恒勇、上原直彦、それにわたし、だいたいこの四名で、誰それを連れて行こうと人選したり、構成を考えたりしました。〔……〕わたしたち歌者はサービス精神が盛んですから、ヤマトの人にわかるような演出を考えようとします。そしたら竹中さんが、

「そういうことをする必要はない。これが沖縄の歌です。これが沖縄の芸能です。わからなくてもよいから、そのままでやってください。司会も方言のまま、歌も方言のままで」

と言うんです。「十九の春」「安里屋ユンタ」みたいに言葉の意味が少しくらいわかるのは、そのくらいはよいだろうと。

「沖縄の歌、宮古の歌、八重山の歌、奄美大島の歌、さあ、このちがいがわかるか、君たちは」

という感じでやってくれというわけです。(照屋 一九九八：三四一－三四二)

あえて「ヤマトの人」にわからないような演出がなされていたという。竹中がここで意識しているのは、復帰によって「ヤマトの人」に「わかるような演出」を求める開発のまなざし、観光地化のまなざしであっただろう。竹中は、沖縄が復帰後も、依然として「ヤマトの人」に分からない存在であることをまざまざと示す意図を持っていたと考えられる。一九七四年八月二九日に日比谷野外音楽堂で開かれた、「琉球フェスティバル74」に参加した原田健一は、次のように述べている。

坐ってみて同時にある種の圧迫も感じた。その日、多分、半分以上が沖縄人《ウチナーンチュ》だったのではなかった

図23 「琉球フェスティバル74」の様子（CD『琉球フェスティバル '74・日比谷野音ライブ！！』［Rinken-2031/TDCD 90935］ジャケット）

> かと思われるが、場内はすでにこれからはじまることへの期待で、一種独特の熱気をはらんでいた。実際、はじまるとひとつひとつのうたに聴き手が波のように反応しはじめた。しかし、そのことはヤマトンチュの言葉の分からない人間にとっては、押しつぶされるような文化の壁のようにも感じられた。（原田 一九九八：八）［強調は引用者］

島唄が「大和文化圏の外」にあることが重要なのではない。確認すべきは、「外」にあることが即時に「消費」の対象として「内」に取りこまれてしまう統合＝復帰のまなざしを、鋭く問い返す演出がなされていた点である。

統合の力学を問い返す実践は、出演している唄者一人一人に期待されたものでもあった。出演した唄者たちは、戦前の南洋や大阪への出稼ぎ、戦争、米軍による占領、そして米国人や日本人からの差別などの経験を重ねてきた世代である。屋嘉比収は、唄者たちが、「その場の雰囲気や状況を見透かして客を翻弄する、芸人魂によるしたたかさ」や「身体的にその政治的な困難さを直感した」上で、「のらりくらりと身をかわし、巧みに断るような芸当を身に着けて」（屋嘉比 二〇〇六b：三三六－

三三七）いることに注目している。唄者たちは、復帰による軋みを微妙なニュアンスのなかに唄い込むだけでなく、自身の「のらりくらりと身をかわ」すような身振りによって、国家・資本からのまなざしをふりほどく「芸当」を実践してみせたといえよう。

よって、竹中らの活動は、復帰の概念を変えるものであった。復帰とは、一九七二年五月一五日に完了する／した政治的イベントではなく、決して完了しない動態的な交渉のプロセスとしてとらえかえされる。復帰とは、「今もなお続く国家への同化プロセス」（田仲 二〇一〇：二七九‐二八〇）である。逆にいえば、復帰に馴染まない身体、復帰に抗する実践が、常に既に存在し、国民国家・日本への統合は未完のままなのだ。竹中は復帰が絶えずこのような「失敗」をはらんでいることを的確に捉え、積極的に復帰の「失敗」をつくりだそうとしていた。

出演者の一人、知名定男が「琉球フェスティバル」で目撃した、ウチナーンチュのある女性の「全名誉をかけ」たカチャーシーは、復帰をめぐる交渉の場の出現であったのではないだろうか。

> ものすごく後のほうから出て来て最後まで踊り狂ってたおばさんがいました。後で聞いた話しですけど、この人、医者の奥さんらしいんですよ。それで旦那さんはヤマトゥンチュで。東京で偶々そこに嫁いで周囲に自分はウチナーンチュという事をひた隠しにしている訳です。カチャーシーになった時に、踊りたくてたまらん訳。でも自分がウチナーンチュというのがばれるという、おそらく知り合いは誰もおらんよ。踊りたくてたまらんけどもう、泣きながら我慢してたって。我慢してた。「唐船どーい」になった時にもう我慢が出来なくなって、もうどうでもいい、ダーっと走って来てもう我を忘れたみたいに踊った。そんな話しを聞きました。

まだウチナーンチュというのを、ある種、ちょっと表に出せない、そういうウチナーンチュ差別というのがあったんですね、その人にとってはね。もうどうなってもいいという感じで。その話しを後で聞いた時に涙が出ましたよ。〔……〕いや、もう血が騒ぐ、肉は湧く、もう押さえようがない訳。おそらくあそこで全名誉をかけて出て行ったはずですよ。気持ちは、今の幸せをもう全部捨ててもいいという。（知名 二〇〇六：一四四－一四五）

竹中の島唄をめぐる活動、それに巻き込まれた人々の実践、そして、唄を介して一瞬であれ、つながり、変容を生きた人々は、復帰の「失敗」を生き、自ら「失敗」をつくりだしていたといえるだろう。これは復帰運動の破綻を乗り越えつつ、沖縄闘争を形を変えて持続させる営みである。そして、「国家との抗争のただなかにおいて、国家統治の及ばぬ空隙をつくりそこにいくつもの仮寓《かりずまい》をしつらえ占拠していく」ような「生の形式の再発見と不断の創出」（新城 二〇〇九：八四）の試みであったはずだ。

5　文化と政治

本章では、竹中労の沖縄論と島唄をめぐる活動を、復帰運動の破綻以降の沖縄闘争の持続という観点から、その活動の内容と変遷、意義について検討してきた[19]。

これまで社会運動と文化、あるいは社会運動史と文化史とは、しばしば分離され、別々に記述されてきた。だが、本章を通じてみえてきたのは、あたりまえではあるが、文化的な行為と政治との密接不可分な関係である。

竹中らの活動は、島唄を通じて、政治を鮮やかにとらえかえすものであった。狭義の政治史においては、一九七二年五月一五日に、復帰は完了したことになる。だが、人々のなかには、復帰のプロセスに対する怒り、違和感や軋みは抱え込まれ続けている。「こんなはずではなかった」と。だから、復帰は、まだ、終わっていない。狭義の政治史、あるいは狭義の社会運動史においては、とりこぼされ、言語化されにくい情念を政治の起点に据え直し、政治を豊かに拡張していくこと――本章において、竹中の文化的実践にはこのような力を確認することができる。

島唄は人と人とを即興的につなげていく。「竹中の活動」と呼ぶことがはばかれるような、竹中の手をとうに離れた、唄者と聞き手、さらには唄を自由に歌い替えていく人々によるつながりと共鳴関係が広がっている。この共鳴関係を、広義の沖縄闘争における出来事として、そして、社会運動という概念を拡張するものとして、とらえることができるはずである。

注

（1）本章では「島唄」を、昭和初期以降、琉球列島に生まれた新民謡（創作民謡）を含む民謡という意味で用いる。もともと「しまうた」は、奄美地方の民謡を指す呼称であった。しかし、一九七〇年代以降、ラジオキャスターの上原直彦が「沖縄という地域のうた」というニュアンスへと拡大し使用し、定着した歴史がある。詳しくは、久万田（二〇〇三a）、久万田（二〇〇三b）、高橋（二〇〇二）を参照されたい。

（2）本章に関わる先行研究・言説を整理しておこう。竹中については、伝記やエッセーが多く書かれている。竹中と著者との交流を綴りながら、竹中の思想の変遷を追った鈴木（一九九四）、木村（一九九九）、鈴木（二〇一一）、河出書房新社（二〇一一）がある。滝口（一九九八）は竹中のルポルタージュの思想性や方法論について検討を行なっている。また、竹中の島唄に関する活動を論じたものとして、DeMusik Inter. 編（一九九八a、一九九八b）と記忘記同人編（二〇〇九）がある。

これらの多くが竹中の活動や作品、方法論について詳細に描いているのだが、文化史や運動史のなかに位置づけることは、十分には行なわれていない。以上をふまえ、本章では、竹中の活動を、島唄という文化的領域を政治的に読みかえる実践としてとらえ、沖縄闘争史のなかに位置づけ考察したい。

（3）父・英太郎（一九〇六－一九八八）は著名な挿絵画家であり、労働運動や草創期の水平社運動、社会主義運動などに関わった活動家でもあった。竹中は活動家としての父・英太郎の足跡や思想に影響を受けている。

（4）除籍であったとも、自ら離党したともいわれ、その時期についても一九六〇年代後半説や一九八〇年代初頭説などがあり、詳細はいまだに不明である（木村 一九九九：一四〇－一四三）。

（5）インターナショナル・フォーク・キャラバンは、べ平連のフォークゲリラの影響を受けつつ、米国のピート・シーガー、日本の岡林信康、高石友也、高田渡、沖縄やアジア各国のミュージシャンを集め、日本列島を縦断するコンサートの企画であった（竹中 一九七二＝二〇〇二：六五－六六）。「およそ百名の歌い手を数班に編集し、全国六十五都市、大小七十回のコンサートを分散集合しつつ開催し、鹿児島から海路、沖縄にむかう。四月二十七日、〝沖縄デー〟前夜、那覇もしくはコザ市において十万人規模の圧倒的な徹宵デモンストレーションを敢行し得るや、否や？」（竹中 一九七二＝二〇〇二：六五－六六）という壮大なものであった。一九七〇年に予定されていたが、竹中と労音との対立等により中止となった。

（6）一九六九年一二月二四日、普久原恒男氏の自宅で録音が行なわれ、一九七〇年にURCレコード『日本禁歌集三 海のチンボーラー』（URZ-9003）は発売された。ディレクター：竹中労、上原直彦、編集：上原直彦、ジャケットデザイン：竹中英太郎、写真：竹中労、構成：普久原恒男、協力：備瀬勝、国吉真幸、プロデューサー：泰政明、解説：上原直彦。三千部限定版、頒価二千円。

（7）竹中によればその理由は「エライ人を斬る」筆禍事件である。『週刊読売』での連載「エライ人を斬る」において、竹中は佐藤首相の寛子夫人を批判。それに対し、佐藤寛子が読売新聞社社長に名誉棄損のクレームをつけ、読売新聞社側は竹中への相談なく連載中止を決定。同誌編集長は辞表を提出。竹中はこれに抗議し、読売新聞社社長と佐藤寛子とを告訴、筆禍裁判を起こした。

（8）有志の上映実行委員による主催され、琉球独立党関係者も実行委員メンバーに参加している。上映作品は『倭奴へ　在韓被爆者　無告の二十六年』（NDU、一九七一年）、『沖縄エロス外伝　モトシンカカランヌー』（NDU、一九七一年二月完成）、『さんや'68冬』。那覇、琉球大学、名護、コザで上映され、上映にあわせて行なわれたパネル・ディスカッションには、新川明、川満信一、中里友豪、野辺士南、平山良明、布川徹郎、竹中労がパネラーとして参加した。反復帰論者の新川明、川満信一と琉球独立党党首の野辺士南が同席した企画となっている。

（9）この社説が、電柱に貼られたポスターやビラも、町の美観を損ねる「公害」であると主張している点は興味深い。「右翼と左翼が恥部のさらけ出しくらべのようにポスターを貼ってあるのは醜悪そのものである。〔……〕沖縄の自然美に旅の心をいやしたい人がこれをみたら全島これスローガンの島であり、那覇はまさに〝気違いの町〟と映るであろう」（『琉球新報』一九七二年三月一五日）とある。復帰というプロセスが、人々の感性、行動、そして街のありようにまで、影響を与えていることがよくわかる。

（10）集団就職者の実態については、本書第三章を参照されたい。

（11）この文章の初出は、『嘉手苅林昌の世界』（日本コロムビア、一九七五年）および『独演　嘉手苅林昌』（ビクター、一九七五年）の解説とある（竹中　一九七五：二〇六）。

（12）歌詞は、嘉手苅林昌『琉球情歌行』（VICG-60266／二〇〇〇年）の歌詞カードより引用。同歌詞カードによる日本語／ヤマトグチの意訳は次のとおりである。

「お前と結婚してまだわずかだが、召集で出征する。これも国のためだ！あきらめておくれ／神国日本軍人が門出に泣いてはいけません、銃後で私は貴方が笑って帰る日を神に祈り待っています。国のために頑張っていらっしゃい／軍人の勤めは国のため嬉しい。しかし働手を失ない金銭に泣く母を思うと断腸の思い！／例えどんなに難渋しようとも母上の事は私がいたします。御心配めさるな／国のためとはいえいよいよこれまで。明日は旅立ちと思えば言葉もない。このふたりどうなるのだろうこれから…」

（13）聴衆の約三分の一は沖縄出身者であったという（『琉球新報』一九七三年五月二六日朝刊）。

（14）沖縄民謡と黒人のブルースやジャズを重ねて論じているのも竹中（一九七五）の特徴である。なお、竹中はジェームズ・ブラウンの沖縄コンサートの企画に関わり、一九七三年二月、コザの闘牛場を舞台に実現させた。

二〇〇〇名をこえる観客の九割が黒人兵であった。

（15）歌詞は『日本禁歌集三　海のチンボーラー』（URZ-9003／一九七〇年）からの引用。同歌詞カードによる日本語・ヤマトグチの意訳は次のとおりである。

「県道みち作って、サーヨー誰の為になるか、世間人びとのサー為になるさ、サヨ為になるさ／監督のニャロメ眼鏡なんぞかけて、俺のハッピ姿、カッコいいぞ／ぼさっと立ってりゃ日当をひかれるぞ、日当ひかれるぞ、上手にさぼれよ／今日の十二時は木の枝にかっかて、いつまでたっても昼にならん」

（16）日本語／ヤマトグチの訳は『日本禁歌集3　海のチンボーラー』（URZ-9003／一九七〇年）による。

（17）金武湾闘争では多くの唄が歌われ、つくられていた。安里（一九八一）を参照されたい。

（18）その一方で、竹中の島唄の日本語／ヤマトグチの訳し方や解釈が間違っているという批判があった。関広延は、竹中が紹介する唄について、「その過半数に、〝改造〟が施してあったり、迷訳が加えられていたりする」とした上で、「ヤマトンチュは琉歌をみて、それは疑いもなく己れたちの文化・ヤマト文化によって解釈つくものとして、勝手なことを思いこむ。この場合、琉歌はヤマト文化によって犯されていると、いうべきである」（関　一九七五ａ）と激しく批判した。たしかに、竹中自身も、レコードの解説文において「誤訳ありますが、意訳とご諒承ください」（たけなか・普久原　一九七〇）と書いているように、強引なものも含めて、意訳や誤訳が散見されるようである。それを、植民地主義的、差別的な行為であると批判するのは容易い。唄を正しく理解し、紹介するという作業においては批判されるべきだろう。

だが、本章で検討しているのは、竹中の唄の解釈が正しいか誤っているか、という位相ではなく、もはや竹中の手を離れて、唄が人々の情念を引き出し、「正しさ」によらない政治性を生み出していくプロセスである。

（19）その後、竹中は、沖縄をめぐる活動を表だっては行なわなくなり、徐々にアジア各国のスラムや被差別者・被抑圧者たちのルポルタージュや映画製作などへと活動の領域を移し、汎アジア窮民革命論を唱えるようになる。しかし、竹中の沖縄をめぐる活動は、フェードアウトしたのではなく、汎アジアの広がりのなかで位置づけなおされている。一九七六年以降の竹中にとっての沖縄の位置や意味の変化については今後の課題としたい。

第五章　横断する軍事的暴力、越境する運動
――沖縄におけるベ平連運動と反戦兵士たち

ダンスとは反逆することなのだ。ダンスとは中立的な紐帯ではない。ダンスは、恣意や人間的な感性を欠いた身体的なねじりやよじれのたんなる帰結ではない。踊り手はただの消化器官ではないのだ。人は踊りに誘われ、とりわけ自らをそこに誘い入れる。ダンスは閉鎖した秘匿空間であり、そこで人は自己存在を明らかにし、深奥の自己を露にする。ダンスとは、語ると同時に自己に語りかけるということなのだ。

――ガブリエル・アンチオープ（アンチオープ 二〇〇一：七）

1　基地の「撤去」ではなく、軍隊の「解体」

沖縄闘争には、沖縄の軍事化への抵抗の歴史がある。だが、「基地をなくせ！」という言葉は何とも抽象的で、とらえどころのないことに思えてくる。基地をなくす、ということは、どのような事態として考えるべきなのか。米国政府や日本政府に働きかけ、要求を飲ませ、基地撤去の決定を獲得することだけで、よしとしてしまえることなのだろうか。

沖縄などの米軍駐留地に行けば、基地・軍隊が地域社会と密着し、不可分な形で存在していることがわかる。基地のなかから街へとくりだす兵士たち。街から基地のなかへと出勤する人々。そこにはさまざまな人々の往来があり、基地の内外で「交流」がある。もちろん、その「交流」は非対称な関係のもとにあり、暴力が絡み合ったものだ。日常化された基地内外の「交流」の積み重ねのなかで、基地は施設としてのモノであるだけでなく、人々のものの考え方や所作の一つ一つに影響を与えている。いわば、人々は基地・軍隊を内面化せざるをえない。だから、「基地をなくせ！」という声は、政策決定者への要求としてだけでなく、日常化された社会関係としての基地・軍隊をどのように変えていくのかという実践としてもあるはずだ。

基地のない沖縄を望むだけでなく、沖縄にとどまらない（だがしかし沖縄の固有性を相対化しない）解放の可能性として考えるならば、「基地は出ていけ」でも米兵を殲滅することでもない、理念ではなく社会関係としての平和や人間的な和解を能動的につくりあげていく試みがさぐられなければならない（崎山 二〇〇三：二七八）

一九六〇年代後半から七〇年代前半、基地・軍隊の「解体」が主張されていた。撤去でも、反対でもなく、解体である。たとえば、ベ平連や「大泉市民の集い(1)」は「米軍解体」のスローガンを掲げて活動していた。

兵役拒否、脱走、反戦・反軍新聞発行、兵士組合活動、基地内および前線での抗命、営倉や基地での反乱その他――これら相互に結びついた諸事実を、われわれは「米軍解体」の開始とみなす。(清水・古山・和田編著 一九七〇：一二)

軍隊の解体とは、軍隊という巨大な「戦争機械」を、それに巻き込まれながら生きている一人一人の抵抗によって、基地・軍隊を支える社会関係を狂わせ、破壊していく実践であった。

本章では、沖縄闘争のなかの米軍解体の試みを考察する。具体的には、米軍基地の「解体」とベトナム戦争の終結を目指す「沖縄ヤングベ平連」、暴力・抑圧のシステムとして軍隊をとらえ抵抗する反戦米兵、そして両者を支援し、架橋する米国人活動家との共闘とコンフリクトの実相を分析することとしたい。なぜ、どのように、基地のフェンスと国境を越えて、反戦・反基地運動は展開されたのか――これが本章の問いである。(2)

2 グローバルな反戦・反軍運動と沖縄

反戦米兵による運動、沖縄ヤングベ平連による運動、そして米本国の反戦活動家らの出会いや交流を論じるにあたって、まずはその背景として、グローバルな反戦・反軍運動のうねりと沖縄との関わりを確認しておこう。

2-1 米兵の抵抗運動

一九六〇年代後半、兵士たちはベトナム戦争に抵抗をはじめた(Cortright 1975=2005: 4-49)。

その背景は、ベトナム戦争の激化と泥沼化、そして米国内外の反体制運動と反戦運動の活発化である。一九五〇年代、米国内の反体制運動は、一部の大学や南部の諸都市などに限定された局所的なものであったが、一九六〇年代に入り、公民権運動とベトナム反戦運動を集約点としながら、米国全土へと拡大していった(内野 二〇〇五)。その推進力は、「豊かな五〇年代」とは裏腹の人種差別を温存したままの社会構造への不満や、ソ連との緊張関係のなか、核戦争の恐怖に直面した白人中産階級の新世代の登場、つまり、いわゆるニューレフトの台頭」(内野 二〇〇五：一四〇)であったといわれる。

反体制運動のうねりは兵士たちにも届いていた。当時、すべての米国民(男性)は一八歳に達すると徴兵局への登録が義務付けられていた。国防省の割当てにしたがって、登録済みの兵役適格者のなかから徴兵命令が下され、対象者は徴兵センターに出頭、入隊の手続きをとる義務があった。多くの米国民が、その意志とは無関係に、ベトナムの戦地へと送り込まれたのである。

兵士たちにとってベトナム戦争は不当で不正義そのものとして、また、自らの命や自由と引き換えにして闘うには値しないものであった。たとえば、米軍を脱走し、べ平連によって匿われたジョン・マイケル・バリラは次のように語っている。

> 私はもはやこれ以上戦争に参加することにより、私が世界の多くの人びとわかちもっている平和の理想と人類愛的な信念を裏切れないと信じるにいたりました。私がベトナムの紛争に感情的に強く反発する理由のひとつは、誰ひとりとして、この戦争を正当化する論理をもちあわせていないようだということです。
>
> 「共産主義」「自由」「侵略者」などの言葉をふんだんに含んでいる政府の演説も、それだけでは、無

数のアメリカ人やベトナム人を殺す理由になっていません。（小田・鈴木・鶴見 一九六九：二〇一）

兵士にとって、ベトナム戦争と軍隊とは具体的にどのように経験されていたのだろうか。同じくべ平連によって匿われた脱走兵・テリー・ホイットモアは、殺人を強いられたこと、その行為を問い、考える余裕さえなかったことなど、軍隊の実態を伝えている。

海兵隊の訓練は、実にきびしいものでした。明けても暮れても、〝殺せ〟という言葉が、ひっきりなしに頭の中でひびきました。［……］六か月もの長期にわたって、私はベトナムのジャングルや丘で戦いました。この間、私は行く先ざきで、ありとあらゆるものを殺し、破壊し、焼きはらったということを認めないわけにはいきません。［……］若い兵隊たちは、血に飢えた獣の群にかえられていました。考える時間などありませんでした。（ホイットモア 一九六九：二一八－二一九）

一人の青年が考えることを奪われ、人を殺し、破壊できる「獣」へと変えられていく。このような兵士たちの経験とベトナム戦争に反対する意志は広く共有され、人々は徴兵制とベトナム戦争に反旗を翻した。

では、どのような抵抗がなされたのだろうか。たとえば、良心的兵役拒否の申請である。一九六七年の時点では八二九件であった申請者数が、一九七一年にはその約五倍の四三八一件にまで急増している（表15）。また、入隊後に脱走を試みる兵士もいた。一九六六年には千人に対し八・四三件だったが、ピークとなる一九七一年には三三・九件にまで急増している（表16）。

また、一九六七年頃から、米兵は一種の地下活動として反戦新聞を編集・発行した。新聞は、軍隊のなかで生活しているとなかなか入ってこない米国内での反戦運動や各地の基地のなかでの抵抗運動についての情報、ベトナム戦争や軍隊の不正義や不当性を暴く記事、良心的兵役拒否や合法的除隊の手続きや法律についての情報、基地の外部の反戦組織についての情報などを掲載した。この新聞は、兵士にとっては軍隊のなかで抵抗するための貴重な情報源となった。表17にあるように、その種類は年々増え続け、一九七一年には確認されているだけでも九一種類の新聞が世界各地で発行された。米国・国務省の調査では、一九七二年三月の時点で累計二四五種類の反戦新聞がつくられている（Cortright 1975=2005: 321-340）。基地のなかで表立って編集や印刷ができない場合が多く、基地の外の反戦運動がその作成から編集、印刷、そして配布を手伝っている。

そして、徴兵前後の抵抗運動は徐々に組織的に取り組まれるようになった。たとえば、一九六八年、米国兵士組合（ＡＳＵ：American Servicemens' Union）が発足している。一九六九年頃には五千名の組合員を擁し、一五〇の基地（米国、ベトナム、フィリピン、日本の三沢や岩国など）で活動を行なっていた（清水・古山・和田編著 一九七〇：一四一－一四三）。ＡＳＵは米軍に対し、①上官への敬礼・敬語の廃止、②将校選挙制、③人種差別の撤廃、④一般兵士による軍法会議の管理、⑤連邦最低賃金制の確立、⑥政治結社の自由、⑦団体交渉権の確立、⑧不法命令に対する不服従の権利、⑨反戦デモへの軍隊出動の拒否、⑩ストライキへの軍隊出動の拒否などを要求した（清水・古山・和田編著 一九七〇：一四一）。これらの要求項目からは、兵士たちが自身を管理するルールや制度を問題化し、軍隊内で抵抗の自由を確保しようとしていただけでなく、基地の外の反戦運動や反体制運動を管理・鎮圧することも拒否していたことがわかる。

表 15　良心的兵役拒否の申請数（単位：件）

	1967	1968	1969	1970	1971	1972	1973
陸軍	594	1,062	1,981	2,198	2,827	1,306	1,088
海軍	105	151	271	577	861	789	449
海兵隊	56	55	147	135	157	72	84
空軍	74	119	157	286	536	506	435
合計	829	1,387	2,556	3,196	4,381	2,673	2,056

＊ Cortright（1975 = 2005: 16）より筆者作成。

表 16　脱走（30 日を越える無許可離隊）の割合（単位：1000 人当たりの件数）

年度	1966	1967	1968	1969	1970	1971	1972	1973
陸軍	14.9	21.4	29.1	42.4	52.3	73.5	62.0	52.0
海軍	9.1	9.7	8.5	7.3	9.9	11.1	8.8	13.6
海兵隊	16.1	26.8	30.7	40.2	59.6	56.2	65.3	63.2
空軍	0.4	0.4	0.4	0.6	0.8	1.5	2.8	2.2
合計	8.43	12.2	15.6	21.1	27.0	33.9	27.5	24.3

＊ Cortright（1975 = 2005: 13）より筆者作成。

表 17　米兵による反戦新聞の種類数

	1968		1969		1970		1971		1972		1973		1974
	春	秋	春	秋	春	秋	春	秋	春	秋	春	秋	春
空海軍	—	1	4	13	20	25	30	37	40	23	22	14	13
全軍合計	10	22	40	74	90	91	91	91	86	58	49	41	34

＊ Cortright（1975 = 2005: 322-323）より筆者作成。

図24 『Demand for Freedom』No. 2に添えられたイラスト

兵士のなかでも黒人兵は、活発に抵抗運動に取り組んでいた。黒人たちは上官（その多くは白人）や同僚などから日常的な差別やハラスメントを受けていたためだ。黒人にとって軍隊内の差別や暴力は米国社会の黒人差別と地続きのものであった。(3)

また、黒人たちは軍隊内の差別・暴力を問うだけでなく、米国軍隊がベトナムなどの第三世界を抑圧している世界構造自体をも問題化していった（梅﨑 二〇一二）。黒人にとっては「国際的な解放戦争と合衆国内の黒人の反乱は、国内と海外の両方に存在し結びついている抑圧的な力に対する共通の戦いのように感じられた」（ファーバー 二〇一二：三八）。つまり、米国社会内部で差別され抑圧されている黒人たちは、米国軍隊の侵略や攻撃を受けている第三世界の民衆に自分自身の姿と位置を重ねたのだ。(4) 換言すれば、世界各地で米国軍隊や資本と闘っている民衆の戦線に、黒人は連なろうとしつつあった。在沖米軍・嘉手納空軍基地の黒人兵たちが作成した反戦新聞『Demand for Freedom』（No. 2）には、図24のようなイラストが添えられ、「米国帝国主義は私たちの共通の敵であり、私たちは同じ戦線に立ち、連帯し、互いに助ける必要がある」というコメントが書かれている。米国帝国主義に対し、ベトナムだけでなく、沖縄や日本の民衆、そして黒人たちが同じ戦線を形成しうるのだという世界大の構造が表現されている。

米兵による運動は、米軍・米兵自体の移動によって世界各地に拡散していった。米軍は、米兵を米国、ベトナム、日本、韓国、香港などへ移動させながら、戦闘、休息・保養、訓練というルーティンワークを命じた。その土地毎に、米兵どうしの経験と情報が共有されていった。また、基地の外から米兵の運動を支持し連携する運動も生まれ、ノウハウが蓄積されていった。日本ではべ平連がその役割を担っている（大野 二〇〇八、清水・古山・和田編著 一九七、関谷・坂元編 一九九八）。このように、米兵がグローバルに移動することで運動が拡散するとともに、それぞれの「ホスト」国側からそれを支援する運動もつくられていったのである。(5)

こうして、良心的兵役拒否、脱走、反戦新聞の発行などの反戦・反軍運動は、急激に増加し、拡散していく。そして、運動は一九七〇年から一九七一年にピークをむかえ、ベトナム戦争の「終結」に伴い衰退していった。米軍はその内部から機能を失い続けていた。

さて、ベトナム戦争の最前線基地であった沖縄では米兵による運動はどのようであったのだろうか。在沖米軍基地で抵抗運動が活発化したのは一九七〇年頃のことだ（高嶺 一九八四）。高嶺朝一によれば、那覇空軍基地の黒人航空兵を中心とした「Black Hawk」（ブラック・パンサー党と近いといわれ、メンバーは一五名程度）、嘉手納基地の黒人航空兵を中心とした「Son of Malcom X」（マルコムXの信奉者たち、五〇名程度）、キャンプ・ハンセンの黒人兵組織である「Maw Maw」、文化運動的な側面の強い「Afro American Society」や「Peoples Foundation」、密教団体の「Zulu」などが存在した（高嶺 一九八四：二〇八－二〇九）。いずれも黒人兵の反人種主義・反戦運動組織である。白人との相互理解を深めようとする穏健な立場に立つ Afro American Society から、激しく差別撤廃を主張し、白人社会への暴力的な報復をも容認しているといわれたグループ（Son of Malcom X、Maw Maw など）まで、その主張は多様であった（高嶺 一九八四：二一一－二一三）。米国内の黒人運動のバリエーションが、そのまま沖縄に持ちこまれたかのような状況である。

沖縄に駐留する黒人兵の姿を記録した貴重なドキュメンタリーがある。一九六九年から一九七〇年にNDU（日本ドキュメンタリストユニオン）が撮影し制作した『モトシンカカランヌー』(6)だ。ブランクパンサー党のシンパサイザーを自称する黒人兵たちが、コザでインタビューに応えているシーンがある。

黒人兵「沖縄に来た目的だって？　残念ながらミリタリーなんだ。ゴメンナサイ、ゴメンナサイ、はははは……」

同「我々は、確かに現象的には兵隊だ。だが我々は実際そうは考えていない」（日本ドキュメンタリストユニオン　一九七一a：七三）

黒人兵「ここには沢山〝黒人〟がいるだろう」

同「だけど彼等は我々と同じじゃない」

同「ほとんどが、帝国主義者と、秩序派と、それから、ベトナムで銃を、タラララ……」（日本ドキュメンタリストユニオン　一九七一a：七三）

黒人兵たちは、自らが兵士として沖縄に来ていることへの後ろめたさを吐露しつつ、沖縄の人々、そしてベトナムの人々を抑圧し、殺すことに反対する立場を示そうとしている。「現象的には兵隊」だが、基地・軍隊に抵抗し、その意志を表現する兵士たちの登場。兵士たちは、武装を「放棄」（徳田　二〇一三）するかのような態度と思想を獲得しつつあった。

2-2 グローバルな反戦・反軍運動の沖縄への介入

米兵たちの反戦運動のグローバルな広がりは、基地の外の反戦運動によって支えられていた。米国だけでなく、米国軍隊が駐留するドイツや日本などでは、組織的な支援運動が展開されている。

日本においてその役割を中心的に担ったのはベ平連である。一九六七年、韓国軍を脱走し大村収容所に拘禁された金東希や米国陸軍兵士・金鎮洙への支援運動をきっかけとして、ベ平連は反戦GI新聞の編集・印刷、米兵向けの反戦放送の実施、反戦コーヒーショップの運営、そして脱走支援などの活動に取り組んでいく(大野 二〇〇八)。基地の内と外の運動とが繋がり、戦争を止める共同の実践が各地で試みられていた。

沖縄においても、基地の外からの支援運動が生まれている。その発端はヤン・イークス、アニー・イークスという活動家の来日であった。ヤン・イークスはカリフォルニア生まれ。一九六二年にサクラメント州立大学へ入学後、兵役を拒否し、「海外アメリカ抵抗者運動」に参加。徴兵から逃れ、一九六九年八月二四日に来日し、その後、一九七一年の春まで、東京、京都、岩国、沖縄、香港などで、米兵との反戦運動、カウンセリング活動[7]、反戦新聞の作成、軍隊内の裁判支援など、多岐にわたる活動を行なった(イークス・小野 一九七二、ベトナムに平和を!市民連合 一九七二)。

日本に到着したヤン・イークスがコンタクトを取ったのはベ平連であった。ヤン・イークスは外国人ベ平連の紹介を受けて、立川の米軍基地向けの反戦新聞の作成に携わり、一九六九年九月上旬、日本で初めての反戦米兵のための新聞『WE GOT THE brASS』アジア版を発行する。その後、彼は、一九六九年一〇月三〇日から一一月二日と翌年三月六日から九月一一日にかけて沖縄に滞在し、アニー・イー

図25　沖縄でのヤンとアニー（秋山 1993：17）

クスとともにコザに家を借り、反戦運動を支援する「公共図書館」として米兵や沖縄の活動家に開放した。ヤン・イークスは次のように当時の様子を語っている。

> わたしとアニーはこの家を公共図書館として開放し、できるだけの資料を集めるだけでなく、兵士たちが話したり読んだり聞いたりする場所、そしてなによりもあらゆるものから切りはなされた家、かれらが自分たちのためにつかえる家にしたいと思った。まずありったけの本が本だなにならべられ、兵士新聞のような類の新聞、黒豹党機関紙、一般の運動関係の新聞などは壁にかけられ、演説、路上劇場、革命詩などのカセットテープにくわえて何本かの映画までが、家具一つない小部屋の床せましとちらばった。（イークス・小野 一九七二：一一六）。

ヤンとアニーは米兵や沖縄の活動家が集まれる場をつくり、基地のなかでの抵抗や反戦運動を行なうためのノウハウやアイデアがつまった空間として開放した。この空間は、基地をふくむ「あらゆるものから切りはなされた家」と表現されている。

また、一九六九年末、アニー・イークスは日本滞在ビザ再取得のため、米国へ一時帰国し、日本と沖縄で反戦米兵を支援できる団体を探した。その結果、一九六九年に発足しサンフランシスコ、オークランド、サンディエゴで反戦米兵支援運動（軍隊内の人権侵犯の監視、兵士の権利擁護、広報・宣伝活動、合法的除隊支援など）を続けてきた「パシフィック・カウンセリング・サービス（ＰＣＳ）」（Cortright 1975=2005: 61）が好意的な反応を示した（関谷・坂元編 一九九八：一四六－一四七）。ＰＣＳは一九七〇年六月、東京・神楽坂にあるべ平連事務所内に事務所を開設し、米兵向けカウンセリングサービスを開始（関谷・坂元編 一九九八：六二二－六二三）。そして、一九七〇年夏頃、ＰＣＳは沖縄・コザにも事務所を設置、その後、一九七一年五月頃までには岩国やフィリピン・クエソン、香港・九龍にも事務所を開設した（Cortright 1975=2005: 78）。

また、高嶺（一九八四）によれば、一九六〇年代末期から一九七〇年代後半までに、反戦活動家バーバラ・バイらが中心となってつくった「フリーダム・ファミリー」、女性活動家シャロンが女性運動の拠点として北谷町に開いた「ウーマンズ・ハウス」、一九七一年に「ベトナム帰還兵士の会」、「冬の兵士の会」、ＰＣＳが合同でつくったコザの「オメガ・ハウス」と金武のキャンプ・ハンセン第二ゲート横の「ユナイテッド・フロント」などのグループ・拠点が確認されている。米国の反戦運動が、ベトナムの出撃拠点であった沖縄に、いかに強い関心を持っていたのかがわかるだろう。

ヤン・イークス、アニー・イークス、ＰＣＳなどのグループは、相互に連携しながら沖縄での活動を行なった。米兵への法律相談、合法的除隊支援、生活相談、米本国からの様々な資料の提供、軍隊内の運動の組織化の支援、さらには、全軍労のデモやストライキ、集会に参加し、反戦米兵と沖縄の運動との橋渡し役も務めたのである。

3　沖縄のなかのべ平連運動

3－1　沖縄でベトナム戦争に反対するということ

日本のべ平連運動が沖縄に関わりを持つなか、一九六六年、沖縄で「沖縄べ平連」が発足した。その直接のきっかけは、一九六六年六月、ハワード・ジン（ボストン大学教授）とラルフ・フェザーストン（SNCC：学生非暴力調整委員会）、そしてべ平連の中心メンバーによる「全国縦断日米反戦講演」である（鶴見・小田・開高　一九六七）。ジンとフェザーストン、そしてべ平連のメンバーらは、北海道から沖縄まで、全一四カ所でベトナム反戦運動の思想と実践についての講演会を開催した。沖縄では、六月一三日に沖縄大学（五〇〇名参加、主催：沖縄大学学生会、沖縄県祖国復帰協議会、後援：琉球新報）と琉球大学（八〇〇名参加、主催：琉球大学学生会、沖縄県祖国復帰協議会、後援：琉球新報）で行なわれている(8)。

沖縄での講演会に参加したある学生は、次のような投書をべ平連の機関紙『べ平連ニュース』に送っている。

べ平連主催によるハワード・ジン、ラルフ・フェザーストン両氏の反戦講演を知ることによって日本にもすでにそのようなインターナショナルな反戦運動が実際に存在するということを知ったことは実に幸運なことでした。当日は［……］残り二十分しか出席できませんでしたが、後日『朝日ジャーナル』（七月三日号）の「ベトナム反戦、日米の会話」を読んだ時、全く感動し、これこそ反戦運動のあり方だと思いました。自分自身もベトナム戦争を終結させるために、何か小さなことでもしたいと考えていた矢先であっただけに、あの記事には、非常な感銘を受けました。また「べ平連とは」のリーフレットはべ平連の性格をよく私に伝えてくれました。これら色々なことが私をして行動せずにはおかないところまで連れてきたのです。

そこで、ここ沖縄の地にもべ平連のようなものをつくりたいのです。［……］学生を中心に、教師、それにマスコミ関係の人を加えて、まづ《（ママ）》、発足させたいと思います。

活動としては本土べ平連の活動を側面から助けるために資金カンパの活動をすること。沖縄にベトナム反戦の機運を盛り上げるため琉大（琉球大学）やあるいは職場で掲示や討論会、さらに「べ平連ニュース」を通して、絶えずベトナム戦争の「実態」を知らし、自覚を高めて行くこと。本土各地のべ平連との情報交換による連帯……などです。

「ベトナムに平和を！」、日本、沖縄に平和を実現するため共に頑張りたいと思います。（沖縄・那覇市）（一学生　一九六六）

反戦の意志を「インターナショナルな」形で表現したいという「一学生」にとって、べ平連は魅力的な運動にみえていた。この学生の感動を共有するようにして、一九六六年九月頃、沖縄べ平連は琉球大学[9]の学生や教員などを中心に結成された。『沖縄べ平連だより』第二号には結成の動機が次のように書かれている。

戦争の激化と共に、失われる人命も増加の一途をたどっている。一度の戦闘で何百人、何千人のベトナム人が傷つき、或は殺されている。アメリカ兵の死傷も又甚大であろう（六五年までで十六万七千五百人の死傷者を出している。現在ではその倍以上に達しているだろう）しかし死ぬのは兵士だけではない。政治を知らない農民・婦人・子供があたかも虫けらのように殺されている。多くの人々が爆撃で家を焼かれ、住みなれた土地を追われて着のみ着のままで、ただ生命の安全のみを求めて戦火の中を逃げまどっているのです。

わたしたちはこのような現状に心をいためかつ、義憤を感じ、一日でも早く、その状態を打破したいと考えて、本土の「べ平連」のやり方にならい「沖縄べ平連」をつくりました。（沖縄べ平連 一九六六：一）。

そして、運動のスローガンが四つ記されている。「（1）ベトナムに平和を！／（2）ベトナムはベトナム人の手に！／（3）日本政府はベトナム戦争に協力するな！／（4）日米市民の連帯による反戦運動の創造を！」（沖縄べ平連 一九六六：一）。（1）、（2）、（3）は、日本各地のべ平連と同じものだ。（4）については、前述の「一学生」の「インターナショナルな反戦運動」への感動に基づいているといえよう。

では、沖縄とベトナム戦争との関わりはどのように受け止められているだろうか。『沖縄べ平連だより』の「読者からの便り」欄には、コザ市の教員・金城秀政による文章「「教育権返還論」と平和運動」が掲載されている。金城は、「沖縄の支配者もまたベトナム人殺しに加担していることを忘れてはならない」（金城 一九六六：三）という。そして、「民族意識をあおり立て、それに基づく復帰運動、平和運動は、戦前型ナショナリズム、日本ナショナリズムにはまり込んでいく人間を大量に、創り出す」（金城 一九六六：四）ことに警笛をならしている。沖縄の復帰のあり方を、「ベトナム人殺しに加担している」のではないかという疑問から再考していこうという主張であった。B52が常駐化するなか、沖縄べ平連にとって、ベトナム戦争は日常生活と直結したものとなっていった。

現在B52は爆音をとどろかせてながら［沖縄から］連日連夜嘉手納基地をベトナムへ向けて発信しています。そしてその二時間後にはベトナム人民の生命と財産が奪われるのです。（沖縄べ平連 一九六八＝一九六九：二一六）

この状態を打開し、われわれの平和に生きる権利を回復するためには、まず第一に各人が政府の戦争政策に加担することを拒み、自分の義務として、自ら進んでこれとたたかうことです。日本の人民全てをベトナム戦争の加害者にしている日米安保条約に反対し、日本の核武装を促進し国家権力の強化を意図する沖縄の「核付き返還」などにはっきりと反対の意志を表明すべきです。第二にアメリカの人民と連帯した平和運動をすすめることです。（沖縄べ平連 一九六七b）

ここでは、ベトナム戦争を支えることとして、沖縄返還政策と日米安保条約があげられ、それらへの反対の意志表明が呼びかけられている。

だから、ベトナム戦争への反対の訴えだけでなく、「沖縄闘争勝利」や沖縄の「無条件・全面返還」を訴える声も増えていった。次の文章は、沖縄の基地問題の概要と歴史をまとめたパンフレット『沖縄からの報告――沖縄闘争を勝利するために』の冒頭に掲載されたものだ。

七〇年安保をひかえてわれらは、沖縄における基地被害をまとめた。
そして、それを本土の人たちに訴えることによって、沖縄斗争が勝利するために、このパンフをつくった。
これによって、本土の人が一人でもいい、
沖縄の「無条件・全面返還」に、力を貸してくれる人がいれば、
それは十分その役目を果したといえる。（沖縄べ平連 一九六九）

パンフレットでは、「基地の被害状況（一九五五年〜一九六九年）」、「沖縄の戦後史年表」、そして「沖縄の十行知識」として原子力潜水艦、ＢＣ兵器、Ｂ52、沖縄軍労働者の人種差別、沖縄の基幹産業が概説されている。沖縄の政治、社会、経済、そしてそこに暮らす自らの生活が、ベトナム戦争を支える体制のなかに組み込まれていることが淡々と記述されている。それゆえ、沖縄の「無条件・全面返還」が、沖縄の人々にとって、そしてベトナムにとって必要とされたのである。[11]

3－2　行き場のない人々とスタイルとしてのベ平連

沖縄の人々の強い関心を集めたのは、べ平連独自の運動論でもあった。本書第二章で触れたように、べ平連とは組織ではなく運動であり、個人の自発性と創意に基づき、直接参加によって運営された。このようなべ平連の運動論は、党、党派、労働組合、学生団体にはない大きな特徴と魅力があった。『沖縄べ平連だより』第二号では、べ平連の運動論について多くの説明がなされている。

べ平連は思想・心情・職業・性別・年令を問わず、あらゆる人々を結集し、それらの各々がただ一つの目的、つまり「ベトナムに平和を！」という点で一致し、その目的の実現のために何かをしようという団体です。一切の政党や組織とヒモつきでない、ただの市民ばかりの声を集める団体です。組織の命令や日当をもらって動くのではなくて、自分一人の意志で動きたがっている人達が集まっているいっしょに声を出そうという訳です。（沖縄べ平連 一九六六）［強調は引用者］

文章に感じられる高揚感は、既存の運動組織に属さない／属せない人々が、べ平連の運動論に魅かれ、集まっていることを示している。たとえば、後述する沖縄ヤングべ平連に参加したAさん（一九五〇年生まれ、男性）はべ平連への関心を次のように語っている（以下、Aさんの語りは、二〇一一年五月一五日及び二〇一二年二月二六日に沖縄県那覇市内のカフェで行なった聞き取り調査結果による）。

――べ平連の最初のデモをしたときに、べ平連スタイルで「だれでも歩けますよ」って呼びかけたと仰った。それはどこかでべ平連はそういうことをやっているってご存知だったんですか。

Aさん：『週刊アンポ』でしたよ。マニュアルだったんですよ。デモのやり方、申請の仕方からなにから。それが書かれていたんですよ。毒ガス［催涙ガス］から身を守る方法とか、機動隊が来たらどうしたらいいかっていう、具体的なものだったんです。優れた。

――どこで読まれたんですか？

Aさん：図書館じゃなかった……どこだったのかなぁ。0号かな、なにかで転載されていたのかな、『朝日ジャーナル』か何かで……。

――『週刊アンポ』は」一四号くらいまで出ていましたよね。

Aさん：それが頭にあったんです。デモに呼びかけるための心得みたいなものがあって。既成の言葉は使わない、誰でも分かりやすいようなちゃんとした言葉を使う、だらだらした演説はしない、リーダーと大衆／下部みたいな関係をつくらない、とか。それで共鳴して。

――あ、共鳴できたんですね。

Aさん：そうです。「あ、一人でもやれる」と。「やり方は様々だ」と。お金がある人はお金を、物がある人は物を、っていう例の。みんなで工夫して。知恵を出して。べ平連の精神で。

Aさん：スタイルですね。「べ平連」っていう。

――「ベトナムに平和を」、「ベトナムをベトナム人の手に」、「日本政府は戦争に協力するな」、というスローガンがありましたが。

Aさん：こだわっていないですね。沖縄闘争のアイテムとして、つまり、やり方をコピーして。「そうか、組織がなければ自分でつくればいいんだ」って。沖縄は組織運動ですから。一人で歩いたら誰も相手にしてくれない。でも、毎日歩いていたら、やっぱり雰囲気がかわってくる。「また来たのー」とかって、天麩羅くれたおばさんがいたり。「あんたら学校大丈夫ね」って気にしてくれたり。警察が一番気にしていた。「こいつらなにもんなんだ」って。

Aさんがべ平連に共鳴できたのは「一人でもやれる」という運動スタイルであった。べ平連は、「リーダーと大衆／下部みたいな関係」をつくってしまう組織的な運動ではない。誰でも参加でき、一人でも思うことをやればよい、というスタイルをとった。その風通しの良いスタイルにAさんは惹かれた。そのような運動は、沖縄の警察からすれば「こいつらなにもんなんだ」という異色の存在でもあったという。

そして、異色の存在を待っていた人たちもいたのである。Aさんは一九七〇年九月一八日に糸満で起こった米兵による金城さん轢殺事件[12]への抗議デモで、次のような経験をしている。

Aさん：金城さん轢殺事件のときに、参加していたのがなんと二〇〇人くらいいたんです。僕たちの旗のうしろに。一番最後のデモ［＝デモの最後尾に］についてきた人たちが。

――僕たちの旗というのは？

Aさん：べ平連の旗。「誰でもいいですから歩きましょう」って呼びかけたときに、ものすごい人数、本当にたくさんの人たちが。仲間が旗をもって、僕がマイクを持って呼びかけて。シュプレヒコールじゃないけど、「とにかく入ってきていっしょに歩きましょう」というのを連呼して、べ平連スタイルで、「体で表わしましょう。いっしょに歩きましょう。私たちは組織のない人間のデモです。誰でも入れますよ」みたいな。

既成の組織や団体に入れない人／入らない人の群れがあった。Aさんは彼ら／彼女らを「行き場のない人」とも表現している。

Aさん：金城さん轢殺事件というのがあって、僕は一人で出かけたわけですよ。デモがあったんですけど。そしたら、ものすごい数の人が集まっていて。当然、労働者、組合、教員、そういった団体、復帰協傘下の団体が集まっていて、あと一般の人が野次馬っていうかたちで遠巻きにしている。［……］所属団体のない人はただ呆然と見ているっていう。会場にはたくさんいましたけど。デモが始まったときに、行き場のない人たちがいたんです。

一人でもやる、自分の判断で動く、上下関係にしばられない、そのようなスタイルが、「行き場のない人」の集まれる場をつくっていった。

3-3　沖縄ヤングベ平連の「インターナショナリズム」

一九七〇年一二月、コザ暴動（一二月一九日深夜）の直前、沖縄ヤングベ平連を名乗るグループが結成された（沖縄ヤングベ平連 一九七一）。沖縄ヤングベ平連は高校を卒業したばかりの男性数名と、セクトに属さない高校生数名など、未成年の若者たち五、六名からなる小さなグループとしてスタートしている。[13] 那覇市内に「たまり場」を設けながら、活動を行なった。

結成直後に、活動資金を集める目的でつくったパンフレット『沖縄ヤングベ平連0号』をみてみよう。なお、沖縄ヤングベ平連が発行したパンフレットは、これが最初で最後であった。[14]

六九年一一月の日米共同声明によって沖縄にもたらされたものは一体何であったか？　七〇年一月の全軍労首切［米軍による沖縄の軍雇用労働者の削減決定］に始まった日米両政府による「復帰準備」（＝沖縄支配体制の再編強化）は、国政参加選［挙］を頂点とした、もろもろの大衆運動の切り崩し、米軍・自衛隊による沖縄基地の強化維持準備などにみられるだけでもすさまじい勢いで着々と進められている。しかも、最も重要なこの時期に政党・労組・その他におしよせる系列化の波はいまや大衆運動における沖縄の主体性をもおし流してしまいかねない状況である。我々は今こそインターナショナルな視点をもち、あくまでも自立した沖縄の新たな大衆運動を早急に作り出すべきだと感じている。そこで我々沖縄のべ平連の中に芽ばえたマンネリズムを打破しつつ運動のはばと質をおしひろげていくひとつの試みとして『べ平連通信』［実際のパンフレットの名称は『沖縄ヤングべ平連』］の発行を決意した。（沖縄ヤングべ平連 一九七一）

図26 『沖縄ヤングべ平連』0号

日米共同声明以降の「復帰準備」が進む状況への強い危機感が読みとれる。その危機感とは、沖縄の人々の基地撤去要求が通らないまま、日本への制度的な統合だけが進み、沖縄の大衆運動が掘り崩されているというものだろう。「沖縄のべ平連の中に芽ばえたマンネリズムを打破しつつ運動のはばと質をおしひろげていく」という言葉は、これまでどおりの運動ではだめなのだ、という切迫した気持ちのあらわれである。

そこで、沖縄ヤングべ平連に集まる人々

が活動の中心にすえたのは、「インターナショナリズム」であった。『沖縄ヤングべ平連』に掲載されているエッセイ「コザ反米騒動——コザで起きた沖縄人民による焼き打ち　反米反基地実力行動について」をみてみよう。

沖縄側において単なる反米民族主義感情の問題点（全ての米人は沖縄から出ていけといっているように、基地内で全く孤立している反戦GIと全然連帯しない）を暴露しつつ、米軍側にも我々と同様抑圧されている人々、とりわけ沖縄の軍隊内の黒人兵がいることを教宣し、反米ではなく軍事機械そのもののが《ママ》我々の敵であるということ。すなわち、反軍反戦の意識を持ち、基地内の外からばかりではなく、基地の内からの斗いと結合した、基地解体斗争・インターナショナリズム的な反戦反軍斗争を展開しよう！（沖縄ヤングべ平連　一九七一）

このエッセイの著者は、「コザ反米騒動」を「反米民族主義感情」に基づくものとして解釈してはいけない、という。著者は基地のなかで戦争と軍隊に抵抗している米兵がいることに気付いており、沖縄の人々の米軍に対する怒りを反戦米兵の取り組みと「連帯」させなければならない、というのだ。既に述べたように、一九六〇年代末期以降、米軍基地のなかで反戦運動と反人種差別運動が力を持ち始めていた。沖縄ヤングべ平連に集まる人々は、米軍基地が一塊の均質なものではなく、内部に差別／被差別、抑圧／被抑圧の複雑な関係があることを理解しており、黒人兵が基地のなかで抑圧されている点には特別な注意を払っている。

だから、沖縄ヤングべ平連にとって、基地の撤去、すなわち軍隊からの解放は、基地の内と外との

「結合」でこそ切り開かれるとされたのだ。

我々沖縄人民は戦後二五年間、自からで作り上げた戦斗的大衆運動でもって彼ら［反戦米兵］の斗いと連帯したとき基地外からは百万の隊列でもって基地を包囲し、そして基地内では兵士の叛乱、この二つの斗いの結合でもって基地はなくなるであろう。（沖縄ヤングべ平連 一九七一）

これまでの大衆運動を「ナショナリズム」であると切って捨てるのではなく、基地の内部の反戦運動との接続のなかで、運動を変容させていくことが模索されていた。「沖縄人民だけでも対基地斗争は前進してきたのであるから、それが反戦米兵と連帯した時、その成果ははっきりと断定できる」（沖縄ヤングべ平連 一九七一）というのだ。

反戦米兵との連帯の試みは、規模としては小さいものの、沖縄で地下水脈のように続いていた。たとえば、一九六五年八月、反戦青年会議[15]が米兵に対し英文の反戦ビラを撒き、また、ベトナムへの派遣拒否の声明を出した在沖米軍・スティンク中尉への連帯決議文をつくっていた（岸本 一九六九）。一九六六年には琉球大学学生やベトナム戦争反対反戦青年会議（Young Mens Anti-War Association）が反戦をアピールする英文ビラを米兵に対し撒いている（関谷 一九九八：三七、新崎編 一九六九：二一一-二一二）。沖縄ヤングべ平連は、これらの系譜を引き継ぎながら、具体的な実践や行動を通じて深めようとしていたといえよう。

また、沖縄ヤングべ平連は本土べ平連の米兵に向けた活動からも影響を受けている。第一に、小田実が提唱した「被害者・加害者論」（小田 一九六六＝一九七四：一〇九-一一〇）との共鳴関係である。「被

MESSAGE from JAPAN TO AMERICAN SOLDIERS

Let's Stop and Think

How we wish we could meet you under different circumstances!

In 1931, our Government launched an undeclared war against China, disguising it under the name of the Manchurian Incident. Few people realized then that it was the beginning of the Second World War.

Now in 1966, we feel that another undeclared war going on in Asia, may turn out to be the beginning of World War III.

According to polls conducted by the Japanese newspapers, more than 80 per cent of the Japanese people are opposed to the U.S. policy of war in Vietnam.

The politics of Vietnam should be left to the people living there. Whatever type of government the Vietnamese people may choose, the Americans have no right to interfere.

This war as it goes on in Vietnam belies the American tradition of democracy. It belies the words of the Declaration of Independence which marked the founding of the United States of America as an independent state. At the same time, we are heartened by the news of the three American soldiers in Fort Hood who refused to take part in the Vietnam War and preferred imprisonment to fighting.

Give some thought to this

(Continued on Page 2)

Japanese Fear, Critical of U.S. Vietnam Policy

Do you know that the overwhelming majority of the Japanese people are opposed to your policy toward Vietnam? A public opinion survey held last year by the nation's leading daily, Mainichi Shimbun indicated that 46 per cent of the people asked what the initial step should be for settlement of Vietnam said definitely that it was cessation of bombing of North Vietnam by the United States. Another 40 per cent were of the opinion that the first step should be withdrawal of American troops from Vietnam, while only 4 per cent believed that a ceasefire by Viet Cong should come first. None supported intensified bombing of North Vietnam.

In February this year, the National Broadcasting Corporation conduct ed a nationwide opinion poll on iss of peace and war, and it turne that only 27 per cent favor idea of Japan remaining an

(Continued on

図27　ベ平連が米兵へ配布したリーフレットの一部（「ベトナムに平和を！」市民連合編 1974a：181）

害者・加害者論」によれば、米兵は沖縄を抑圧しベトナムを爆撃する加害者であるだけではない。米兵は、国家や軍隊の命令によって抑圧された被害者でもある。だから、加害者にも、被害者にもならないために、人々は基地・軍隊に対する不服従の抵抗を共有することができると考えられていた。

第二に、本土のベ平連は、米兵への具体的な支援活動を実施していた。一九六六年八月、ベ平連主催の「ベトナムに平和を！日米市民会議」では、兵士向けの働きかけが提案され、その初めての試みとして、同年一二月一〇日に横須賀基地ゲート前で英文リーフレットが配られた（図27）。リーフレットは「1、上官や大統領に戦争反対の手紙を書くこと、2、兵舎のなかで集会を開きまた大衆的な運動に参加すること、3、サボタージュすること、4、脱走すること、5、良心的兵役拒否をすること」（関谷　一九九八：三六）など具体的な行動を提案するものであった。その後、ベ平連は反戦脱走兵を匿い、国外に脱出させる活動を担うジャテック（反戦脱走米兵援助日本技術委員会）を立ち上げるなど、反戦米兵への支援／との共闘を具体的に積み重ねていった[16]。

よって、沖縄ヤングベ平連の「インターナショナリズム」は、沖縄に断続的に続いていた――特にベトナムへの「北爆」が開始された一九六五年以降の――米兵との連帯の歴史と、本土のべ平連運動の実践の双方から影響を受けていたといえよう。

4　軍事体制への怒りの共鳴

ここからは、沖縄ヤングべ平連、反戦米兵、米国出身活動家らがどのように出会い、共闘を模索したのかについて整理し、考察していこう。

4-1　連携のはじまり――べ平連のネットワーク

沖縄ヤングべ平連のメンバーは、その結成の少し前の一九七〇年夏頃、ＰＣＳやコザに集まる黒人兵たちとの接触を始めている。Ａさんによれば、本土のべ平連から沖縄にきていたある活動家の紹介で、黒人兵と接触したという。

Ａさん：ある教会で、［ブラック］パンサーたちがいて。今で考えるとパンサーたち。黒人たちとの密かな接触があって。そこでの集会に一度だけ、僕、行ったんですよ。いきなり取り囲まれて、あの、びっくりしたんです。教会は safe でしょう。ＭＰが入ってこれない場所。教会の中で。教会にお祈りしにきているふりをして、実はそこで沖縄の人たちと集会をしていたふしがあるんですよ。そこで、黒人兵たちと僕たちの最初の。

反戦・反人種差別運動を開始していた黒人兵は、軍隊からの管理の目を逃れるようにして、密かに基地の外の教会で集会をくりかえしていた。Aさんはそこに招かれ、彼らとの交流をスタートさせた。また、同時期に、AさんはPCSとの接触を持っている。

Aさん：僕は週のほとんどを、［PCSの］事務所に泊りこむっていう。事務所はいつできたのか定かじゃないですけれど。コザのほうが居心地が良かったんです。外国人の中にいるほうが。コザ暴動よりか前ですね。夏くらい。

前述のとおりPCSがコザに事務所を開き、沖縄での活動を開始したのは一九七〇年の夏頃のことだ。Aさんは事務所開設後の早い時期から、事務所に出入りするようになっていた。

また、Aさんはヤン・イークスとアニー・イークスとも、本土のべ平連とのかかわりのなかで出会うこととなった。一九七一年一月、べ平連が東京で開催したある反戦集会にAさんは参加。その際、Aさんは小田実や鶴見良行など本土のべ平連活動家と交流したあと、「沖縄と似ている」ということで岩国を訪れる。当時、岩国には反戦コーヒーハウス「ほびっと」[17]が開かれ、基地の内外が呼応する形で活発な反戦活動が取り組まれていた。当時、岩国にはヤン・イークスも滞在しており、米兵の裁判支援などに取り組んでいた。Aさんは岩国でヤン・イークスと出会い、その後、沖縄でアニー・イークスとも出会っている[18]。

このようにAさんは、べ平連のネットワークのなかで、黒人兵、PCS、ヤン・イークスとアニー・イークスらとの交流を重ね、深めていった。そして、沖縄ヤングべ平連の一部は、PCSや反戦米兵の活動に対し、「お手伝い的なこと」、具体的にはビラやポスターの印刷や配布などを担うようになった。[19]PCSは沖縄ヤングべ平連との協力関係を、次のように受け止めている。

現在、常時開設している事務所をもつPCSは、沖縄ヤングべ平連と密接に活動しながら、兵士へのカウンセリング、GI新聞の作成支援、反戦・反軍GIへの支援活動などを行なっている。沖縄の運動にとって重要な点は、GIの闘争を沖縄人民の闘争に関わらせることだ。この部分において、沖縄ヤングべ平連は特に重要である。

二五年間にわたって、沖縄は米軍に占領されてきた。二五年間、沖縄人の抑圧がつづき、沖縄の米兵に対しても同様であった。抑圧という強いきずながあるにもかかわらず、両者の間に真のコミュニケーションはわずかであった。[……]沖縄人の闘争は最も反戦的なGIの間でさえひどく誤解されてきた。また、多くの沖縄人は、GIと高級将校とを分けることなく、全てのアメリカ人を嫌っている。PCSと沖縄ヤングべ平連は、反戦GIと沖縄人との数回のミーティングにおいて、英語・日本語の出版物において、あるいは、私たちのインフォーマルな共同性のなかで、コミュニケーションと理解を生み出しているのだ。(沖縄ヤングべ平連 一九七一)[原文は英文。引用者訳]

PCSは、米兵の支援運動だけでなく、分断されている沖縄人と米兵とのあいだのコミュニケーションをつくることが必要だと考えていた。PCSと沖縄ヤングべ平連との連携自体が、その稀有な実践だったのだ。

また、アニー・イークスは、米軍による解雇決定に反対するストライキを打った全沖縄軍労働組合

（全軍労）を支援した際、沖縄での活動のねらいをこう語っている。

私は基地内や黒人街で、ひそかに行われているブラックパンサー（黒ヒョウ党）の活動に共感し、彼らの運動を支援したいと思った。私が［一九七〇年九月］一一日の夜［の全軍労ストで］、嘉手納基地第二ゲート内に全軍労支援のビラを投げ入れたのは、基地の中で抑圧されている兵隊に基地の外で全軍労の仲間が反戦運動をしていることを知らせ、基地の内と外が一緒に反戦運動に立ち上がるように期待したからです。ランパート高等弁務官はそれを恐れているのです。（『琉球新報』一九七〇年九月十二日朝刊）

「それまでは基地外で公然と反軍活動をするアメリカ人はいなかった」（高嶺 一九八四：一三六）なかで、アニーは画期的な存在であった。アニーはＰＣＳと同様に、沖縄の反基地運動と基地内の反戦米兵との相互理解と共闘こそが、戦争を止め、軍事化された沖縄を変えることにつながると理解していた。

4－2 深まる共闘と理解——横断する暴力と怒りの共鳴

では、沖縄ヤングべ平連をはじめとする沖縄の運動と、ＰＣＳ、アニー・イークスらの活動家、そして黒人兵たちの活動の共闘とは具体的にはどのようなものだったのだろうか。

それぞれの交流と相互理解は深まりをみせ、断続的であるものの、具体的な共同行動へと発展していった。

（1）場をつくる――ミーティングと集会

第一に、一九七〇年頃から共同のミーティングや集会がコザを中心に開かれている。たとえば、同年九月、黒人兵と全軍労の労働者、沖縄ヤングベ平連をのちに名乗ることになる活動家などが、「沖縄での米軍のプレゼンスによる沖縄の人々の抑圧についてより良く理解し」、「共同の闘いを構築するため」（『Demand for Freedom』No. 1、六面［原文は英文。引用者訳］）のミーティングを開いた。このミーティングで、基地のなかの人種差別の実態が共有された。[20]

アメリカ人労働者は基地内のＰＸ［post exchange（基地内の販売店）］で買物ができるのに、基地で働く沖縄の人たちはそれができない、という事実が指摘された。夏休みにアルバイトで基地内で働くアメリカ人高校生が、家族持ちで長年勤続している沖縄人基地労働者より高い賃金を受けている、という事実もあった（沖縄の出席者たちは、こうした事実を経済的な分析で説明しがちだった。しかし話合いが進む過程で、彼らは、経済の分離がまさに人種的な線で分けられており、帝国主義は人種差別主義の要素を持っているということこそ重要な点なのだ、ということを理解しはじめた）。基地には分離されたトイレという事実があった。また（これは全軍労側から指摘されたことだが）沖縄人基地労働者は単に漠然とした労働力資源としてのみ扱われ、ここの労働者のもつ特技は少しも尊重されず、熟練した機械工がある日突然、荷物を運んだり床掃除を命令されたりする、という事実も存在した。（ラミス 一九七一＝一九七六：五五－五六）

また、黒人兵が、移動途中に路上封鎖をみたがあれは何に対する抗議なのかと尋ね、全軍労の労働者

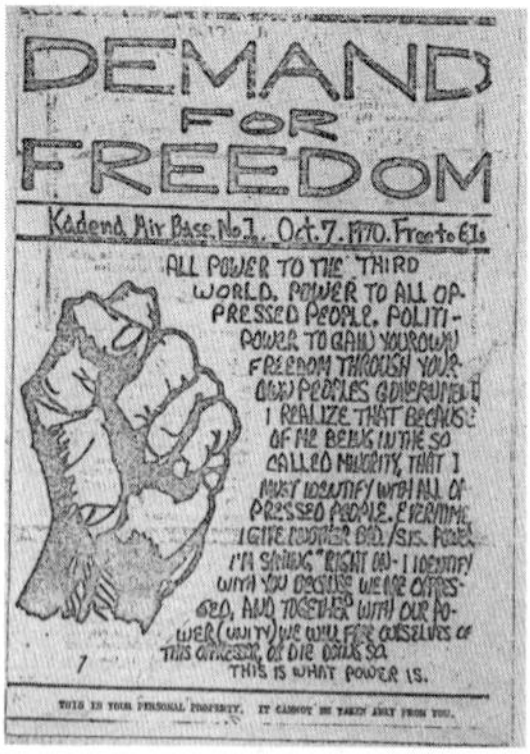

図28 『Demand for Freedom』No. 1の表紙

らは石油基地建設工事反対の運動であると答えるやりとりも記録されている。ここで語られているのは、沖縄島・中城村と北中城村一帯の中城湾での、東洋石油精油工場建設に対する阻止闘争であろう。中城村と北中城村の一六の部落で結成される「石油工場反対同盟」や反戦派労働者などが、深刻な公害問題を起こすとして、バリケードをつくり道路を封鎖するなどしていた（その後、那覇地裁によるバリケード撤去仮処分通告に基づき、強制撤去[21]）。ミーティングでは、ある労働者が、日米資本によるジョイントベンチャーで事業が計画されていることや、漁民が「漁はできなくなる」と語っていたことを紹介し、それに対して黒人兵は資本は住民の福祉などには関心を払っていない、これこそ資本主義だと怒りを共有している（『Demand for Freedom』No. 2）。

『Demand for Freedom』は、この結果を受けて、黒人兵にこう呼びかけた。

> 私の同胞とあなたが数百年間直面してきたことを、あの沖縄人は体験してきたし、今もしている。私たちを虐げる同じ人種差別と資本主義の犠牲者なのだ。バビロンにおいて黒人の民衆が自己決定のために闘ったように、沖縄の民衆は闘わなければならない。あなたの兄弟《ブラザー》を見つける時は、今なのだ。兄弟《ブラザー》は似ている。あの沖縄人はわたしたちの兄弟《ブラザー》だ。あなたにとっては?（『Demand for Freedom』No. 1、一一面）［原文は英文。引用者訳］

また、一九七一年五月には、反戦GIストライキセンター主催による、反戦米兵と沖縄反戦グループの交流集会がコザで開催されている（図29）。米兵約四〇名（報道記事の写真を見る限りその多くは黒人兵）、学生や労組などから約一二〇名が参加し、次のような認識を共有した。

われわれは過去一二（ママ）年にわたって沖縄とアジア人民を抑圧してきたが、これに自己満足と沈黙の形で自ら沖縄人民を抑圧してきた。われわれはその責任を負わなければならない。それにもかかわらず米国と日本帝国主義はアジア人民に対し共謀して軍事的な支配を続けようとしている。（『琉球新報』一九七一年五月一七日朝刊）

〝戦争はご免だ〟
人種、国境を乗り越え
反軍集会開く
コザ

図29　集会を伝える『琉球新報』（1971年5月17日朝刊）

そして、「①米兵とその仲間は、沖縄人民の平和の要求を米本国に訴える②米国の侵略を非難するため内側からそれに対する闘争を組む③沖縄人民と反戦米兵の連帯を深める」という方針を共有した（『琉球新報』一九七一年五月一七日朝刊）。

以上をふまえると、これまで交流していなかった／できなかった者どうしが、出会い、語り合うこと自体が、あるいは、そのような場をつくること自体が大きな意味をもっていたことがわかる。自らにとってあまりにも日常的で、疑問にさえ思わなかったことが、人種差別ではないか、ととらかえされる。同じ目標を共有することなどできないと思っていた他者から、共通の課題を差し出される。米兵らと場をつくること、会うこと、話すことは、当時の沖縄において政治的な行為であった。

（2）反戦・反基地運動への参加——路上でのコミュニケーションと表現

第二に、具体的な反戦・反基地運動が共同で取り組まれている。たとえば、全軍労ストライキへの参加がある。一九七〇年九月、翌年二月、四月の全軍労ストライキでは、基地ゲートでのピケに米国人活動家が加わった。そして、米国の活動家らは沖縄ヤングべ平連ら反戦組織と共同で、全軍労スト支持を呼びかけるポスターやビラをフェンス越しに米兵に向けて配布した。「Support ZENGUNRO Strike」と書かれたビラには、「基地労働者の首切り阻止」、「全ての軍事基地の撤去」、「抑圧されたGIたちの解放」、「全ての人民に力を」などのスローガンが並んでいる（図30）。また、基地ゲート横のフェンス沿いに「彼らもわれわれの反戦のために戦っているんだ」と英語で書いた縦一メートル・横三メートルの横断幕も張り付けられた。全軍労の活動家たちは大いに喜び、吉田委員長は「ご苦労さん、勇気百倍です。われわれもがんばります」と述べ、米国人活動家ピーター・マッキネスらと握手を交わした（『琉球新報』一九七一年二月一一日朝刊）。

ビラを向けられた米兵たちは、横断幕を引きはがし破ったり、ビラの受け取りを拒否したり、火をつけて燃やしたりした。しかし、なかには熱心にその内容を読み、握手を求める者もいた（『琉球新報』一九七一年二月一一日朝刊）。

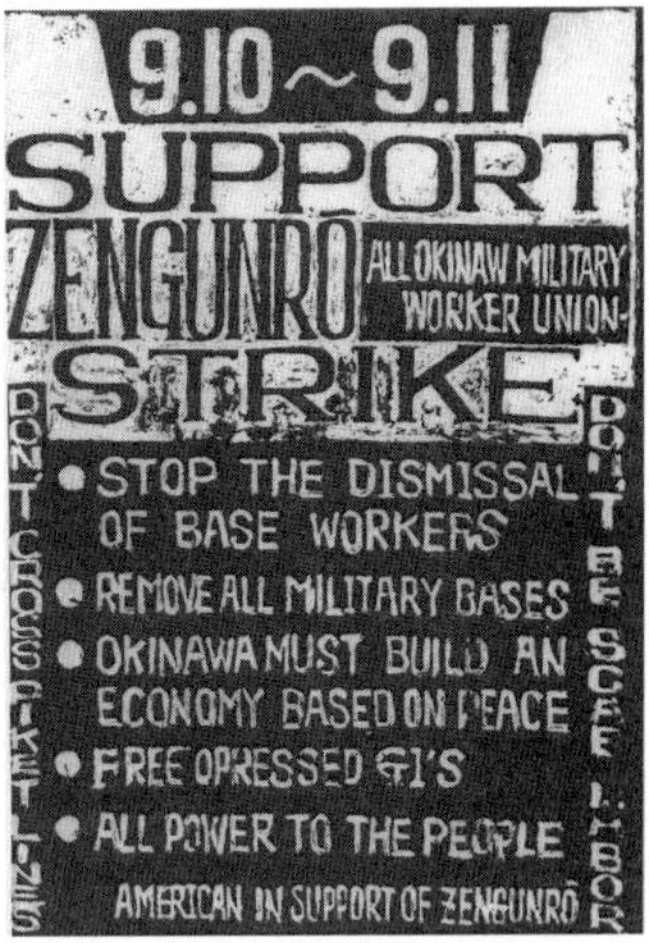

図30　ポスター「Support ZENGUNRO Strike」（ベトナムに平和を！市民連合 1971）

〝ともに戦いましょう〟
反戦米兵のピーターさん
全軍労組合員を激励

図31　全軍労ストライキに参加する米国人活動家を報じる『琉球新報』（1971年2月11日朝刊）

軍隊によって管理されている、一見すると平穏で非政治的な空間がいつもならばそこには広がっている。それは戦争の円滑な遂行のために、抑圧され管理された空間である。

　心のなかに煮えたぎっていることを何気なくしゃべっただけでも、それがみんなに知られるとすぐさま上官からの懲戒となってかえってくるのです。そしてそうしたおしゃべりはかならずみんなに知れわたるものなのです。幾人かの友達も、私と同じようにおもっていましたが、だれも、口に出していおうとはしませんでした。（小田・鈴木・鶴見 一九六九：二一二［脱走米兵のマーク・アラン・シャピロの手記］）

　基地の傍らでコミュニケーションを取り、政治的な意志を表現するということは、ハプニングあるいは出来事を生み出す。全軍労ストの現場では、ビラを燃やすにせよ、熟読するにせよ、そっとポケットに入れこむにせよ、米兵の何らかの行為を誘発するからだ。だから、基地のゲート前で、たった一枚であったとしてもビラを配るという行為は、対立と緊張を創り出し、空間を変容させる政治的行為となるのである。(22)

（3）軍事体制への怒りの共鳴

これらの実践の積み重ねのなかで、フェンスの内と外とが呼応する言葉が次々に生まれている。たとえば、よく知られているように、コザ暴動直後の一九七〇年一二月二二日、黒人兵は「基地内の黒人からの沖縄の人びとへのアピール」というビラをつくり、暴動の正当性と連帯の意思を示している。

黒人たちはオキナワ人と同じ状況を体験してきました。黒人の斗争は四〇〇年以上、そして今なお続いているのです。私たちがオキナワにやってきたのは黒人自身による選択ではありません。我々黒人の祖先はオキナワ人と同様、強制的に外国との戦争にかり出されました。黒人はまた、オキナワと同様、解放のために長い間斗ってきました。誰があなたの権利獲得を止めることができるでしょうか！［……］オキナワ人と同様、黒人たちは差別されてきたのです。［……］黒人兵は、抑圧された人々が連携してより良い関係を作るために、喜んでオキナワ人と話し合いたいと思っています。私たちは共通点を多く持っているのですから。

共に集まり、問題をぶち壊すために、解決方法を見つけようではありませんか。

黒人は暴動が起きるにいたった状況をよく知っています。暴動はまったく正当な動きであったし、それ以外にヤツらをやっつける方法はないのです。(23)（沖縄市平和文化振興課 一九七〇＝一九九七：六六）

また、沖縄のベ平連運動に参加した友寄英は、『ベ平連ニュース』で、米兵の言葉に応えるかのように、踊るような文体で次のように語っている。

> 差別と抑圧の歴史を背負った彼ら〔黒人〕と僕らには何か共通したものがあったせいかもしれない。その後何度も何度もミーティングを重ねる中で、ブラザー達は自分たちの生いたちを語り、アメリカでの彼らの両親や兄弟達の生活やその他の黒人が、どういった状況におかれてきたかとドラマチックに語った。また僕らは米軍による沖縄支配の下で沖縄の人間が何を考え、どう生活しているのかということを彼らに語った。共通の問題として具体的な例をあげるならば軍事裁判の問題があるだろう。金城さんレキ殺事件に見られるように、沖縄の人がひき殺されても無罪判決が下されるのが沖縄においての軍事裁判の現実なのだ。それと同じく黒人兵たちも裁判においては不当な差別を受けていた。〔……〕そのような話をブラザーと交える中で僕らは激しい怒りの共鳴を持って燃っぽく夜が明けるまで語り合った。
> 　これらのことからもブラザー達と沖縄人である僕らの関係は単に主催する者と支援されるだけのものではないことはわかってもらえると思う。
> 　沖縄の民衆と黒人達は差別・抑圧の根源である軍事体制に対しての闘いにおいて真の連帯の基礎がはっきりとあるからなのだ。（友寄　一九七一：二）〔強調は引用者〕

黒人兵と沖縄の活動家は、自らの意思に反して、軍隊及び国家からの抑圧と暴力を被り、同時に、その戦争に加担させられている共通の境遇を確認しあっている。だから、黒人と沖縄人とは、支援・被支援の関係によるのではなく、「ブラザー」として出会い直された。ここで経験されているのは、「差別・抑圧の根源である軍事体制」への「怒りの共鳴」である。

フェンスを越えてつくられた人々の接触と交流は、これまでブラックボックスのような存在だった国境とフェンスの「向こう側」の中身を微細に考えることを可能にした。そして、そこに自らと共通／通底する軍隊（あるいはより論理を拡張して米国／日本の帝国主義）による差別と抑圧の暴力を発見していったのだ。[24] また、国境の向こうのベトナムを含むアジアの人々への暴力も、当然ながら意識されている。

交流のなかで確認されたのは、軍事的な暴力がフェンスや国境、民族、人種、国籍などの境界線を横断して作用しつづけていることである。にもかかわらず、人々は境界線によって分断され、経験は個別化され、コミュニケーションさえ取らない／取れない日常を生きている。境界線を越えて出会った人々は、この分断を、他ならぬ基地・軍隊によって管理され、維持され、正当化されてきたものであることに気付いたのだ。だからこそ、人々は戦争と軍隊を支えるこの境界線と分断を越えなければならないと考えた。

よって、場をつくること、出会い、話すこと、共同の行動に取り組むということは、分断によって維持されている基地・軍隊を揺さぶり、その機能を一時的に止め、低下させる実践となったのである。

5　越境とコンフリクト――境界線の再生産

だが、コンフリクトも生じている。

Aさん：僕らのメンバーはやっぱり黒人に対する嫌悪感は持ってて。外人に対するアレルギー、反米意識というのを持ってて。やっぱ後ろめたいわけでしょ。自分の……、糸満のおばさん［を］殺された［殺した］白人と抱き合ってるなんて、俺にはできないよって。しょうがないさ。僕が躊躇なく外人と一緒にニコニコしていると許せないわけさ。

沖縄ヤングベ平連のメンバーは、厳然たる抑圧者としての米兵の存在に引っかかりを感じ続けていた。ビラやアジテーションでは反米民族主義を批判できても、沖縄の苦渋の歴史を前に、その思想をそのまま実践することは容易ではなかった。特に、一九六九年から一九七一年頃の沖縄では、連日のように米兵による強盗・傷害事件、ひき逃げ、婦女暴行、放火などが起こっている。たとえば、一九七〇年五月三〇日、具志川市内で米兵による女子高校生刺傷事件が起こった。六月二日、沖縄行政府広場前での緊急抗議集会は次のように報じられている。

具志川市で米兵による女子高生刺傷事件に対する県民の怒りは、日を追って輪を広げ〝人間侮べつの米軍〟への強い抗議が各地で起こっている。［……］集会は「暴行刺傷事件の米兵をつるし首にせよ」とのノボリや「非人間」「ケダモノ」と書いたプラカードも登場するなど怒りに満ちた組合員で埋められた。

集会では、抗議行動についての基本姿勢として①個人的犯罪ではなく民族への犯罪、人間侮べつである②占領意識まる出しの人権無視の行為を糾弾するとともにその根源となっている軍事基地を撤去しろ、アジアからアメリカを追い出せ——などを確認した。（『琉球新報』一九七〇年六月二日夕刊）

また、Aさん自身も黒人兵とのつきあいのなかで、黒人兵の買春行為にショックを受けている。

Aさん：彼ら［黒人］は半分は遊び、政治的活動以上に。「飲みに行こう」ってダンスを教えてくれたり。僕は黒人街にいりびたっていましたから。外国に行っているようなもんですよ。あそこに行くと、誰も話しかけてくれないですけれど、楽しい雰囲気。後で聞いたら売春街だったんですね。彼らは［バーの］下［一階］でダンスを踊っていて、交代交代で二階で女を抱いていた。セックスの相手は沖縄の女の子。

黒人たちが沖縄人との連帯を主張する一方で、「沖縄の女の子」を「買春」していたことへのとまどいと怒り。Aさんは黒人兵の矛盾した状況を経験から学んでいった(25)。

しかし、「矛盾した状況」はAさん自身にもあった。たとえば、Aさんはウーマンリブの女性活動家に、沖縄男性の女性差別を問い詰められる経験をしている。

Aさん：男の活動家のいやらしさ。「「ヤマト、ヤマト」って［沖縄への差別を問題にして］言うけれど、あなただって女にそう［差別］しているじゃない」って。家庭に戻れば、暴力ふるってるとか、家事労働させているとか(26)。

Aさんは、黒人兵の「矛盾」を批判的に受け止めながらも、自らを含む沖縄の男性が女性を差別し、抑圧しているのではないかとも問い直している。社会運動内部の女性差別の問題は、ヤン・イークスも指摘していた問題であった。

われわれのまわりにいる女性の抑圧され、搾取されている様に心が痛んだ。抑圧者は敵だけでなく、友人の中にもいた。ラディカルな沖縄人友人のグループの中でも、男が「決定」にたずさわっているとき、女はお茶を入れ、部屋をそうじしていた。ラディカルな兵士たちの中には、すぐにでも革命にむかってたちあがれる者もおおぜいいたが、かれらは一方で、沖縄人の女友だちの頭をそっとなでていた。かれら勇敢なる男性どもは、帰国の日を今やおそしとまちうけていた。というのは帰国したら、支えになってくれるいい女をみつけ、しかるのち勇んで街頭に出て、ピッグとわたりあおうというわけだ。(27)(イークス・小野 一九七二:一三四)

このように、沖縄べ平連や黒人兵、反戦活動家らの〈差別・抑圧の根源である軍事体制への怒りの共鳴〉は、揺さぶられ続けていた。その経験のなかで、民族、人種、国籍、そしてジェンダーの境界線は、はっきりと輪郭をあらわし、再生産される。境界線を横断する軍事的暴力を、国境やフェンスによる分断を越えて共に解体しようとする思想と、それぞれのアクターの間にある拭いきれない暴力の差異への身体的な疼きとがせめぎ合っていたのだ。

沖縄ヤングべ平連は一九七一年一一月頃まで活動を続けた。しかし、運動の担い手の就職や出稼ぎ、また、外部の党派との関係などが要因となり活動はゆるやかに終わっていった。また、PCSは、ベトナム戦争の「終結」や資金難などを理由に一九七六年頃に沖縄での活動を終えている。

6　ヴァイブレーションと政治

ここまで、沖縄ヤングベ平連と黒人兵、海外の活動家らの交流と共闘を検討してきた。一九六〇年代末期から七〇年代初頭の沖縄において、人々は生身の交流のなかから、境界線を横断する軍事的暴力を発見し、怒りの共鳴が静かに、確実に広がっていくのを経験していた。繰り返された会話とミーティング、そして路上での直接行動は、基地・軍隊を支える境界線を揺さぶり、空間に亀裂を入れる行為となっていった。

このような実践が、復帰運動の「破綻」を乗り越え、運動の建て直しが求められていた時期に行なわれていた点には注意を払うべきだろう。日米両政府に要求し、基地の撤去を勝ち取ることが絶望的なほどに困難になるなか、人々は基地・軍隊の「解体」を求め、今・ここで実践してみせるという、別の政治を創造していったといえるだろう。軍隊の解体とは、基地・軍隊を支える社会関係としての空間、身体、感性、人と人との関係性、そして言葉を揺るがし変えていく多様な実践であった。日米両政府にその政策変更を求めるという〈大文字の政治〉が機能不全に陥るなかで、あらゆる現場に、基地・軍隊の暴力を見出し、それを〈小文字の政治〉の創造を通じて問い直していく実践。

Aさんは黒人兵とつき合い続けた理由を次のように語っている。

――逆に黒人兵とつながれた部分というのはどういうところですか。

Aさん：一つは、黒人たちとの交流の場というのは、唯一の異次元。人間関係の軋轢、家族との軋轢、メンバーとの軋轢、日本人のセクトの大人たちとの軋轢から完全に解放された"just plain"の場所が、ぽーんとあった。「いいじゃないか、政治の話はいいから、踊れよ」っていうがあったっていう。それと、「ブラザー」という言葉とか、そういう形のスキンシップ的なのが初めてだった。

――身体感覚みたいな

Aさん：身体感覚みたいな。表現の……。

――身体表現。

Aさん：身体表現の一つの方法。自分の言葉で喋るっていう。彼らアフロアメリカンっていうことを言ってますよね。そういう言葉も初めて［知った］。僕も「在日沖縄人」という感じですよね。ボーダーというか。曖昧なところにいる人間というか。「それでもいいじゃないか」って。［……］「どっちでもいいじゃないか」って。"We love you. Just You"。「お前が好きなんだ、沖縄人だから好きなんじゃなくて。お前に危害は加えない。お前はここにいていいんだよ。Because you are brother.」非常にシンプルでした。"Why you come here? You love here. OK. We love too. Because we are brother."っていう形で、"Just dancing!"という形になっていく。そういうところは僕にとっては、ものすごく楽。政治的なことは「窓口」ですけれど。

Aさん：普通の遊び人の黒人兵たち、僕の友達たちは、「踊れよ、踊るとすかっとするぜ」って。初めてダンスをすることで自分を表現するっていう。言葉が喋れなかったら踊ったらいいって。僕が踊るとみんな拍手してくれて。楽しくて楽しくて。「体で表現するっていうのもあるぜ」って。文化的な側面で、黒人たちの、虐げられてきた人たちがどうやってサバイヴしてきたかっていうのを体感させられて。沖縄でもそうだったんですね。カチャーシーとか、コミュニティが残っているところは。

Aさんにとって、「政治的なこと」は黒人兵との付き合いのあくまで「窓口」であって、その窓を開けると、「政治的なこと」とは異なる「"just plain"の場所」があったという。その象徴は、ダンスである。黒人兵とのダンスは、Aさんにとって「自分を表現する」こと、「自分の言葉で喋る」ことであった。「政治的なこと」と「自分を表現する」ダンス。このことをどう考えたらよいのだろう。

ここでAさんのライフヒストリーに触れておく必要がある。

筆者による聞き取り調査結果によれば、Aさんには本土の中学校・高校への「留学」経験があった。「留学」中、Aさんは同級生からの差別を受ける。一時は「日本人」風の喋り方や立ち居振る舞い、ものの考え方を必死で身につけようとしたという。また、Aさんは全共闘運動の「自己否定」の論理に出会い、それをいびつな形で受容し、「沖縄人」としての自己を否定するようになった。それでも本土への不信感は拭えず、本土を幻想化した沖縄の復帰運動、ひいては沖縄への不信感をも抱くようになったという。

その後、Aさんは家族などから期待された大学への進学を断念し、高校卒業後、沖縄に「帰国」。一九六九年四月頃のことであった。Aさんは「失敗して帰ってきた」というニュアンスの対応をされるようになり、本土でも沖縄でも居場所を喪失したような感情を抱いた。居場所の喪失感を抱えるなか、Aさんが出会ったのがヤンとアニー、PCSのメンバー、そして黒人兵だったのだ。彼ら／彼女らの分け隔てのない接し方に感動し、初めて居場所を得たような感覚を味わったという。また、植民地主義を思想的・実践的に問い、闘ったフランツ・ファノンの『黒い皮膚・白い仮面』（書籍としての日本語翻訳版は一九六九年刊行）とエルドリッジ・クリーヴァーの『氷の上の微笑』（翻訳版は一九六九年）に出会い、日本人になろうとしてもがき苦しんだ自らの経験の意味を初めて理解できるようになったという。

このような経験を聞いた筆者は、Ａさんが「何かであらねばならない」という強迫観念のなかでもがき生きてきたことを感じた。復帰運動が大きな困難を抱えていく時代状況においてＡさんは、日本人にも沖縄人にもなりきれないゆえの葛藤を抱えている。

社会運動の現場では、いかなる主体であるかが常に問われる。第二章で論じたように何かをする前に、自分は日本人なのか、沖縄人なのか、米国人なのか、白人なのか、黒人なのか、男性なのか、女性なのか……と、主体性を表明することが度々求められるためだ。明確にカテゴリー化された自らの立場を表明しなければ活動の正当性を得られないような運動文化。

そのような運動文化に囲まれるなか、Ａさんは、階級や民族といった主体に基づくのではない、個人原理を尊重するべ平連には参加することができた。そして、Ａさんと黒人兵は出会い、踊りつづけていた。それはどのような経験なのだろうか。

図 32　コザ・照屋の黒人街。松村久美撮影（松村 1983：73）。

Ａさん：悩みを英語で話すようになって、「英語を習いたい」って言ったんです。そしたら、「言葉っていうのは大切だけど、一番大切な言葉なにかわかるかー」って言われて。「ヴァイブレーションだ」って。“Good vibration”。「ヴァイブレーションがあれば、言葉はいらない」って言う。かっこいいなって（笑）。「まず、波動なんだ」と。「それなんだよ、それがベースであって、テクニカルな文法、英語というのが成り立つ」って。「俺たちアメリカ人は英語を話すけれど、白人となぜ友達になれないかというと波動が違うんだ」と。「沖縄の人間は僕らにより波動が近い気がする」って。「痛みを知っている」と。「痛み」というところでヴァイブレーションが生まれる。「共鳴できる関係だ」と。

Aさんと黒人たちの間に流れているのは、「痛み」のヴァイブレーションである。その「痛み」は、横断する軍事的暴力による痛みだけではないだろう。Aさんは明確な主体として名乗ることの困難という痛みをここに重ね合わせている。人間をカテゴリーのなかへと拘束し、振り分けていき、役割を配分していく社会のなかの――特に社会運動において顕著な――暴力。境界線をめぐる暴力の只中で踏みとどまり、他者のみならず、自己とコミュニケーションを取り続けるために選ばれた行為が、他ならぬダンスであったのだ。[28]何者であるかを確認しなければ始まらない政治とは異なる、怒りの共鳴から始まる別の政治を求める人々の姿がここにある。

基地・軍隊に抗する身振りとしてのダンス。[29]コザの町の片隅で密かに繰り広げられたダンスと踊る人々が確かに感じ合ったヴァイブレーションは、未発の政治を模索し続ける者たちの、決して終らぬ営みであったのではないだろうか。

注

（1）大泉市民の集いについては「大泉市民の集い」三〇年の会編（一九九八）、大泉市民の集い写真記録制作委員会（二〇一〇）、中原里美＋αくそったれ社（二〇〇八）を参照されたい。

（2）本章のテーマに関する、先行研究について触れておきたい。まず、本章が対象とする沖縄べ平連、沖縄ヤングべ平連についての研究はなされていない。べ平連は日本各地に四〇〇近くつくられていたにも関わらず、市橋（二〇一四）をのぞけば、べ平連研究は東京での運動の記録と分析が中心となってきた（平井 二〇〇五）。

また、沖縄戦後史研究において、沖縄での反基地運動と米兵や海外の活動家による反戦運動との関係を検証する作業が始まっている。反戦米兵の運動について概括的に紹介したものとして高嶺（一九八四）によるルポルタージュや阿部（二〇〇八）、Onishi（2013）がある。また、近年公開された米国政府史料を用いて反戦兵士と反戦活動家の活動を論じた徳田（二〇一三）や大野（二〇一三）がある。

本章は、これらの成果を参照しながら、沖縄のべ平連運動と反戦米兵、そして米国の反戦運動との「交流」のありように焦点をあてたい。なお、沖縄でのべ平連運動については、刊行・公開されている史料が限定されている。そもそも、米国統治期にあって米兵と沖縄の運動との「交流」は、地下活動的な性格になり、資料や記録が残りにくい。また、「一人でもべ平連を名乗ることができる」という運動の特徴ゆえ、参加者個々人のライフヒストリーや経験をふまえる必要もある。そのため、本章では聞き取り調査結果も参照し、オーラルヒストリーを組み入れながら論述を進める。

（3）ある黒人兵士は反戦GI新聞『WE GOT THE brASS』での「なぜ私は軍隊を去ったのか」という文章で次のように綴っている。

「ここで私は敵の軍隊に突き刺されていたのだ。そう、敵の軍隊。もしもあなたが「自分の軍隊である」と思わないなら、今日何が起こっているのかを見るといい。軍隊はあなたを拘置所に入れるか、あなたを殺す。［……］しかし、たいていは、軍隊はあなたをベトナムへと派遣し、ブタ野郎やブラザーを殺す黒人たちのために死ぬようにと、戦争の前線へ送り込むのだ。」（『WE GOT THE BRASS: Journal of the Second Front International』Asian Edition, No. 1, 九面［原文英語、引用者訳］）

この兵士は、米国軍隊を、白人（「ブタ野郎」）の軍隊、すなわち「敵の軍隊」とみなしている。

（4）「第三世界」への黒人解放運動の共鳴は、ブラック・パンサー党幹部であったストークリー・カーマイケルによる次のような発言に明快に表現されている。

「われわれは第三世界の人民と本能的に連帯する。なぜなら、われわれは事実上、合衆国内の植民地であり、同様に、第三世界の人民は合衆国の外の植民地なのだ。諸君を搾取・抑圧しているのと同じ権力機構が、われわれを搾取・抑圧している。諸君が住んでいる国の資源を諸君から収奪するのと同じように、彼等はわれわれが住んでいる国内の植民地の資源をわれわれから収奪している。従って、たとえわれわれの目標、目的、思想が異なっていても、われわれの敵は同一であり、われわれすべてを解放しうるのは、われわれすべてが団結し、共通の敵を打倒した時だけなのだ。われわれは団結し、敵を打倒しなければならない。」（カーマイケル　一九六七＝一九六八：一六八）

自らを第三世界あるいは国内植民地として位置づけるという思想が、黒人解放運動、あるいは米国内の様々な「有色の人々」（people of color）の解放運動のなかに起こっていた。

なお、第三世界をめぐる思想は、同時代のニューレフト運動総体——すなわち白人中産階級を含めた——にも多大な影響を及ぼしていた。梅﨑透は「「六〇年代」とはアメリカの若者がそれまでの歴史に前例がないほど開かれたかたちで世界に向き合い、アメリカの世界観を変えようとした時代」であり、「「第三世界」とは、若者たちが世界とアメリカ国内とにおけるコロニアルな関係の存在を認識する重要な触媒であり、そこで紡がれた知的言説が、運動の展開と、個々人の運動へのコミットメントを方向付けた」（梅﨑　二〇一二：五四）と述べている。国内の「社会問題」を世界構造のなかに文脈化する越境的な思想は、沖縄闘争においても認められる（あるいは、当時の日本の新左翼運動総体についても同じであろう）。本章及び第六章で述べるように、人々はベトナムをはじめとする「第三世界」への応答を試みただけでなく、日本のなかの「第三世界」として沖縄を再認識していく過程があった。

（5）米本国でのベトナム反戦運動は、ベトナム戦争からの帰還兵による運動によっても道義的正当性を得ていた。ベトナム帰還米兵たちは、自らの戦場や軍隊での経験から、ベトナム戦争の道義性に疑問を持つようになり、ベトナム反戦運動に加わった。たとえば、反戦ベトナム帰還米兵の組織「戦争に反対するベトナム帰還兵の会」（VVAW: Vietnam Veterans Against the War）などによる戦争犯罪の告発キャンペーンなどがある（藤

本 二〇一二)。

(6) 『モトシンカカランヌー』は、日本ドキュメンタリストユニオン(NDU)によって、一九六九年四月から一九七〇年七月まで沖縄・コザを中心に撮影され、一九七一年二月に完成したドキュメンタリー映画である。NDUは一九六八年、「早稲田大学学費値上げ反対の「早大一五〇日間ストライキ」を担った早大中退者を中心に」(中村 二〇一〇:一四二)結成された。主な作品に『鬼ッ子――闘う青年労働者の記録』(一九六九年)、『モトシンカカランヌー』(一九七一年)、『倭奴へ――在韓被爆者無告の二十六年』(一九七一年)、『アジアはひとつ』(一九七三年)などがある。『モトシンカカランヌー』の撮影開始前には「二・四ゼネスト」(一九六九年二月)の「挫折」があり、撮影の間に日米共同声明(一九六九年一一月)による返還合意、そして編集の最中であっただろう一九七〇年一二月にコザ暴動が起きており、同作品は撮影・編集時期の政治状況に強く規定されたものとなっている。詳しくは大野(二〇一三)、小野沢(二〇一〇、二〇一一)、中村(二〇一〇)、日本ドキュメンタリストユニオン(一九六九、一九七一a、一九七一b)、布川(一九七一)を参照されたい。

(7) 米兵の要望(除隊、軍隊内の人種差別の解消、上官のハラスメントの解決、裁判闘争など)を聞いた上で、合法的な対処方法を中心にアドバイスをし、その解決に向けてフォローアップを行なう行為。

(8) 沖縄での講演内容の詳細については、鶴見・小田・開高(一九六七)を参照されたい。

(9) 沖縄べ平連(一九六七a)によれば、連絡先は「那覇市首里琉球大学内」となっている。

(10) 毎月一回、那覇市牧志の街頭で署名とカンパの呼びかけが行なわれた。たとえば、一九六七年八月五日の第四回目の街頭アピールでは、一〇六名の署名と一三ドルのカンパが集まったという。「六月の四二名(五ドル四六セント)、七月の四三名(五ドル四七セント)と比べると格段の相違です」(沖縄べ平連 一九六七a)と報告されている。

(11) 沖縄の軍事化への明確な抵抗の意思表示の一つが、本書第二章で詳述した一九六八年の嘉手納基地前抗議行動である。

(12) 一九七〇年九月、沖縄島南部の糸満町で米兵の運転する自動車が主婦を轢殺した事件。その後の裁判で容疑者は無罪となり、それに対する民衆の怒りが同年一二月のコザ暴動につながったといわれる。

(13) 筆者による元沖縄ヤングべ平連のAさんへの聞き取り調査結果による。

(14) Aさんへの聞き取り調査結果による。

(15) 反戦学生会議は、「六〇年安保を契機にして人民党と訣別し、六二年には民族主義運動批判を公然と展開しつつあった琉大マルクス研究会の系譜をひく学生運動」(岸本 一九六九：二〇七)である。

(16) ジャテックは、一九六七年一〇月から翌年一一月まで、立て続けに一六名をソ連経由でスウェーデンに脱走させている。また、一九七〇年一二月から七一年七月にかけて、パスポートの偽造などにより、さらに二名の米兵をフランスに脱出させた(大野 二〇〇八、関谷・坂元編 一九九八、高橋 二〇〇七)。

(17) 「ほびっと」は山口県岩国市にベ平連の活動家らがつくった反戦喫茶店である。詳しくは店員であった中川六平による回顧録(中川 二〇〇九)を参照。

(18) Aさんへの聞き取り調査結果による。

(19) Aさんへの聞き取り調査結果による。

(20) ミーティングでの主なやりとりの記録が、『Demand for Freedom』No. 1およびNo. 2に掲載されている。また、その場に出席していたダグラス・ラミスも手記のなかでその様子を記している(ラミス 一九七六)。沖縄ヤングベ平連のAさんも出席していた(Aさんへの聞き取り調査結果による)。

(21) 吉岡攻のフォト・ドキュメント『沖縄69－70』(吉岡 一九七〇)を参照されたい。

(22) 酒井隆史によるデモ論から示唆を得た。

「街路にでたらそこに「緊張」と「危機」をつくりだせ、とキングはさらに呼びかける。デモンストレーションによって、潜伏する対立を激化させ、社会を危機的状態へと叩きこまなければならないというのだ。そしてその直接行動のひきおこす脅威をとおして、社会を、それを牛耳る連中を、問題解決の場に引きずりださねばならない。だから、白人社会は、当初、キングをこう指弾した。キング牧師は火のないところに煙をたててまわる「よそものの扇動者」、法破壊者、過激主義者(extremist)だ、と。〔……〕緊張と衝突を忌避するのではなく、それはむしろ積極的に構築され、そして「創造的」に活用されなければならない。「創造的緊張」とキングはいう。非暴力とは、暴力とはべつの方法での力の行使であり(どこかしら単調で貧しい)暴力を用いないそのおかげで、逆に多様な創造性を発揮する余地が開かれるべきものなのだ〔……〕六〇年代安保闘争、全共闘運動など大きな抵抗運動は、つねに新しいスローガン、組織方法、デモのやり方、言葉の用い方、自己のあり方の創造の場になってきた。そして「作風」の創造の場が街路なのである。」（酒井 二〇〇三：八 - 九）

(23) ビラは日本語と英語の両方で書かれていた。引用文は日本語版をそのまま引用した。

(24) 当時、日本本土で米兵の反戦運動の支援活動に取り組んでいた安川健三の言葉をここで想起したい。
「外から内、内から外という視点の交錯があるわけで、これは一人の脱走兵のいっていた〝あなた方を取り囲んでいる有刺鉄線は、ただ反戦デモ隊を排除するためにだけあるのではなく、あなた方を閉じこめておくためにもあるのだ〟という言葉にもっともよくあらわされています。」（清水・古山・和田 一九七〇：二〇五）

(25) 黒人兵たちが沖縄の娼婦たちをどのようにみていたのかは今後明らかにされるべき点である。NDU製作の『モトシンカカランヌー』は、次のような黒人兵の会話を記録している。貴重な記録である。
「黒人兵「売春っていうのは経済的な理由によるものだね」
同「アメリカじゃナンバー・テン（最低）のことだけれど」
同「女達は、ママさんから借りた金を返すためにやっているというだろう」
同「だけど、そんなことは作り話だと思うんだ」
同「わかった、だから問題は結局、GIがいなくなればいいんだ」
同「そうすれば、〝売春市場〟なんてあるわけないよ」
同「だって、沖縄人だけの関係じゃ売春なんてなりたたないぜ」
同「なんてこった、売春がGIの娯楽施設だなんて!!」」（日本ドキュメンタリストユニオン 一九七一a：七三）
この黒人兵たちは会話を聞く限りでは、売買春に反対をしている。彼らは娼婦たちが借金を抱えていることなど売買春の実態をある程度知っていることもうかがえる。そして、彼らの結論は米軍の撤退だった。売買春への反対と基地への反対をつなげる思考を確認できる。

(26) ウーマンリブの女たちによる沖縄経験を綴った手記に西村（二〇〇六：九八 - 一〇二）がある。

(27) ヤン・イークスのパートナー・アニーはウーマンリブの思想を日本に積極的に紹介していた。詳しくはイークス・小野（一九七二）および秋山（一九九三）を参照。

(28) この点について、筆者はガブリエル・アンチオープの奴隷のダンスをめぐる論考を重ね合わせざるをえなかった。もちろん、私はAさんや黒人兵が「奴隷」であった、といいたいのではない。そうではなく、ダンスにおいて何が切り開かれていたのかを考えるにあたって次のようなテーゼは示唆的ではなかろうか。

「ダンスをとおして奴隷たちは個人的に、また集団で隷属状況からの何らかの逃亡をとげようと試みる。抵抗とは主人が望んでいるようには自らを動物化、家財化しないこと、ニグロとしないこと、これが奴隷の日常生活の思想であった。奴隷の日常生活におけるダンスは、たんに祝祭性だけではなく、同時に経済性、政治性を帯びていた。多様なエスニックな出自を持つ奴隷たちは、なによりもダンスのなかに通じ合うひとつの世界を実現する手段を見出し、相互理解の空間を現出することを可能にした。ダンスは対話であり、その内部に自分の領域としての部分を持つ地理的・社会的・文化的な領域の境界を、自らが確定する行為である。奴隷にとってダンスは、現実の、あるいははるかでおぼろげな、あるいは推定でしかないエスニックな属性に係わりなく集まることができるひとつの手段でもあった。カリブ海地域の奴隷の日常生活におけるダンスは、沈黙させられた声の音声化、つまりこの行為を通じて奴隷共同体は、奴隷制度とその法律が表現することを禁じた彼らのすべての感性や抑圧された情熱のあらゆるニュアンスを実現することができたのである。」（アンチオープ 二〇〇一：二四〇）

(29) 身体的な表現、文化的表現の領域での別の政治の創造というテーマは、本書第四章の竹中労論も参照されたい。

第六章　沖縄闘争と国家の相克
――沖縄青年同盟というコンフリクト

復帰運動、「民族の悲劇」という形で進められてきたそれを止揚するために、いま、ナショナルなものを撃たねばならぬと言うとき、われわれは、歴史的に規定された沖縄そのもののなかから出てきた自らの心情を対象化し、否定することを意味しているのだから、そのことは、非常に苦しいことである。しかし、われわれは、それをやらなければいけないのではないか。

――田港朝尚（吉原編著　一九六八：一二一）［強調は引用者］

1　震源地

沖縄闘争の担い手に、日本本土在住の沖縄出身者たちがいる。第三章では、大阪で暮らす沖縄出身労働者の存在が、大阪での沖縄返還運動の変容に大きな影響を与えていたことをみた。本章では、復帰直前の一九七〇年代初頭につくられた沖縄出身者のグループである「沖縄青年委員会」（一九七〇年二月結成。以下、沖青委）とそこから分派した「沖縄青年同盟」（一九七一年一〇月結成。以下、沖青同）の運動と思想を検討する。

沖青委と沖青同が結成された頃、沖縄をめぐる情勢は大きく動いていた。日米両政府は、復帰に向けた手続きを一つずつ進めている。一九七〇年一一月には沖縄の国政参加選挙の実施、翌七一年六月一七日には沖縄返還協定の調印、同年一〇月には沖縄返還協定批准手続きのための「沖縄国会」の開会、そして、一一月一七日には衆議院沖縄返還協定特別委員会での協定強行採決へと至ることになる。沖縄の米軍基地や核をどうするのか、日米地位協定や安保条約を沖縄にどのように適用するのか、沖縄の開発計画など、具体的な返還政策がまとめられていくのもこの時期である。

沖縄返還後の在沖縄米軍基地のありようについては、沖縄返還協定の附属文書である了解覚書で詳細が定められた。了解覚書によれば、日本に返還される施設・区域の総面積は約五〇平方キロにとどまり、在沖縄米軍基地の全面積（約三五二平方キロ）のわずか一四・六％にすぎない(1)（世界編集部 一九七一：一一三、中野 一九七一：四九）。また、米軍の一二の施設・区域が自衛隊へ引き継がれることも合意されている(2)。一九六九年の日米共同声明以降、返還後の沖縄への自衛隊配備が一般に知られることとなっていったが、了解覚書によって、米軍基地から自衛隊基地への移管という現実も明確になった。

このような沖縄返還政策に対し、沖縄闘争は激しく闘われた。日本本土では沖縄デーに多くの人々が集まり、その数は一九七〇年に約二〇万人、一九七一年に約一四万人に達している。そして、七一年一一月一九日には日本各地で約五三万人が沖縄返還協定強行採決への抗議を行なった（本書五七頁）。沖縄では、七〇年一二月二〇日にコザ暴動が起こり、翌七一年五月一九日には沖縄返還協定粉砕ゼネストが一〇万人の参加者を集め実施されるなど、日米両政府への抗議は日々増していく状況にあった。

沖縄闘争のスタイルや思想が多様化し、闘争内部の対立が激しくなっていくのもこの時期である。デモだけでなく、路上や鉄道の占拠、米軍基地への突入やフェンスの破壊、火炎瓶の使用や投石、映画や芸術における表現など、スタイルは多様化し、その一部は「過激化」していった。また、日米両政府が次々に決めていく返還政策に対して、どのように対応するのかが問われ、運動方針は分かれていき、ときに、激しい対立と分裂を引き起こしていく。

沖青委と沖青同はこのような沖縄闘争の多様化と分裂の震源地である。沖青委と沖青同は、政治状況の変化に向き合いながら、沖縄闘争というアリーナの内部に対立点を意識的に設定し、亀裂を生み出していった。「沖縄青年」や「在日沖縄人」という名乗りを登場させ、復帰自体の拒否という問題提起を行なったのだ。沖青委や沖青同と政治状況とのあいだに生み出された対立と亀裂は、沖縄闘争の昂揚と多様化のなかで、人々が抱え込み、持ちこまざるを得なかった矛盾と葛藤を示している。では、なぜ、どのように、沖青委と沖青同は沖縄闘争に亀裂を生み出したのだろうか。そして、その運動と思想は、沖縄闘争に何をもたらしたのか。本章ではこれらの点について考えたい[3]。

2　沖縄青年委員会の誕生——復帰運動の内部矛盾からの再出発

一九七〇年二月、一つのグループが生まれた。その名前は沖縄青年委員会。一九六七年の秋から東京に住む沖縄出身者が中心となって続けられていた「沖縄問題研究会」のメンバーと、東京・狛江にある沖縄出身者の学生寮・南灯寮[4]で暮らす学生たちが集まり、沖青委は結成された。沖青委は学生だけでなく、中卒・高卒後に集団就職で渡航してきた若い労働者も含めた沖縄出身者二〇名ほどの小さなグループだった。メンバーのなかには当時の新左翼に影響を受けたメンバーや、中核派やML派に所属しているメンバーも数人いたが、その多くはセクトに属さない人々である。

沖縄問題研究会、沖青委、そして沖青同の中心的なメンバーの一人、仲里効(5)は結成の背景を次のように語っている。

――「沖縄青年」ということは、沖縄出身の青年のグループとしてつくるということですけれど、ヤマトの学生や青年とは距離をおこうという意識は最初からあったんですか。

仲里：そうですね。まず、「我々は何なんだ」っていうね。沖縄から東京に出てきて、「我々は何なんだ」と。沖縄では復帰運動というか、日本を非常に憧れの対象として、日本に同化していくというかね、そういった復帰運動の思想や論理というものの嘘っぽさというか、そういうものがはっきりするわけだ。具体的に向こう［東京］に行って、はっきりしてくるわけで。それで、「沖縄とは何なんだ」、「我々は何なんだ」ということを考えざるを得ないわけで。そういった問題意識から研究会をやりながら、状況的なことにコミットしていく、というようになる。だから、復帰運動の［前提としてきた］あり方、主体のあり方ではない、「もう一つの別な沖縄のあり方というか、沖縄の主体のあり方があるんじゃないか」という、最初は、そういった疑問から始まっていった。［……］そして、政治状況としては六九年には日米共同声明が出されて、あれで、沖縄返還が日米の国家路線として、沖縄の返還が回収されていく。そのことによって復帰運動が国家の論理を補完していくような感じがはっきりみえてくるという、一連の政治状況があって。七〇年の安保闘争、そして沖縄返還、それから大学では全共闘運動というか、ベトナム反戦闘争というような状況的ないくつかの問題が絡みあいながら、当時の政治状況がつくられていく。そのなかで、我々がコミット、介在していく。やはり沖縄というものを、我々の思想的な拠点としながら、状況にどう向きあうか。やはり沖縄の青年組織、沖縄の人たちとしての対峙の仕方。(6)〔強調は引用者〕

沖青委結成の背景には、まず、沖縄返還に向けた政治状況の変化がある。復帰運動に賭けられていた人々の目標が、沖縄返還政策によって裏切られるなか、情況への危機感や苛立ちは増していく。しかし、だからといって、沖青委に集まった人々は、日本本土の既存の運動体に参加するのでも、復帰運動を推進するのでもなく、独自に沖縄出身者の運動をつくった。それはなぜなのだろうか。

ここで、沖青委が復帰運動をどのようにとらえていたのかをみておく必要がある。一九七〇年初頭(7)に沖青委が発行したパンフレット『海邦』をみてみよう。表紙・裏表紙をふくめて二四頁のこのパンフレットは、沖青委委員長の田島一雄による「はじめに」と著者名のない長文の論考から構成されている。後者の論考の小見出しを追ってみると、「祖国復帰運動のもつ思想性」、「七二年「沖縄返還」の意味するもの（今日的意義）」、「七〇年代へ」とあり、その論調は沖縄返還政策と復帰運動の双方への批判であった。

図 33　沖縄青年委員会『海邦』（1970 年）

復帰運動に一貫して流れている民族主義は、運動主体の中核である教職員会の「日丸掲揚運動」「日本国民教育運動」などにみられる支配と被支配の論理がぬけ落ちた本土指向（体制指向）の運動形態のもとでは、運動が昂揚すればする程、ますます内部矛盾を激化させていった。復帰運動の根底をなすナショナリズムにおいて「異民族支配からの脱却」という設定は、おそろしいほどまでに運動の戦斗性をもたらす。なぜならば支配と被支配の論理を欠落させた民族主義のなかには他民族排除の「排他主義」が存在し、陰惨なエゴイズムへと転化する必然性をそなえているからである。（沖縄青年委員会　一九七〇：六）

ここで、沖青委は、復帰運動の根底に流れる思想をナショナリズムとし、それゆえ「内部矛盾」を抱えているとした。「内部矛盾」とは何だろうか。それは、復帰運動の「異民族支配からの脱却」というスローガンや考え方が、「米軍事権力による植民地支配」への戦闘性を発揮してきた一方で、「本土と沖縄を比較し、占領軍によって「民主化」された日本を絶対化し、ユートピア化」してしまい、「祖国日本がどのような国家の論理で貫徹されているか」を問えずにいることである（沖縄青年委員会　一九七〇：五）。復帰運動は基地・軍隊への抵抗や権利獲得を進めてきたが、日本という国家の実態を問えないまま復帰後の困難を抱え込んでいるという現実。

また、沖青委は、復帰運動が復帰を手段ではなく、目的としてしまう傾向にも、鋭い目を向けている。例示されるのは、一九六九年二月四日に行なわれる予定であった、米軍の戦略爆撃機Ｂ52撤去と原子力潜水艦寄港中止を要求する「二・四ゼネスト」の挫折であった。ゼネストの挫折の推移は次のとおりである。ゼネストに危機感を持った日本政府は、「ゼネストは復帰をおくらせる」と主張、屋良主席とのゼネスト回避に向けた調整を行ない、あわせて、本土の総評などを通しても働きかけを強めた（新崎　一九七六：三二七）。その過程で、「Ｂ52は六、七月ごろタイに移駐する」という「感触」がつくりあげられ、

屋良朝苗主席は「ゼネスト回避に関する要請」を発表、その結果、ゼネストは中止となった。(8)

これに対し、沖青委は「B52がタイに移駐されても、なおかつ北爆が遂行され多くのベトナム人民が虐殺されることは厳たる事実であり、沖縄を今日の植民地的沖縄たらしめ、ベトナムを今日のベトナムたらしめたのは、戦後世界史のなかでアメリカの帝国主義的、反共世界政策から導かれる必然の結果である」(沖縄青年委員会 一九七〇:七)ととらえた。「タイに移駐」という理由でゼネストを中止し、復帰実現への悪影響の回避を最優先してしまったことに、沖青委は「民族主義的エゴイズム」を感じ取る。「民族主義的エゴイズム」は、国境の向こう側のベトナムへの暴力を捨象してしまう、と。(9) 沖青委は、復帰を目的化してしまう傾向が、運動をナショナルな枠組みに押し込めてしまうと批判したのだ。

このように、沖青委にとって、日米両政府による返還政策を批判するだけでなく、復帰運動が抱え込まざるをえなかった矛盾を確認する必要があった。だから、「沖縄返還運動は沖縄斗争へと質的変化をとげなければならない」(沖縄青年委員会 一九七〇:一〇)。沖青委が求めたのは復帰運動の矛盾に向きあい、「もう一つの別な沖縄のあり方」、「別な沖縄の主体のあり方」を切り開いていく新たな運動と思想、すなわち沖縄闘争であったのだ。

では、「もう一つの別な沖縄のあり方」を目指す運動は、どのような視座から、沖縄出身者によって、日本本土で取り組まれたのだろうか。田島は、前述のパンフレット『海邦』で、次のように書いている。

今、沖縄人民は七二年返還決定の混迷の中で差別と屈従、基本的人権の剝奪等々の悲劇の沖縄史を再度総括しつつ、日米支配層による七二年返還の本質、すなわち第三の琉球処分に他ならないという

> 事を把握し、反戦平和の斗いを進展させている。
>
> 階級意識を萌芽し、斗いの包括的内部矛盾を克服しつつ、反戦平和の要求を掲げ日米独占資本主義との壮烈な斗いを展開している全軍労の斗いは、まさに沖縄のこれからの斗いの象徴としてあるであろう。それは今日の形骸化された民主主義を根底から揺がすものであり、「高度経済成長」の下にあえぐ本土人民を啓示する。
>
> 私達沖縄青年委員会は、このような沖縄現地における斗いと本土における斗いの連体棒たる使命を認識し、斗いを推進させる。
>
> 私達は「沖縄の人権回復の斗い」を主体とした連関的社会問題の解明を目的意識的に志向する過程において促進させねばならない。即ち沖縄解放斗争を原点に本土人民、ひいては全世界の人民の最も希求するところの真の平和を成就すべく、主体的運動を通して遂行してゆかねばならない。（田島 一九七〇：二）［強調は引用者］

田島は沖縄現地と日本本土の運動との「連体棒」として運動することを提起している。だが、「連体棒」とは、沖縄を代表して、沖縄と日本本土とを仲介し、媒介するという意味ではない。ここで田島がいわんとしているのは、沖縄問題を、日本本土と沖縄、さらにはベトナムを含む第三世界をつらぬく「連関的社会問題」としてとらえ、取り組むことである。

> アメリカ帝国主義撤退を余儀なくせしめたベトナム人民の歴史的斗争の根源力の必然的蓄積及び諸後進国における先進国への反逆のエネルギーの必然的蓄積が情報の発達により、相互作用、根源作用

> をなすなかで全体的に影響を及ぼしたのである。西洋の没落と第三世界の出現。
> かかる歴史の根源的な連関性は、今日では広大な共通の広場を形成しつつある。沖縄労働者の土着的武装思想の類的情況は、三里塚の農民の顔や生活思想としてあるし、又、王子斗争、砂川斗争、佐世保斗争等々や諸々の基地撤去の斗いの中の農民・市民・労働者の生活状況の中に見い出され、そのエネルギー源が渦巻いている。又、「部落」や農村漁村、山村等の地方性とそしてその執着的土着性から噴出する反権力的エネルギーが渦巻いている。
> 都市においては、学園反乱＝知的中枢攻撃、工場占拠等、及び近代的合理性、極端なる「個人」の分割化「人間性」の砂漠から噴出する自然的人間の反乱及び諸公害からくる現代機械文明への批判……。（沖縄青年委員会　一九七〇：一九－二〇）〔強調は引用者〕

沖青委は、自らが暮らす日本のなかに、さまざまな問題と人々の闘いが広がっていることを見据える。日本本土はユートピアではない。ここで列挙されているのは、当時、学生や労働者、市民らが取り組んでいた問題である[10]。しかし、これらの問題は、日本国内問題であるとともに、国境の向こう側に直結する問題でもあった。王子での米軍野戦病院撤去運動や砂川での米軍基地反対運動、佐世保での米軍空母寄港阻止闘争などは、ベトナム戦争への抵抗運動・阻止行動でもあった。ベトナム、沖縄、日本。それぞれに抱える問題は固有のものだが、相互に連関している。だから、沖青委のメンバーは、問題ばかりの日本の現実を見据えながら、連関する諸問題への取り組み――「広大な共通の広場」――のなかに、沖縄の日本復帰への抵抗運動を再設定しようとした。

一九七〇年二月に――日米共同声明のあとに――、沖縄出身者が主に東京で、沖縄闘争に取り組む前提とは以上のようなものであった。

沖青委は結成後、様々な活動に取り組んでいる。一九七〇年四月二八日の沖縄デーへの参加（沖青委として約五〇名の参加）、沖縄で取り組まれていた全軍労闘争への連帯のための集会の開催、集団就職者への運動の呼びかけや実態調査[11]などである。だが、活動はうまく進まない。沖青委は分裂をむかえるためだ。

3　沖青委の分裂——対立点の生成

一九七〇年七月頃、沖青委は中核派とノンセクト系の海邦派とに分裂する。その経過からは、当時の沖縄闘争内部の対立点と、沖青委が沖縄闘争のなかで自らの立ち位置を見定めていくプロセスを確認することができる。

当時のビラ、パンフレット、手記などを確認すると、三つの要因が互いに絡み合いながら、沖青委は分裂したことがわかる。第一に、沖青委内で中核派（革命的共産主義者同盟全国委員会）との対立が存在していたこと。第二に、海邦派と中核派との沖縄闘争論の違い。そして、第三に、富村順一による東京タワージャック事件（一九七〇年七月八日）とその後の裁判闘争の支援方針をめぐる対立である。では、具体的にみてみよう。

3-1　中核派との対立

政治状況の変化が沖縄闘争の重要さを高めていた。一九六九年一一月の日米共同声明を受けた沖縄闘争と一九七〇年六月に迎える日米安保条約の延長への反対運動（七〇年安保闘争）が高まる一方で、一九六九年一月の東京大学安田講堂の占拠と封鎖解除の強制執行、新左翼党派間の内ゲバ（一九六九年九月には芝浦工大で埼玉大生が初の内ゲバ殺人、七〇年八月には中核派による革マル派学生のリンチ殺害等）によって、「暴徒」、「殺人集団」、「過激派」といったイメージが普及・定着し、反体制運動の弾圧と停滞も進んでいった。

かかる政治状況のなかで、新左翼諸党派は、最大の運動課題に沖縄闘争を設定していった。同時に、運動の停滞へと向かう局面ゆえに沖縄闘争の思想や運動論をめぐって、対立する党派との違いをことさらに強調し、より激しい直接行動を展開する傾向も顕著になる。たとえば、中核派の機関紙『前進』を読むと、「四・二八沖縄奪還闘争へ進撃せよ」（一九七〇年四月六日、四七七号）、「七二年沖縄「返還」政策粉砕にむけ新たな闘いの態勢を構築せよ」（七〇年九月二一日、五〇一号）、「アジア再侵略の拠点・沖縄を日本革命の発火点に」（七一年一月一日、五二四号）、「沖縄返還協定を粉砕せよ　真の沖縄奪還をかちとれ」（七一年二月一五日、五二二号）、「四・二八に協定粉砕の火柱立つ」（七一年五月三日、五三二号）など、一九六九年後半から沖縄関連の記事や論文の数が急速に増え、一九七〇年になるとほぼ全ての号が沖縄闘争を論じるようになっている。また、対立する革マル派との対立点や差異を強調する論述も多く、他党派を否定しながら、自らの取り組みの正当性を主張するという構図が散見される。この傾向は中核派に限らず、他の政党・党派にも確認できる。

このようななか、沖青委内では徐々に中核派の介入が顕在化し、グループ内の主導権争いが行なわれるようになった。

中核派の介入が顕著になったのは、一九七〇年六月の七〇年安保闘争であった。六月二三日、明治公園での約五万人の集会が開かれ、沖青委は参加を決める。直前の沖青委の戦術会議では、「機動隊との直接武力対決」という方針が内部対立を抱えたまま確認されていた。メンバーの手記によれば、この方針に関し、「皆の表情は重苦しく翌日の「出陣」への決意と不安は「悲愴」の一語で十分であった」(X 一九七一:三)という。推測の域を出ないが、この日の戦術をめぐって、機動隊との対決をするかしないかをめぐり対立が生じていたのかもしれない。

いよいよデモに入る。日中、国分寺べ平連、砂川反戦塹壕行動隊、津田塾べ平連等の団体・個人を合わせて、およそ一〇〇人の隊列をなし、白ヘル部隊の後につづいた。途中、赤坂見付で催涙ガスをまともにくらって、隊列は散りじりになったが、すぐ又再結集してデモを貫徹した。その時、隊は向きを変えて突入体勢にいったんはいったが、指揮者の意志一致が出来ず、事態は一変した。「覚悟」を決めていた皆にとっては、このまま終ることは〝おもしろくない〟ことであった。ちょうどその時、別の部隊が突入して行ったので、我が部隊も隊列を固め、旗ざおを倒して突入して行った。前の部隊が蹴散らされ、唯一沖青委の隊列が身を低く構えて突入して行った。次の一瞬乱斗が始まった。武器をもたない肉弾戦故形成は明らかに崩され、不当にも三名の同志が逮捕されたのである。こうして六・二三は終った。(X 一九七一:四)

何をどこまで行なうのかの「意志一致」がなされないまま、沖青委は三名の逮捕者を出す。多くのメンバーが動揺し、この状況をどのように総括するかの議論がなされないまま、逮捕者の救援活動が組織された。中核派は「次々と「斗争」スケジュールを設定する一方、ヘルメットを勝手に塗り変えて組織の分解策動、多数派工作に奔走」し、沖青委は「実質的には分裂していて、総会を開くことも不可能な状態」になったという。手記は、「中核派を始めとする「新」左翼諸党派のいわゆる街頭単ゲバ斗争に疑問を持たざるをえない」とし、その一方で、「半ば虚脱状態に陥っていた」と記している（X 一九七一：四-五）。

こうして、結成当初からの中核派とノンセクトのメンバーとの対立が、七〇年安保闘争でのメンバー逮捕を直接にきっかけにして明確になり、沖青委は分裂した(12)。ノンセクトのメンバーは「沖縄青年委員会〈海邦〉」（以下、海邦派）を名乗るようになる。

3-2 沖縄闘争論の違いの顕在化

だが、海邦派と中核派の対立と分裂は、主導権争いや戦術論をめぐるものだけでなく、沖縄闘争の運動論自体の違いによるものでもあった(13)。中核派は「沖縄奪還論」を主張した。中核派の機関紙『前進』編集局長の山村克は次のように説明している。

> 佐藤［首相］がいかなる新たな政策決定を沖縄にかんしてうち出そうとも、それはアメリカ帝国主義の沖縄支配の動揺を救済する反動的び縫《ママ》策であるか、現状を反動的に固定化する政策であるか、いずれかにすぎないのである。かかる政策決定を七〇年を前にして全面的に不可能ならしめ、現在不可避的にすでに進行しているアメリカ帝国主義の沖縄支配の動揺をさらに徹底的におし進め、基地沖縄の機能をガタガタに麻痺させ、本土復帰・基地撤去を闘いとることが七〇年を前にした沖縄奪還闘争の課題にほかならないのである。（山村 一九六九：二五六）

山村は、日米両政府の沖縄返還政策への抵抗を徹底的に進めることを説き、その方向性は沖縄の「奪還」、すなわち「本土復帰・基地撤去を闘いとること」であると主張する。日米両政府の返還政策は誤りであり、正しい復帰を獲得するという方針である。中核派の機関紙『前進』を概観してみても、このような沖縄奪還論の運動方針に大きな変更はない[14]。

これに対し、海邦派は、復帰を前提としない別の運動論が必要だと考えていた。一九七一年四月、海邦派は主催した「沖縄闘争討論集会」で次のような問題提起を行なっている。

沖縄闘争の思想的点検とは具体的には〈本土日本にとって沖縄とは何か〉〈沖縄にとって本土日本とは何か〉という設問を出発点にするところから本土―沖縄の双方が思想的・実践的営為をあくまでも担いぬいていくことにある。そしてその思想的深化によってはじめて〈階級形成〉〈主体形成〉の問題も、沖縄斗争の新らたなる思想と論理の構築も〈国境〉〈民族〉〈国家〉という、世界性を確保しうる地点に自らをおし上げることが可能となるであろう。（沖縄青年委員会〈海邦〉一九七一a：一）

〈本土日本にとって沖縄とは何か〉あるいは〈沖縄にとって本土日本とは何か〉という問いを出発点にし、復帰を前提にしてきた運動を再検討しなければいけない――海邦派はこう主張している。先に確認したように、沖青委は復帰運動が矛盾を抱え込んでいる点を強調していた。復帰を目的にすると、国境の外側への想像力が欠け、また、日本本土をユートピア化してしまう、と。だから、海邦派はもしも「沖縄と本土日本の〈同質性〉〈一体性〉を前提にしたところの〈一民族、一国家前提論〉をもって新たなる沖縄斗争の水路を切り拓くことを語るならば、第三次琉球処分過程がもたらす政治の流動に対応しきれ」ず、「日本帝国主義の排外主義イデオロギー動員の補完物になりさがる」（沖縄青年委員会〈海邦〉一九七一a：二）とも主張する。

海邦派と中核派の沖縄闘争論の違いは明確である。復帰を前提とせず、沖縄青年にとって日本とは何か、国家とは何か、という問いにまで立ち戻るべきだとする海邦派。あるべき復帰を実力闘争によって獲得＝奪還するのだとする中核派[15]。両者の違いは、復帰を前提とするか否かにある。この違いは、次に述べる、富村順一公判闘争の運動方針をめぐって対立を深めていくことになる。

3-3　富村順一公判闘争をめぐる対立――政治のとらえかえし

一九七〇年七月八日、刃物を持った男が、米国人を含む約二〇名を人質にとって東京タワー特別展望台に立てこもった。その男は沖縄出身の富村順一[16]。富村は「二〇歳未満のものと朝鮮人は降ろしてやるが、それ以外の日本人とアメリカ人は降ろさない」と叫んだ。彼が着ていたシャツには「日本人よ、君たちは沖縄のことに口を出すな」、「アメリカは沖縄よりゴーホーム」、「平和は我が家から」（富村　一九九三、土井　二〇〇七：四二）、シャツの下のハイネックシャツには、表に「天皇は第二次世界大戦で二百万人を犠牲にした責任をとれ」、裏に「沖縄の女性みたいに正田美智子も売春婦になり沖縄人民のためにつくせ。それがせめてもの人民への償いである」という言葉が書かれていた[17]（富村　一九九三：二一四）。富村は駆けつけた警察によって逮捕され、七月一八日に起訴される（暴力行為等処罰に関する法律違反、銃砲刀剣類所持等取締法違反）。

事件の翌日七月九日から、芝浦工業大学の学生による差し入れが行われ、これを契機に、芝浦工大での救援対策活動が始まる（富村　一九九三：二〇七）。その後、学生インターの学生、べ平連の古屋能子が

「富村公判対策委員会」（以下、公対委）を結成。公対委は、沖青委や東大全共闘などに対し、第三回公判（一九七〇年一一月四日）への支援・参加の呼びかけを行なった、集まったグループ・個人は合同で「富村さん支援委員会・準備会」（以下、支援委）を結成し、公判闘争を支援委が担うことを確認する（富村公判斗争沖縄委員会 一九七一：一）。

その後の公判は、沖縄返還協定の調印（一九七一年六月一七日）、衆議院沖縄返還協定特別委員会での返還協定強行採決（同年一一月一七日）、そして沖縄の返還という政治プロセスと並行して行なわれたこともあり、大きな関心を集めた。公判スケジュールは、九月一八日に第一回公判が開かれて以降、一〇月九日（第二回）、一一月四日（第三回）、一一月一八日（第四回）、一九七一年三月二日（第五回）、三月三一日（拘留理由開示裁判）、四月一五日（第六回）、五月一三日（第七回）、七月二一日（第八回）、一一月五日（第九回）、一一月三〇日（第一〇回）、一二月二一日（第一一回）、一九七二年一月三一日（第一二回）、二月一八日（第一三回）、三月一〇日（第一四回）、三月二四日（第一五回）、四月一九日（第一六回）となっており、沖縄返還後も続いている。

さて、海邦派はこの事件を共感を持って受け止めている。

> 人民のエネルギーを祖国復帰運動に駆り立てて積極的に日帝へ組み込まれてゆくものとしての国政参加に埋没させることを明確に拒否した男が東京にいる。富村順一氏だ。［……］後に法廷で、獄中書簡で彼の真意が述べられることによって、彼の行動と主張が、彼の半生において権力と直接斗ってきた生々しい体験と鋭い意識性に支えられているがゆえに、すぐれて政治的で、その行動によって提起された問題は、我々沖ナワ人の個々の主体に鋭く問いかける。（沖縄青年委員会〈海邦〉一九七〇ａ）

海邦派は富村の言動を、復帰を通じて日本（帝国主義）に組み込まれていくことへの明確な拒否として受け止めた。「日本人よ、君たちは沖縄のことに口を出すな」という富村のシャツに書かれた言葉に、拒否の姿勢は明らかに示されていた。また、公判での富村の意見陳述における、鋭い問題提起にもその姿勢はあらわれている。

> 私は自分のやったことに対して恥じるような気持はない。また、現在、東京拘置所において苦しい生活を送りながらも反省する気持はない。反省する必要のものではない。反省しなければいかんのは、現在の日本政府である。もし私を裁こうとするならば、過去二五年間沖縄人民と琉球を、アメリカに売り渡した責任は誰がとるか。そういうことがなければ今回の事件は起きない。（富村 一九九三：二二五）［第四回公判での意見陳述。強調は引用者］

沖縄出身あばれる
刃物振り回して
東京タワーでひと騒動

図34　富村順一の東京タワージャック事件を報じる『琉球新報』（1970年7月9日朝刊）

ここで富村は、沖縄に対してふるわれてきた暴力――それは富村個人にふるわれた暴力でもある――を起点として、裁判のあり方を一八〇度転倒させてみせる。裁かれるのは「私」ではなく日本政府であり、沖縄の未来を決定するのは日本政府ではなく「沖縄人民」である、と。富村は、「沖縄人民」が常に国家の下位におかれ、国家（及び国家間関係

＝日米両政府）が沖縄の未来に関する決定権を持ち続けている、制度としての政治への拒否の意志を示している。(18)

さらに、富村はこうも主張した。「沖縄問題を解決したいならば、〔……〕日本復帰でもなければ、国政参加でもない。真実の極東の平和を愛することを、極東の平和を勝ちとるためには、アメリカ人を追っぱらい、そして、日本人も日本帝国主義が上陸するのをけりおとし、沖縄を、自治権、自決権をもぎとって本物の解決がつく」（富村 一九九三：二四一）のだと。沖縄の「自治権」と「自決権」の確保こそが、歴史への責任の取り方であるという主張であった。

海邦派の富村への共感は、〈制度としての政治の拒否〉と〈沖縄の自治権と自決権の確保〉が、海邦派が模索していた「もう一つの別な沖縄のあり方」につながるものとして受け止められたからだろう。しかも、富村は、言葉だけでなく、行動を通じて、「もう一つの別な沖縄のあり方」を表現したのだ。

しかし、海邦派も参加した支援委は間もなく分裂し、解散してしまう。富村公判闘争の方針の違いによるものであった。

対立の理由は、海邦派と公対委（学生インター、沖青委中核派ほか）との裁判方針の違いであった。海邦派は、富村の行動と陳述内容を踏まえて、「国家権力＝裁判所に富村さんを裁くことはできない」（富村公判斗争沖縄委員会 一九七一：二）という立場から公訴棄却請求、つまり裁判自体の不当性を主張することを原則とするべきだとした。それに対し、公対委は、法技術の面からのその困難さを指摘、無罪獲得を方針とすることも主張した。海邦派は、「無罪獲得」方針は、国家が富村を裁くこと自体を容認してしまうとして疑問を呈した。そして、海邦派は、公対委の姿勢について、「公判が、裁判所ペースで進められ」、「富村さんの包丁の持ち方等にのみ終止し、肝腎の〈沖縄〉が欠落すると云う、みっともない公判」（富村公判斗争沖縄委員会　一九七一：二）につながっていると批判したのだ。[19]

また、沖縄出身者と日本人中心の運動との間に、支援方針の違いも生まれていった。学生インター側は、「日本－沖縄の関係を〈抑圧－被抑圧〉とのみとらえ、抑圧者の側である自分達は被抑圧者（富村さん）を無条件に防衛しなければならない」（富村公判斗争沖縄委員会　一九七一：二）とその主張を展開した。それに対し、海邦派は、「沖縄人、日本人とはいってもそれが一色でぬりつぶせないのは明らかであって、その内部に存在する矛盾構造」をこそ、丁寧にとらえなければならないという立場を取った。そもそも救援・支援活動は、起訴・拘束されている人間の意向を尊重しながらも、支援者なりの提案をしつつ、両者が共同で取り組むことが求められる。被告人と弁護士との橋渡し、広報活動、カンパ集め、証人尋問の人選やアレンジなど、その活動は多岐にわたる。沖縄問題をめぐる日本－沖縄の関係が、抑圧－被抑圧という倫理的で固定的な二項対立関係とされるとき、富村の意向を踏まえるということは、ともすると、富村の要望を無条件に全て聞き入れることにつながってしまう。海邦派はそのような態度を一種の思考停止であると受け止め批判した。[20]

この結果、支援委は分裂した。学生インターは沖青委中核派などとともに公対委を形成。海邦派は、その他のグループと共同で、一九七一年五月二日、「富村裁判して争連絡会議」（以下、連絡会議）を結成した。[21]

富村公判闘争における分裂は、沖縄闘争における海邦派の位置を示す出来事であったといえるだろう。海邦派は、沖縄の人々の意志を踏まえることのない復帰を拒否する立場を取った。富村公判闘争は、無罪を証明する場ではなく、国家に裁く権利がないことを訴える場であり、国家が富村を裁くこと自体が批判されなければならなかった。だから、海邦派にとって沖縄闘争とは、沖縄の未来を国家に委ねるのではなく、そのような〈制度としての政治〉を拒否し、別の政治を創り出すことにほかならないのだ。

この頃、海邦派は富村裁判以外に、討論集会とデモを中心とした活動に取り組んでいる。主なものでは、一九七一年四月二六日に「第一回沖縄闘争討論集会」、五月一七日に沖縄での「沖縄返還協定粉砕ゼネスト」に呼応する「五・一七沖縄労学集会」(東京、中央労政会館ホール)、九月二九日に「沖縄青年集会」(東京、初台区民会館。約七〇名の参加)、一〇月三日に「一〇・三返還協定批准阻止沖縄青年総決起闘争」(東京、清水谷公園。集会後にデモ。約五〇名の参加)を主催・開催している。

4 沖縄青年同盟——沖縄国会への異議申し立て

沖縄返還協定に反対する声、その批准の阻止を求める声は日に日に高まっていた。

協定の調印が間近に迫った一九七一年五月一九日、沖縄では、沖縄県祖国復帰協議会主催の「日米共同声明路線による返還協定粉砕ゼネラル・ストライキ」(五・一九ゼネスト)が行なわれている。五四の労働組合、約六万一千人がゼネストを決行。「米軍基地の輸送、平たん、サービス部門は完全に機能がとまったのをはじめ県下の大学および高中小学校の二十七万人が休校」、「バス四社約七百台がストップ」、「約二十の自治体、電信、電話もほとんど機能マヒ」(『琉球新報』一九七一年五月一九日夕刊)の状態がつくりだされた。ゼネスト宣言は人々の怒りをこう表現している。

このゼネストはアメリカの軍事支配を排除し、基地撤去による反戦平和、県民自治を要求する沖縄県民の全世界に向けた意思表示であり、日米共同声明に基づき沖縄を三度戦争と抑圧のもとにおこうとしている日米政府に対して貫徹された県民の抗議であり、日米政府による沖縄返還協定に対するこたえである。［……］われわれは、日本政府の欺まんにみちた対米交渉を告発するとともに、沖縄県民の背負ってきた苦闘の歴史にかけてこれを拒否し、さらに沖縄県民の要求に基づく本土復帰の実現をめざし、ゼネストに結集した県民の力を今後一層強大なものにし、完全復帰をかちとるまで戦うことを宣言する。（「ゼネスト宣言」『琉球新報』一九七一年五月二〇日朝刊）

ゼネストに参加した人々にとって、沖縄返還協定は「苦闘の歴史」にかけて阻止されるべきものだった。そして、米軍基地撤去という要求にそった「完全復帰」を要求したのである。

一九七一年一〇月一六日、第六七臨時国会がスタートした。この日、沖青委海邦派は「二派［沖青委海邦派と沖青委中核派］の名称のわずらわしさをさける」（毎日新聞社 一九七一：二七）意味もあり、「沖縄青年同盟」（沖青同）に組織名を変更している(22)。

この国会は、沖縄返還協定とそれに関連する国内法案（「公用地の暫定使用に関する法案」、「沖縄振興開発特別措置法案」、「沖縄開発庁設置法案」など）の審議が予定されていたため、「沖縄国会」と呼ばれた。既に同年六月に日米両政府は返還協定に調印していたが、国会での審議を経て、可決承認されなければ、協定は批准、発効されない。そのため、沖縄国会は沖縄闘争の山場となった。

一〇月一九日、午後一時、国会では佐藤首相による所信表明演説が始まる。演説開始から五分ほど経ち、沖縄に関する演説に入ったとき、満員の傍聴席の脇で、爆竹がパンパンと音をたて、同時に、男が立ち上がり「沖縄協定粉砕」と書かれた垂れ幕を振りかざしながら「沖縄返還協定粉砕！」と叫んだ。つづいて、傍聴席反対側の脇でも爆竹が鳴り、女が「沖縄返還協定粉砕！」と声をあげた。さらに、別の男が爆竹を鳴らしながら、ビラをまいた。[23] 議員席は総立ちとなり、自民党席からは「何をするのだ」、「押えろ」の声があがり、三人は衛視によって取り押さえられ、機動隊の護送車により麴町署に運ばれた（『毎日新聞』一九七一年一〇月一九日夕刊）。一連の出来事を、佐藤は「ギョロリと大きな目を傍聴席に走らせたが、すぐ何事もなかったように演説を始めた」（『朝日新聞』同日夕刊）という。演説を終えて議場から退場する際、佐藤は記者に対し、「そんなに驚かなかったよ。あんな連中はどこにもいるから」（『毎日新聞』同日夕刊）と答えている。

この行動を起こした三名は、沖縄青年同盟の行動隊であった。国会で撒かれ、投げつけられたビラとは別に、行動前日に用意され、事件後に発表されたビラがある。「全ての在日沖縄人は団結して決起せよ」という言葉と檄文が書かれていた。このビラから、沖青同の沖縄国会と沖縄返還協定への向きあい方を確認しておこう。

第一に、沖縄返還に関する基本認識である。

明治の琉球処分は、日本の近代化の為、沖縄を「国内植民地＝属領」化しソテツ地獄に落しこめた。戦後、第二の琉球処分では壊滅的打撃をこうむった日本資本主義の再生とひきかえに分離され、アメリカ帝国主義の軍事監獄にたたきこまれ四半世紀にもわたり奴隷的存在を強要せしめられた。そして今度の日米共同声明にもとづく七二年沖縄返還は、日本帝国主義の対外膨張のため沖縄を併合しようとするものである。（沖縄青年同盟行動隊　一九七一）

沖縄返還は、日本帝国主義による「併合」であるとし、過去の「琉球処分」、すなわち沖縄の「国内植民地＝属領」化の歴史に連なる出来事として位置づけられている。ここで注意を払いたいのは、沖青同が歴史のスパンを長くとり沖縄返還をとらえなおしている点である。復帰運動を推進する立場から書かれた多くの文章は、沖縄戦以降の歴史から、復帰の必要性を訴えるものが多い(24)。これに対して、沖青同は、近代史にまで枠組みを広げ、沖縄返還政策を「国内植民地＝属領」化のプロセスの一環として位置づけた。沖縄闘争は過去を呼び出しながら、現在を歴史化していく。沖縄闘争とは過去と現在を相互に意味づける実践でもあるのだ。

毎日新聞
夕刊
〝沖縄〟早期批准を
首相、両院で所信表明
対中接触 積上げ方式で
傍聴席から「協定粉砕！」
演説最中に爆竹
沖青同の男女三人を逮捕
衆院本会議
首相、出席を了
議運委で「継
お米の物統令適用廃止
来年四月に延期
乗物酔いに
トリブラ
東京 大木製薬
本日10ページ

図35　国会爆竹事件を伝える『毎日新聞』（1971年10月19日夕刊）

第二に、国会で沖縄返還協定を審議することへの拒否の主張が明確に示されている。沖青同は、「われわれは問いたい！議会制民主主義の名のもとに日本が沖縄の命運を決定することができるのか」とし、その上で、「われわれは、はっきりと断言する。日本が沖縄を裁くことはできないのだ」（沖縄青年同盟行動隊 一九七一［強調は引用者］）と主張する。富村公判での海邦派の見解が、自らの行動に重ね

全ての在日沖縄人は――
――団結して決起せよ

一九七二年二月一日

沖縄青年同盟行動隊

図 36　沖縄青年同盟のビラ「全ての在日沖縄人は団結して決起せよ」

られ、あらためて主張されているのがわかる。そして、第三に、「在日沖縄人」への「団結」と「決起」の呼びかけがなされた。

> 全ての在日沖縄人は今こそ勇気を持って立ちあがれ。「祖国」への幻想を断ち切り終りなき闘いを準備せよ。我々の沖縄解放の道は、日本‐大和への反逆とアメリカ帝国主義の軍事支配との対決以外にはないのだ。沖縄人民の強固な団結とアジア人民との連帯をかちとらねばならない。沖縄人民の対決している敵が日米帝国主義という全アジア人民の共通の敵であるからだ。まさにわが沖縄が帝国主義のアジア侵略反革命の最大拠点となっている以上、我々の任務は重大であり、かつ困難である。
> 沖縄返還協定批准を阻止せよ！
> 七二年返還を粉砕せよ！　日本‐沖縄解放の歴史の分岐がここに問われている。
> 全ての沖縄人は団結して決起せよ！（沖縄青年同盟行動隊　一九七二）〔強調は引用者〕

沖青同は、「在日沖縄人」に対して、「日本‐大和への反逆」と「アメリカ帝国主義の軍事支配との対決」を呼びかけた。その主張は、「あるべき復帰」への軌道修正を求めるものではなく、日本政府や国会が沖縄の未来を決めるべきではないという根本的な異議申し立てであり、日本への「反逆」であった。それは、〈国家に沖縄の将来を委ね要求する政治〉からの離脱である。(25)

こんなエピソードがある。沖青同を取材した『毎日グラフ』誌記者は、「反日的、抗日的な主張がより強いのだ」（毎日新聞社 一九七一：二九）とその印象を伝えている。その記事をみると、デモをする沖青同メンバーが、大きな「×」の殴り書きと「抗日」という文字を添えた日の丸の旗を持っている姿がある。沖青同の「日本－大和への反逆」の意思は、言葉だけでなく、路上においても表現されていた。

国会爆竹事件のあと、沖青同は逮捕された三名の救援活動を開始する。一九七一年一一月九日に三名は起訴され、一二月二〇日の拘留理由開示裁判を経て、一九七二年二月一六日から公判が始まった。

図 37　沖青同のデモ（毎日新聞社 1971）

救援活動と裁判闘争と並行して、沖青同はデモや集会を立て続けに企画している。主なものを時系列で記すと、一九七一年一〇月二〇日「全国沖縄青年交流集会」、一〇月二一日「国際反戦デー」（沖青同は反中核派系六五団体約七千人のデモの先頭を歩く）、一一月七日「関東沖縄青年討論会」（東京、信濃町・真生会館）、一一月一二日「沖縄青年政治集会」（東京、幡ヶ谷区民

会館）、一二月一五日「沖縄政治集会」、一二月一八日〜二一日沖青同理論合宿「沖縄解放論深化のために」、一九七二年三月一五日「沖縄返還協定批准書交換粉砕闘争」（東京、清水谷公園）、四月一二日「沖縄青年労働者集会」などである。

だが、一九七二年五月一五日の沖縄返還以降、沖青同は「自然消滅」状態になっていったといわれている。仲里効は「沖縄が復帰するのが、七二年五月ですね。あのときに非常に虚脱感というか敗北感みたいなものを感じて、しばらくはもう何もする気がしないというような状態になった」（小熊・仲里 二〇〇三：四三）ためと説明している。

5　「在日沖縄人」という亀裂——沖縄闘争と国家

5-1　批判の声

沖青同の思想と運動は、沖縄闘争というアリーナのなかに、どのような亀裂を生み出したのだろうか。まず確認したいのは、沖青同の国会での行動に対する人々の反応である。その行動に対してわずかの同情と、たくさんの批判の声があがった。同じ日、傍聴に来ていた神山政良（一八八二生まれ、東京沖縄県人会初代会長）は、「あんなばかなまねをする人は沖縄の人ではないと思いたい。復帰運動にとって逆効果で困ったことだ。ただ、返還協定の内容については不満を持っている県民が多いことは事実なので、政府も国民もそのことをよく知ってほしい」（『日本経済新聞』一九七一年一〇月二〇日朝刊）と語った。また、沖縄から傍聴に訪れていた具志川市会議員視察団の嘉陽宗善副議長も「本当に沖縄の青年だろうか。気持ちはわからないでもないが、ああいう行為に走るのはまったく迷惑」（同上）と残念そうに述べたという。

迷惑だ、という言葉は、復帰運動と沖青同とを混同されては困る、という本音によるものであるだろう。ここで問題とされているのは暴力である。沖青同への批判は、新左翼を中心とした反体制運動の急進化に対する暴力批判や過激派批判とつながっている。たとえば、『朝日新聞』は社説「国会は国民への窓を閉ざすな」（一九七一年一〇月二一日朝刊）において、「われわれはこのような事件［沖青同による国会爆竹事件］が起ったことをきわめて残念に思う。国会の議場は他の何者にも乱されることなく、全国民の代表である議員が国政審議の任に当る場所だからである。同時に国会であると否とを問わず、会議の傍聴者が議事の妨害にわたる行為に出ることは厳しくいましめられなければならない。これは民主主義のイロハであり、従って爆竹を鳴らした青年男女がその行為を問われて法の適用を受けることは当然のことである」と述べた。また、事件直後の一〇月二一日国際反戦デーでの「暴力」を批判する報道や社説も立て続けに紙面に掲載されており[26]、このような暴力批判と過激派批判の文脈のなかに、沖青同の行動もしっかりと位置づけられている。新聞紙面には、沖青同の問題提起を内在的に汲み取ろうとする姿勢はほとんどない。沖青同の行動は、その方法＝「暴力」のみに矮小化され、批判されたのだ。

なお、行動隊のメンバー・真久田正（一九四九年生まれ）は、「決起にさいして私達はたとえ火のこがかすかに皮膚にさわるようなことであれ他の傍聴人達にケガ（警察権力やマスコミはそのような蚊がくったようなものでも〝ケガ〟と表現するのです）をさせまいと数十個の連発の爆竹を一個々々いとでしっかり結んでおいたり、投げる時も傍聴席の隅に向って投げるというほど細心の注意を払い「非暴力」ならば徹底的に非暴力でいこうと考え、そしてそのように実行しました」（真久田 一九七二：二三）と証言している。

図38　記事の見出しに「「バカな、逆効果だ」と声」、傍聴した沖縄出身者の声も紹介（『毎日新聞』1971年10月19日夕刊）

その一方で、沖青同の行動に共鳴し、支援に乗り出した人々もいた。沖青同の国会爆竹事件を目の前で目撃した北沢洋子（一九三三年生まれ）らが中心となり、一〇月一九日に「沖縄青年同盟の国会行動を支持する会」（以下、支持する会）が結成される。一一月二五日に発信されたアピールでは次のように結成の動機が書かれている。(27)

彼ら「国会議員」には、これら沖縄の青年たちが提起した重大な問題を受けとめようとする気配は

> まったく見あたりません。新聞・テレビジョン・ラジオをはじめとするマスコミもただ「爆竹の破裂」と国会の警備にのみ報道・論評の焦点を合わせて、沖縄の声の矮小化を図りました。
>
> だが、いまや私たちは、あの三人の沖縄の青年たちが訴えた問題を真剣に考慮すべきときにあると思うのです。それは単に、国会や佐藤政府にたいする挑戦であるばかりでなく、刃は私たち自身にも向けられており、これまで長年のあいだ私たちが慣れ親しんできた沖縄についての全思考を吟味して、沖縄にかんする闘争の構造自体もそもそも検討しなおすことを迫っているのです。
>
> 日本の運動は、これまで「沖縄の祖国復帰」を唱え、「本土への返還」を要求し、ついで核や基地を問題にして「反戦復帰」を主張しました。また七二年の「沖縄返還」は「本土の沖縄化」であるともいいました。しかし今、沖縄人民は、七二年返還は「本土の沖縄化」ではなく「沖縄県」の美名にかくれた「沖縄の属領化」なのだと主張して、日本への帝国主義的併合、第三の琉球処分を拒否しているのです。〔……〕
>
> それは、私たちの沖縄に対する姿勢を根本から問うているだけでなく、結局は、私たちの日本国家そのものへの姿勢を問いかえすことにまでつながる問題であると考えるからです。（有志 一九七一）
>
> 〔強調は引用者〕

支持する会は、行動を矮小化することに抗議し、沖青同の問題提起に正面から向き合うことを人々に求めた。支持する会にとって沖青同の問題提起は、沖縄闘争のあり方自体を検討しなおすことであり、また、「日本国家そのものへの姿勢を問いかえすことにまでつながる」という。逮捕され勾留された行動隊の一人、真久田は、沖縄返還協定の採決後、次のような手記を支持する会に送っている。(28)

大多数の日本人の代表である議員達は〝数の暴力〟をもって強行採決というでたらめ採決を公然と行い、その他の日本人の代表である議員たちは一時これにすネてみたが結局いつものようになれあってこれを認め、そして、ほとんどすべての日本人によって形成されているマスコミは「強行採決」を宣伝することによって「これでなにしろ沖縄は終った」と私達に思い込まそうとしました。

私はここで次のことを最も強く主張したいと考えています。すなわち

「沖縄人が非暴力をもって〝日本人に沖縄の命運を決定する権利はない〟と主張したにもかかわらず、日本人はこれを完全に無視し、〝暴力〟をもって沖縄の命運を決定しようとした。この上、いったい何という名の日本人が私達に向って、それでも非暴力を続けよと言えるのか」と。（真久田 一九七二：二三－二四）

真久田と支持する会との共鳴関係がみてとれる。両者に共通しているのは、国家そのものをとらえかえす、という問題意識である。真久田がいうように、「沖縄人」にとって、国会で行なわれている政治は〝数の暴力〟を制度化したものであった。よって、国家とは少数派である沖縄の人々の声をくみとらず、その暴力を構造化した装置としてあるのだ。

しかし（あるいは、だからこそ）、支持する会からのアピールと沖青同への支援要請を受け取った人々からは、多くの反論がよせられた。

「反議会主義の立場にたつ沖縄を支持することはできない」「現時点で最良のスローガンは協定阻止であって、それと矛盾する返還粉砕には賛成しかねる」「米軍支配から離れて日本に返還されること

自体、現状の一歩好転で、むしろ帰りかたを問題にすべきだ」「反米闘争より反日に重点を置いているのではないか」「琉球独立論には加担できない。台湾独立運動につながるから」「尖閣列島についての沖青同の立場は?」「中核系の沖縄青年委員会と対立しているので、どちらも支持できない」等々は、アピールにたいする反論、コメントのなかでもはっきり私の記憶に残っているものである。(北沢 一九七一:二二)

これらの反論・コメントの多くは返還・復帰自体は一歩前進であって、それを拒否し、批判する沖青同と支持する会の主張に反対するものであった(29)。

これに対し、北沢は、まず「「全ての沖縄解放の道は、日本‐ヤマトへの反逆とアメリカ帝国主義の軍事支配との対決以外にない」という沖縄青年の主張に、日本人知識人あるいは運動体として対応しようとするものは、残念ながら現在のところ非常な少数派であることを認めざるをえない」(北沢 一九七一:二二)と述べた。日本人知識人や活動家による多くの反論の声は、沖青同の主張に、うまく対応できていないというのだ。

沖青同の金城朝夫は、復帰を一歩前進であるとする人々を次のように批判した。

日本復帰運動の中にはこの考え方が支配している。日本に復帰し、日本国民と共にむずかしい問題を解決する。したがってまずは復帰だというのである。沖縄から希望をいだいて祖国日本に渡り、日本の国家権力を体験したわれわれ沖縄人としてこの「日本に帰って事にあたる」式の発想はあまりにも希望の持てない発想であり、むしろこれまで沖縄が独力で得た諸々の権利を失う方が多いということとを感じてやまないのである。［……］日本はもはや沖縄にとって問題解決の場ではない。
　これは日本体験した沖縄人として断言するのである。労働三法、全軍労の実力闘争、教育法、主席選挙、友利サンマ裁判等、沖縄が、非合法活動の中から人間の当然の権利として勝ちとった闘いの歴史があるとき、マッカーサーによって与えられた平和憲法のもとに、アジアで二番目の軍事力を持ち、すべての少数意見は完全に圧殺され、強行採決で最後の切札を出す日本の議会では、沖縄の一〇〇万の意見は日本の位置の中ではとるにたらない意見でしかない。（金城　一九七一：一八）［強調は引用者］

「日本の国家権力を体験したわれわれ沖縄人」、すなわち「在日沖縄人」の立場から、金城は、沖縄返還の内実を是正すればよいとする考えのなかに、国家や議会制民主主義への抜きがたい信頼を見出し、批判している。沖青同にとって、「日本はもはや沖縄にとって問題解決の場ではない」のだ。国民国家・日本への根底的な疑義と怒りがここにある。

　そして、沖青同が求めたのは、沖縄をめぐる何らかの決定を国家に委ねるのではなく、自らの意思を表明し、自らの手で決定していく政治であった。復帰への疑義や拒否から始まった沖青委・沖青同の運動は、国家に決定を委ねる政治への拒否を提起したのだ。だから、「日本の国家権力を体験したわれわれ沖縄人」、すなわち「在日沖縄人」という名乗りは、既存の政治に亀裂をつくり、別の政治を出現させるものとして登場している。

　ここで注意すべきは、「在日沖縄人」という概念は、それが何か／誰かという実体的な定義に基づいて使われているのではないということだ。既存の政治における構造化された暴力を問う実践において、「在日沖縄人」という名乗りが登場している。たとえば、支持する会の北沢はこう述べている。沖青同の行動を支持するということは、「沖縄問題に対する姿勢を根本から問われるばかりでなく、日本国家そのものの構造を解体することから、人民解放の思想をふくめたすべての既成をひっくりかえすことにつながる」（北沢 一九七一：二二）のだ、と。「すべての既成をひっくりかえすこと」とは、沖縄闘争の前提をつくりなおすこと、すなわち、日本への復帰、国家に決定を委ねる政治から離脱するということだ。それは、「在日沖縄人」であろうとなかろうと、沖縄闘争において問われるべきことであったのである。

ここに亀裂が生じている。国家に沖縄の将来を委ねることを前提とする人々と、その前提自体を否定する人々との亀裂。そして、この亀裂は、「在日沖縄人」と「日本人」とのあいだの民族的で、カテゴリー分けされた差異に基づく違いではなく、国家に対する構えの違いとして生まれているのだ。

5－2　植民地解放闘争としての沖縄闘争へ

前述したように、沖青同は、沖縄返還を近代史においてとらえなおし、国内植民地としての併合であると考えた。この思想は、逮捕後の裁判闘争のなかで実にユニークな形で表現されている。一九七二年二月一六日の第一回公判における、沖青同の被告三名によるウチナーグチ（沖縄語）の使用である。

つづいて人定質問に入ったとき、Aさんが、

「ムカセー、カイシャインヤタシガ、ナマー、ヌーンソーネーン」

と沖縄語で発言をはじめた。言語の意味がわからないばかりか、沖縄語使用の意義も理解できない裁判長は、拳をつかれた感じで、うわ言のように

「日本語を使いなさい」と繰返すばかりだった。Aさんは、「ウチナーヤニホンドヤガヤー」（沖縄は日本ですかね）と抗議した。三人の被告が沖縄語で次々と抗議をする中で裁判長は、休憩を宣言した。その間裁判長は、庭つづきの最高裁の訴訟指揮の係りに御相談に出かけたのち再開したが、冒頭、裁判所の公式見解として、「日本語とは標準語のことであり、誰でも理解できるものをさす」とし、この公判において「沖縄方言の使用を禁止する」との態度にでた。これにたいして法廷内は抗議する被告席、傍聴席総立ちとなり、沖縄語の怒号と裁判長の「退廷々々」といううわめき声で騒然となった。三人の被告をはじめ傍聴席の一〇人近くが拘束逮捕され、最後に斉藤検事だけが残ったからっぽの法廷で起訴状を朗読するという状態に終ったのであった。（北沢 一九七二b：二）

ここでは言葉と植民地主義の関係が問われている。沖青同の声明「沖縄人として法廷にたち、ウチナーグチを使う！」には、「沖縄人から沖縄語を奪うことは日本の支配の論理に沖縄を組み込むことである。日本帝国主義はかつて台湾で、朝鮮で、国を奪い、言語を奪い、土地を奪い、命を奪った」（沖縄青年同盟 一九七二b）という歴史認識が示されている。沖青同は、言葉の剝奪の歴史に着目し、今にまで続く植民地主義の問題へと接近するのだ。たとえば、沖青同は、沖縄戦において日本兵がウチナーグチを使った住民を「スパイ」として虐殺した事実について言及し（沖縄青年同盟 一九七二b）、さらに、戦後、沖縄の教育現場で標準語教育が励行されたことも、自らの経験としてしばしば批判的に取り上げている。このように言葉にまつわる歴史をつないでいくと、沖縄の「併合」とは言葉の矯正の歴史である――沖青同はそのように現在を歴史化するのだ。だから、「自己のより自由な表現手段としてウチナーグチを使うこと」は「正当な行為」であり、植民地主義への抵抗の意志表示である（沖縄青年同盟 一九七二b）。

また、ウチナーグチが裁判で禁じられる状態とは、植民地主義が今も継続中であることを示す出来事であった。

国内植民地として沖縄をとらえかえすということは、国境を越えた広がり――植民地であった／あるさまざまな地域と人々――のなかへと、沖縄をつなげることでもある。北沢は沖青同の金城朝夫と次のような意見交換をしていた。

私の話すアルジェリアのこと、ベトナムのこと一つ一つに彼［金城朝夫］は「沖縄もそうなんですよ」ということばで受けて、沖縄の歴史や現実を熱っぽく語っていったのだった。それまで私が沖縄問題についてアジア・アフリカの民族解放運動家の会議で語ったり書いたりしてきたことのポイントは、「沖縄が米軍に占領され、極東のかなめ石として中国をはじめとするアジア諸国に対する侵略基地となっている」、したがって「沖縄が日本に返還されること」がその解決方法なのであるということであった。その私にアルジェリアもベトナムも「沖縄と同じ」だと彼が叫ぶようにうなずいたということは、一つの衝撃だった。（北沢 一九七一：二〇）

この証言は、沖縄闘争における大きな転換を鮮やかに示しているだろう。「在日沖縄人」の闘争と思想が、アルジェリアやベトナムの植民地解放闘争と、共時的に共鳴していることがわかる。そして、「沖縄が日本に返還されること」が解決方法ではなく、アルジェリアやベトナムと同じく植民地主義からの解放こそが必要だ、というのだ。

そもそも、国内植民地という概念とは、第三世界の民族解放闘争や植民地解放闘争が先進国内部へと連動的に波及することによって実践的に創りあげられたものであった。

> 「国内植民地」問題とは主要に帝国主義国家の国境内部における第三世界あるいは第四世界人民の解放闘争＝革命運動の開始と構築がなされてはじめて「国内植民地」問題となるからである。それはアジア、アフリカ、ラテンアメリカ地域の人民がその反帝解放闘争のある質的飛躍をとげたとき――世界性と階級性を獲得したとき、第三世界となるということと同様の意味において。
>
> 　そしてこの国内植民地解放闘争自体がまたアジア・アフリカ・ラテンアメリカにおける六〇年代の第三世界解放闘争＝革命の攻勢的発展が帰結するところの一つとしての、ブルジョア国家あるいは帝国主義国家の内部への連動的波及にほかならないのである。このことは国内植民地が「国内」という言葉からくるところの古典的な一国的規模での資本主義的発展の構造の中に押し込められるものではなく、第二次世界大戦後の帝国主義のグローバルな支配体制のメカニズムの中から不断に形成されるものである。（北沢 一九七二a：五－六）［強調は引用者］

第三世界の民族解放闘争、植民地解放闘争が、帝国主義本国内部に波及することによって、「政治、経済、文化あらゆる局面において、差別され、搾取され、支配されている」植民地と類似する状況を生きる民族や地域が、「帝国主義国家の内部」にも見出されるようになった（北沢 一九七二a：四）。国境の向こう側の植民地解放闘争を自分のことのように思うとき、「国内植民地」は生まれるのだ[30]。

　だが、国内植民地としての沖縄、植民地解放闘争としての沖縄闘争という考え方は、さらなる「連動的波及」（北沢 一九七二a：六）を生み出していった[31]。たとえば、沖青同は、自ら「在日沖縄人」の境遇を日本本土に暮らす「在日アジア人民」と重ねている。

日本「本土」において沖縄人がうけている差別と抑圧を直視し、それを生み出す体制と対決し、同じ状況にある在日アジア人民と連帯して行動に起ち上りその中で日本の先進的人民とも連帯し、闘争に決起する。（沖縄青年同盟 一九七一b：五［「規約前文草案（第三次）」］）

国内植民地という境遇を経験しているものどうしの連帯。たとえば、沖闘委の宮城島明は、一九六九年頃から重要な運動課題となった出入国管理法案を批判しながら、また、一九七〇年七月七日の華僑青年闘争委員会（華青闘、一九六九年三月結成）による新左翼運動の差別の告発を意識しながら、次のように述べていた。

「本土並みの権利の適用を」と叫びつづけてきたこの「本土」が、実は日本帝国主義としての新たな市場分割をめざす軍国日本、「アジアの盟主」的存在であるとき、この「本土」並み適用とは、一体何を意味するのであろうか。［……］沖縄が日本国内になり名実ともに日本人化するとき、沖縄に存在する台湾人・朝鮮人・フィリッピン人等のアジア人民の位置は、在日外国人というレッテルを貼られ、不当な法支配下に繰り込まれると同時に様々な抑圧、差別政策のもとで喘ぎ苦しむのである。（宮城島 一九七一：一〇八）

宮城島は、「沖縄人」による「本土並み」=「日本国民並み」の権利獲得を要求する運動が「アジア人民」への抑圧や差別を不問に付してしまうのではないかと指摘している。国民になる、ということが、国民国家による植民地主義的な暴力や抑圧、差別を不問にし、再生産しているということ。真久田は次のように書いている。

国家を前提とした、あらゆる法秩序意識、道徳観、価値観、宗教観、人生観等々の一切をかなぐり捨て、自ら非国民＝まぎれもない一個の人間として生きるか、それとも、日本帝国主義国家の「国民」＝国家の〝奴隷〟として生きるか、そのどちらを選ぶのか。それは私達一人々の意志にかかっているのです。（真久田　一九七二：二六）

真久田にとって、国家とは自らの外側に対象化されるものではない。自らの感性や身体、認識枠組みに常に既に深く入り込んでいるものだ。植民地主義の再生産装置としての国民国家から、どのように、自己を解放できるのかが問われていた。[32] この問いは、沖青同の行動を支持することが、「沖縄問題に対する姿勢を根本から問われるばかりでなく、［……］すべての既成をひっくりかえすこと」（北沢　一九七一：一二）なのだとした北沢や支持する会に集まった人々にも分有されていたといえよう。

沖青同は、国内植民地として沖縄をとらえかえし、沖縄闘争を再構築しようと試みた。沖青同にとって沖縄闘争とは、国境の向こう側と国境の内側で作動する植民地主義をつなげて問う視座の獲得であった。[33] この試みは、「在日沖縄人」をはるかに越えた人々が共鳴し、分有可能な実践であった。植民地主義からの解放とは、植民地主義の再生産装置である国民国家からいかに離脱するかという普遍的な試みであったからである。

ある沖縄の活動家は、「ひとつの体制のなかにまきこまれていった場合には、「日本対沖縄」という相対化ではなく、日本のなかにおける内部的なつきあげのひとつというかっこうになっていくだろう」（新川ほか 一九七一：六八）という危機感を表明していた。[34] この危機感は、復帰によって、沖縄問題が国内の一社会問題かのように受け止められることへの危機感である。沖青同が切り開こうとしていた、国境の内と外で取り組まれている脱植民地化の豊かな実践との連動が忘れられ、〈沖縄の人々が抱える、あの島＝沖縄で起きている問題〉へと切り縮められることへの危機感。この危機感に、人々が織りなしたアリーナとしての沖縄闘争の広がりの豊かさと、それを国境の内側へと整序する国家との相克が刻まれている。

注

（1）沖縄返還後、維持された米軍基地は、沖縄の全面積の一二・三％を占めた（世界編集部 一九七一：一一三）。

（2）了解覚書本文については、当時の新聞紙上で確認できるが、ここでは『月刊社会党』（一九七一年一一月号、第一七七号）を参照した。

（3）沖青同については、後述する沖縄国会での爆竹事件などへの注目から、いくつかのルポルタージュや批評が発表されている（金城 一九七一、穂坂 一九七一、星野 一九七二、毎日新聞社 一九七二）。しかし、沖青委と沖青同についての先行研究は限られている。概括的にその歴史を整理したものとして、小熊英二による元沖青委／沖青同活動家で批評家の仲里効へのインタビューがある（小熊・仲里 二〇〇三）。小熊は『1968（下）』（二〇〇九b：二三〇‐二六六）において、上記のインタビューを参照しつつ、沖青委と沖青同について考察を行なっているが、新左翼セクトとの緊張関係に焦点があてられており、沖縄戦後史や沖縄闘争史のなかに沖青委・沖青同を位置づける作業はなされていない。

このように、先行研究は概括的な整理にとどまり、またその分析や考察の範囲も限定的である。本章では、沖青委や沖青同の機関紙、ビラ、論文集、当時のルポルタージュや新聞記事などにまで考察の対象を広げながら、沖縄闘争のなかに両者を位置づけたい。また、沖縄闘争が沖縄戦後史（さらには沖縄と日本との近代史）のなかでどのような意味をもったのかという問いへとつなげる作業を試みたい。

（4）南灯寮は一九四七年五月に開設。財団法人沖縄県学徒援護会が管理し、「学生の自治に依り学生生活の充実向上を図る」（南燈寮草創記編集委員会 一九九五：二五［沖縄学生同盟南燈寮規約］）ことを目的とした。設置当初の家屋面積は延べ三〇八坪、「戦地や工場に送られていた学生、外地引き揚げの学生たちであふれた」（国吉 一九九四：二五六）という。

（5）仲里効は一九四七年、南大東島生まれ。一九六七年四月、私費留学生として法政大学に入学。

（6）二〇一二年二月二七日、沖縄県那覇市のカフェでの仲里効氏への聞き取り調査結果による。

（7）「昨年十一月の「日米共同声明」」や「目前に迫まる《ママ》四・二八」などの記述からそのように判断した。

（8）ゼネストの計画から回避までの沖縄内外の政治プロセスについては、福木（一九七三）の第一部・三章を参照した。この本は一九六八年一〇月から一九七二年九月までを対象に、「沖縄の激しいうごきの、おおくの現場に立ち会い、ことに沖縄の意識変革だったと思われる初の主席公選、コザの実力決起、一一・一〇ゼネスト、五月十五日返還とその後の実情など時代のどよめき」を追ったルポルタージュであるが、五部構成のうち、第二部「矛盾とのたたかい」はゼネスト挫折を起点に書かれている（福木 一九七三：五九一）。福木にとってゼネストの挫折は、その後の復帰運動・思想の「矛盾」のはじまりであった。

（9）ゼネストの挫折をめぐって運動内部からの批判や指摘された問題については、『ドキュメント沖縄闘争』の第二部四章「（1）二・四闘争（B52撤去闘争）」（新崎編 一九六九：三七六-四一九）や『沖縄解放への視角』の第Ⅳ章（沖縄研究会編 一九七一：一六三-二〇四）を参照されたい。

（10）だが、復帰運動が日本の抱える問題をまったく見ていなかったと単純にはいえない。占領下にある沖縄の人々が「日本政府を正面切って非難したりすると、うまく利用されて、アメリカの支配に使われた」（木下ほか 一九六八：一五五［由井晶子の発言］）という困難な構造をみておく必要がある。だから、沖青委、そして、沖青同の復帰運動批判は、米軍直接統治という政治構造のなかで押さえ込まざるをえなかった情念を言語化していくことであったとも考えられる。沖青委と沖青同は、復帰論への反復帰論の対置というような単純な二項対立の構図ではなく、復帰運動からの変転という視座から論じられる必要があるように思う。

(11) 激しく動いている政治情況への対応が優先され、また、沖青委は少人数の運動であったため、集団就職者が抱えている諸問題を具体的に解決するような活動は、十分には取り組まれなかったという。「政治状況にかかわる問題が中心になってきて、問題意識はあるんだけれど、なかなかそこまで深くまで踏み込んでいけなかったというのが実際の状況」であった(二〇一二年二月二七日、仲里効氏への聞き取り調査結果による)。第三章で検討したデイゴの会の活動のユニークさが分かるように思う。

ちなみに、沖青委の分裂後に生まれた沖青同は、沖縄の労働者と日本の資本主義の形成史に一貫して関心を持ち続けていた。沖青同の認識は次のようなものだ。沖縄の労働者農民は「植民地的モノカルチャーを強制され、農村は荒廃させられ、荒廃のなかで生活苦にあえぎ、土地を失った農民たちは離村を余儀なくされ、海外と日本「本土」へ出稼ぎに出かけて、ようやく生き続けることができた。「本土」へやってきた沖縄農民は、最下層のプロレタリアートとして骨の髄まで収奪の対象として扱われたばかりでなく、歴史的に形成され社会的に存在した差別とその意識の下で、いっそう強い抑圧にさらされ」(沖縄青年同盟 一九七二d:二)たのだ、と。沖青同のメンバーに若い労働者たちがいたことが、このような認識の背景にはあるだろう。沖青同は、集団就職者の劣悪な労働環境や生活実態をよく知っており、沖縄の労働者や農民たちの経験は、そのまま沖青同の若者たちが生きる現在の自分自身に重ねられている。

なお、沖縄出身労働者の最下層プロレタリア化という問題は、沖縄闘争における論点の一つであった。たとえば、第四章で論じた竹中労や寄せ場の労働運動を担った船本洲治の思想(船本 一九八五)などがある。寄せ場と沖縄という重要なテーマは今後の研究課題としたい。

(12) 詳細は残念ながら分からないが、「在留期限が切れたのに国府大使館への旅券申請をこばみ、祖国に中国を選んで法務省に在留期間更新を求めていた東大大学院の中国人女子留学生、劉彩品《リユツアイピン》さんへの支援闘争」においても、両派の間で「対応の仕方をめぐる違い」が生まれ分裂につながったといわれている(毎日新聞社 一九七一:二六-二七)。

(13) 山村の論考が掲載されている現代史の会編(一九六九)は、「七〇年安保・沖縄闘争をどう闘うか」、「現代革命における革命主体はなにか」、「世界の革命運動の現段階をどうみるか」という三つの質問に対する、主要な六つの党派による回答を横並びで掲載したものだ。党派間の立場の「違い」と類似性がわかり、興味深い資料になっている。

(14) 新左翼諸党派の沖縄闘争論については蔵田（一九七八：二六九―二七三）が簡潔にまとめている。

(15) 「復帰」でも「返還」でもなく、「奪還」という言葉を使うときの感触について、興味深い議論を紹介しておきたい。一九六七年一一月八、一二、一六、二五日に行なわれた「国民文化会議」による討論会とシンポジウムでの記録である。

「星野［安三郎］ その場合、さっき出された「返還」ではなくて「沖縄奪還」ですね。これには暴力的に奪ったことに対する怒りがこめられている。施政権返還ということでは筋がはいら《ママ》ない気がします。

藤島［宇内］ 「返還」というのは向こうから言う感じがしますね。

星野 それに返す気がないんだし、奪いさられたんだから、お願いしますというような態度で佐藤がアメリカへ行くのはおかしいんだ。ジョンソンを呼びつけるべきですね。［……］

由井［晶子］ ［……］一九五六年七月にはできたばかりの復帰協議会を足場にして自民党から全学連までいっしょに日比谷で大会を開くことになったわけです。自民党の強い要請で復帰問題は出さない、あくまで土地問題にしぼる、共産党は入れないということになり、準備の段階で締め出すというようなこともありましたが。それでも、決議の中には復帰決議もさしさわりのない最大公約数の文句で入れました。そのとき「復帰」というのは沖縄の側からいうことばだから、本土の側からは「返還」というのが正しいという意見が出て、採用されました。運動の中で〝沖縄返還〟ということばが使われたのは、これが最初だと思います。その後施政権返還とごく自然にいわれるようになった。そのころ「奪還」ということばも出ました。確かに千島・樺太奪還同盟とかいう団体の人たちが強く主張していました。南も返せ、北も返せというわけで。けれども「奪還」というのは領土意識であって、民主主義的な権利獲得の意味とは少し違うんではないかという論議でした。」（木下ほか 一九六八：一六八―一六九）

(16) 富村は一九三〇年生まれ。その来歴については手記『わんがうまりあ沖縄』（富村 一九九三）を参照されたい。

(17)ハイネックシャツの存在は裁判において明らかにされた。第六回公判(一九七一年四月一五日)で、富村の身柄を拘束した愛宕署によってハイネックシャツの存在自体が隠蔽されていたことが判明したのである。土井智義はこの事実に注目し、「おそらくは天皇制を問題化することを避けるためであったと考えられる」と分析している。また、土井は「沖縄の女性みたいに正田美智子も売春婦になり沖縄人民のためにつくせ。それがせめてもの償いである」という言葉について、「天皇(制)を厳しく糾弾しようとする意図」があるだけでなく、「同時に、きわめて女性差別的なもの」であり、「容易には解消しえない矛盾が、当時まったく議論されなかった」と重要な指摘をしている(土井 二〇〇七:五七)。

(18)マスメディア、警察、検察官などは、富村の行動と主張に「精神障害者」や「狂気」というレッテルを貼り、了解しようとした(富村 一九九三:ページ数なし[冒頭の「読者のみなさんへ」])。検察官が富村の措置入院を考えていたことも示唆されている(富村 一九九三:二〇七、冨山 二〇〇七)。

(19)だが、その後の公判内容を確認すると、必ずしも〈沖縄〉は欠落していないように思える。富村自身の意見陳述と弁護側証人(石田郁夫、宮城栄昌、上江州久、武藤一羊、小山内宏、新崎盛暉、仲吉良新、古波津英興、新里金福など)の証言のなかで、富村の行動の歴史的背景や富村を裁くことの意味が示されている。詳しくは公対委による「公判闘争経過報告」(富村 一九九三:二〇七-二一七)を参照されたい。

(20)学生インターと海邦派とのあいだで論争になったのは、富村が特別弁護人として瀬長亀次郎国会議員を要請したことであった。学生インターはこれを認めたが、海邦派は「瀬長=人民党=日共[日本共産党]のこれまで行なってきた事や、今進められている日帝の沖縄併合に対し、なんら有効に対応できないのみか、積極的に日本にとりこまれていこうとするのを見た場合、彼に富村さんの特別弁護人たる資格はないし、富村さんにもその事を良く説明し、瀬長氏を特別弁護人とするのをやめさせるべきである」(富村公判斗争沖縄委員会 一九七一:二)と主張。支援方針をめぐる対立だけでなく、国政参加問題や人民党と共産党の評価などが複雑に絡み合っていることがわかる。

(21)以上の分裂の経緯は、沖青委海邦派側の資料により整理した。分裂の経緯についての記述はほとんどないが、沖青委中核派の『沖縄青年委員会』(山城編 一九七三)、ベ平連の古屋能子の『新宿は、おんなの街である』(古屋 一九八四)に裁判支援運動についての記述がある。前者所収の普天間宏「富村闘争の永続的貫徹と沖縄奪還闘争」では、富村の行動を「沖縄県民の究極的解放の道が五・一五体制の全面的転覆にあることを示し」、その立場は「本土復帰・基地撤去、永久核基地化粉砕＝沖縄奪還、安保粉砕・日帝打倒」であるとしている。

(22) 沖青同の規模は、一九七一年一一月の時点で東京を中心に約二〇〇名程度であったとの記録がある（毎日新聞社 一九七一：二七）。

(23) 以上は『朝日新聞』一九七一年一〇月一九日夕刊の記事による。新聞により事実に関する記述内容に細かな違いがある。たとえば、『毎日新聞』同日夕刊では、立ち上がった順番は、男、男、女となっており、二人目の男は「沖縄県人の生活を守れ」と叫んだと報じられている。これまで論じてきた海邦派の思想を踏まえるならば、「沖縄県人」という言葉が使用されたとするのは疑わしいように思う。また、『日本経済新聞』同日夕刊によれば、二人の男は「沖縄返還協定反対」を叫んだとある。新聞による違いは、それぞれの政治的なスタンスの違いでもあるだろうし、また、それだけ現場が混乱していたことを示しているのではないだろうか。

(24) たとえば、沖縄教職員会が「沖縄を祖国日本の一県として、正しく教え、沖縄の祖国復帰実現のために、活用」することを目的につくった冊子『われらの沖縄――祖国復帰をまつ人々とそのくらし』（沖縄教職員会編 一九六九）をみてみよう（なお、本書の初版発行は一九六八年九月。一九六九年に「若干の字句などの修正を加え」［沖縄教職員会編 一九六九：一］て改訂版が発行されている）。第二章で「沖縄県のあゆみ」があり、「島津の進入」と琉球処分を記述した「藩から県へ」の項があるが、日本復帰を求める人々の思いを綴る第七章「沖縄県民の叫び」では、沖縄戦が記述の起点となる。具体的には、沖縄戦における「学童疎開の悲劇」、「学童の壮烈な戦死」、「戦場に散った鉄血勤皇隊」、「沖縄県民の戦闘協力」などが記述され、沖縄戦での犠牲と悲劇が、「平和と民主主義」を掲げる「祖国日本」への復帰の根拠として位置づけられている。第七章「沖縄県民の叫び」の冒頭は次のようなものだ。

「沖縄はもともと、皆さんの県と同じく、わが国の一県であった。ところが、太平洋戦争の末期、一九四五年（昭和二〇）四月、米軍が沖縄に上陸して死闘三か月後、米軍に占領され、沖縄守備の日本軍は壊滅した。それ以来、沖縄は祖国日本から切り離されて、米軍に統治されるようになり、一九五一年（昭和二六）に結ばれたサンフランシスコ平和条約によって、完全にアメリカ合衆国が治めることになった。

沖縄は長い歴史の上で、いろいろな運命を背負わされてきた。特に、一九四五年（昭和二〇）の沖縄戦における県民の犠牲は、いいあらわせないほどである。二十万に近い人命を失い、山野は形を変え、耕地は荒廃し、やっと生き残った県民は、アメリカの軍事支配下におかれた。

祖国日本が、新憲法のもとに、平和と民主主義の道を歩んでいるというのに、今もなお、百万人に近い県民が住んでいる沖縄だけが、憲法に守られないまま、米軍のアジア最大の基地として、ベトナム戦争の不安におびえながら生活している。沖縄の人々は、このような生活から解放されて、一日も早く祖国へ帰りたいと熱望し、祖国復帰の運動を大きくもり上げている。」（沖縄教職員会編 一九六九：九二‐九三）

この歴史叙述が、沖縄戦時の日本兵による住民への暴力の問題、沖縄戦以前の日本と沖縄の加害・被害の関係を捨象する同化主義的な傾向を有していると指摘するのはたやすい。だが、沖青同と復帰運動を単純に対置し論じるのではなく、復帰運動が屈折のうちに抱え込んだ複雑な感情と沈黙を、沖青委や沖青同とともに読むということが求められるのではないだろうか。たとえば、戸邉秀明は、沖縄教職員会の運動を「同化と一括してしまう手前で、教員たちが洩らす躊躇・嘆息・沈黙・怖れなどに眼をこらす」（戸邉 二〇〇八：一七六）ことから考察を試みている。

(25) 「離脱」という言葉については、冨山（二〇一三）による。すなわち、「離脱」とは、「既存の秩序を前提とした上向やもがきが、どうしても立ち行かなくなる瞬間」（冨山 二〇一三：二六七）の訪れのなかで、既存の秩序から降りること、対立の構図（＝交渉のテーブル）自体を踏み抜くような敵対性の生成である。大野（二〇一四b）も参照にされたい。

(26) 社説をいくつか紹介しよう。『朝日新聞』の社説「「下手人」の思想」（一〇月二〇日朝刊）は「過激派集団のいうゲリラ行動とは、無差別テロの同義語に近い［……］彼等はあきらかに狂気にとりつかれている」、『毎日新聞』の社説「「協定粉砕」の暴力闘争を憂う」（一〇月二三日朝刊）は「過激集団が「沖縄協定粉砕」「佐藤内閣打倒」を叫んでデモすることに、われわれは反対しない。しかし、それはあくまで〝暴力〟が伴わないことを条件とする。［……］彼らなりに、えがく社会を実現するというなら、もっと息の長い合法的な闘争をつづけるべきであろう」、『日本経済新聞』の社説「「国際反戦デー」に当たり警告する」（一〇月二一日朝刊）では、国会爆竹事件にも触れつつ、「改めて国民すべてが過激派集団への監視の目をきびしくし、暴力の絶滅に協力することが必要である。[……]なんら前途に建設的な提案のないアナーキズムのそれであり、思想の貧弱は明白である」などと主張している。

(27) 支持する会は、一一月一〇日にこのアピール案文をとりまとめ、井上清、倉田令二朗、北沢洋子、鈴木武樹、針生一郎、無着成恭、武藤一羊、吉川勇一の八名が発起人となり、知識人五百名へ発送した。また、アピールは五千部印刷され、一二月八日のベ平連集会、同月一五日の「沖縄政治集会」(沖青同主催)などで配布されたのに加え、マスコミ・文化人やミニコミ誌などへも発送されている(「沖縄青年同盟の国会行動を支持する会」事務局 一九七二a)。

(28) 手記の日付は一九七二年一月二六日である。

(29) 沖青同の金城朝夫によれば、次のような反応もあったという。

「日本の革新議員は、この爆竹事件をアザ笑って、週刊誌に書いた。彼には沖縄の命運をきめる国会に対する沖縄人の気持は理解できまい。またある革新政党の人は、三人の行動を単にトロツキストとしてかたづけた。三人はトロツキーの理論を知っていない。ただ沖縄人としてぎりぎりの抵抗を示したのである。この三人の行動の正しさの実証を今、日本の国会が一つ一つおこなっている。沖縄の運命はまたもやわれわれと関係ないところできめられている。」(金城 一九七一:一九)

(30) 北沢は、国内植民地について概括的な分類を行なっている(北沢 一九七二a:四-五)。

第一に、「独自の歴史と文化を持つ民族あるいは地域共同体が帝国主義国家に政治的または武力的に併合または隷属させられているもの」であり、具体的には沖縄、カナダのケベック、イギリスの北アイルランド、スペインのバスク地方である。

第二に、「資本主義の原蓄過程および帝国主義段階において、アジア・アフリカ・ラテンアメリカという地理的に離れた第三世界地域より、暴力的に[……]移民として帝国主義本国に移住させられた共同体」であり、米国の少数民族(黒人、プエルトリカン、チカーノ、アジア系人民)、日本の朝鮮・中国人民などである。

第三に、「帝国主義国家、ブルジョア民族国家、[……]〝社会主義〟国家内部において、政治・経済権力の中心構造によって〝後進〟地域化——周辺構造化されるもの」であり、イタリアの南部農業地域、東ベンガル、ソ連のアジア諸共和国などである。

そして、第四に、北米のインディアンや日本のアイヌ、ヨーロッパのジプシーなど、「歴史的迫害を受け、辺境または不毛の地域に囲いこまれ、現在は帝国主義権力によって生存そのものの絶滅がはかられている先住民族」である。

（31）「連動的波及」の好例は米国のブラック・パンサー党である。たとえば、ブラック・パンサー党の思想的牽引者の一人、ストークリー・カーマイケルはベトナム解放闘争と黒人解放闘争との「連帯」を語っていた（本書第五章注4参照）。

（32）植民地主義の再生産装置としての国民国家、という考え方は西川長夫の著作、特に『〈新〉植民地主義論』（西川 二〇〇六）を参照されたい。

（33）しかし、沖青同が他の国内植民地解放闘争の思想・実践から、具体的に何を導き出し、実践しようとしたのかは必ずしも明確ではない。酒井隆史は、ブラック・パンサー党の思想と実践を、「主権という枠組みをはずして、ネーションを経由させずに、さらにローカリズムへ引きこもることもなく、ローカルなものとグローバルなものとの連関のなかで、コミュニティにおける自律的な民衆による実践」（酒井 二〇〇四：七九）としてあったと述べている。沖青同だけでなく、たとえば第三章で考察した在阪沖縄出身者たちの労働や教育をめぐる闘争は、「コミュニティにおける自律的な民衆による実践」として考えることが可能なのか。今後の検討課題としたい。

（34）勝連繁雄（一九四〇年生まれ、当時・高校教員）による発言。

終章

ここまで沖縄闘争における五つの運動を取り上げ論じてきた。五つの運動は、同時代に、多くは別々の場所で、しかし、ときに交差しながら、取り組まれていたことがわかる（巻末の年表も参照されたい）。「沖縄闘争」とひとくくりにするのを拒むような、多様で、個性的な、そして、分岐点に満ちた、人々の営みが広がっていた。

本章では、序章で掲げていた二つの問いに戻り、沖縄闘争の時代の特徴を整理しよう。

1　沖縄闘争の力学

一つ目の問いは、沖縄闘争において、いかなる人々が、なぜ、どのように、沖縄問題に取り組んでいたのか、であった。この点については各章で詳しく論じているので、ここでは共通する特徴について確認しておきたい。

まず、どのような人々が、どのような動機によって、沖縄問題に取り組んでいたのだろうか。

沖縄闘争は、沖縄の人々だけではなく、日本本土の人々、そして米国の反戦活動家や兵士など、多様な個人・グループによって取り組まれていた。沖縄問題とは、日本の戦後体制や米国を中心とした冷戦体制における暴力や抑圧、忘却を集約的に表わす問題であったためである。たとえば、日本本土の人々が享受していた（かにみえる）「平和」が、国境の向こう側の暴力――沖縄の軍事化やベトナム戦争――と直結していることが問われていた。また、沖縄の人々を、日本経済の下層に位置づける構造も鋭く批判されている。そして、このような暴力や抑圧が続いているにもかかわらず、その事実を知らず、知っていても忘却できていること自体が問題化されたのだ。よって、沖縄闘争には、歴史的につくられてきた困難な問題の解決が賭けられていた。

だが、多くの人々にとって、日米両政府が進めた沖縄返還とは、このような暴力や抑圧、忘却を解消するものではなかった。米軍基地を維持したままの沖縄返還が実現し、東アジアにおける冷戦体制と日本の戦後体制が延命されていく事態に、人々は異議を申し立てたのである。沖縄の日本復帰は諸問題の解決を先送りにするものであると受け止められた。その怒りが沖縄闘争を生み出したのだ。

次に、人々はどのように沖縄問題に取り組んでいただろうか。

本書が論じた運動は、沖縄問題を〈沖縄の人々が抱える、あの島＝沖縄で起きている問題〉とし同情を寄せるのではなく、自らも含めた問題として沖縄問題をとらえようとしていた。たとえば、デイゴの会は、日本本土／沖縄という二分法のもとでは把握できない「大阪の沖縄問題」を発見し、自らが住む大阪の成り立ちに内在した運動を展開していた。沖縄問題とは〈この街で起きている問題〉としてとらえかえされていった（第三章）。また、沖縄でのべ平連運動は、軍事的暴力がフェンスの外側だけでなく内側にも、そして海の向こうのベトナムにも及んでいるということを発見し、運動が、国境やフェンスによって切り縮められてきたことを問題化した（第五章）。人々は沖縄問題をとらえかえし、運動やコミュニケーションのありようを見直し、つくりかえていった。沖縄闘争は、沖縄問題を〈沖縄の人々が抱えている、あの島＝沖縄で起きている問題〉として切り縮める力学に抵抗し、暴力や忘却とともに維持されている境界線を問い、越えようと試みていた。そして、出会いと交流のなかで、人々は当事者性を獲得し、分断されていた者たちの新たな共同性をつくりだそうとしていたのである。

また、沖縄闘争は、一見するとミクロな実践ばかりにみえるが、マクロな構造――東アジアの冷戦体制と日本・沖縄・米国の戦後体制――を対象化し、批判する営みでもあった。つまり、ミクロな現場においてマクロな構造に直結した実践がつくられている。たとえば、渡航制限撤廃闘争においては、沖縄と日本本土との擬似的な国境線が米軍占領を支え、ベトナム戦争を支える装置であるとの理解が生まれていた。それゆえ、港や空港での入域・出域手続きにどのように対応し、ふるまうのかということが、米国の沖縄統治や東アジア冷戦体制に直結する問題としてとらえられていた（第二章）。また、デイゴの会による、沖縄出身者の労働・教育環境の改善に向けた取り組みは、沖縄出身の若い労働者を抑圧する地域社会の変革という大きな課題に直結していた（第三章）。竹中労は、島唄を収集し、人々に届けるという行為を、沖縄の日本復帰をめぐる屈折や軋轢、葛藤を表現する実践として意味づけている。島唄とは、国家や資本に馴染まない身体や感性を創り出すことであった（第四章）。だから、沖縄問題とは、東アジアにおける冷戦体制や戦後体制というマクロな構造に規定され、抑圧されている自らの思想や感性、身体そのものの変革という問題であったのだ。

ここで注意すべきは、ミクロな実践が予めマクロな構造と必ずしもつなげられていたわけではないということだ。それぞれの出会いと実践の積み重ねのなかで、両者のつながりは発見されていった。自らを含むマクロな構造は実践のなかで把握される。社会運動とはそのような発見と変容にあふれた営みであるということを、沖縄闘争は私たちに示してくれているだろう。

2　復帰のとらえかえし、あるいは政治の創造

本書の第二の問いは、沖縄闘争において、人々は沖縄の日本復帰をどのように受け止めたのか、であった。

第一に、沖縄闘争において、日米両政府による沖縄返還が何を意図したものであり、どのような構造を温存し、強化するものなのかが鋭く批判されていた。すなわち、沖縄の返還・復帰とは、①沖縄だけでなく、ベトナムなどのアジア諸国に対する抑圧的な機能をもつ軍隊の維持・強化（第二章、第五章、第六章）、②経済成長下における底辺労働者（力）の再生産の継続（第三章、第六章）、③沖縄を日本へ同化させながら周縁化する構造の維持（第四章、第六章）、として受け止められていた。本書において、何度も考察してきたように、日米共同声明（一九六九年一一月）の沖縄返還合意に対し、沖縄闘争は、これらの困難や矛盾に向きあい、乗り越えようとしたのである。復帰のありようの改善を求める運動だけでなく、復帰そのものを拒否する運動が同時に存在している。それゆえ、沖縄闘争とは、さまざまな運動や思想のあいだの対立や分岐に満ちたアリーナとなった。

第二に、沖縄の日本復帰をめぐって、政治のありようが問われていた。日米両政府に決定権を委ね、陳情や請願を行なう制度化された政治が暴力を構造化していることが問われた。そして、人々は別の政治を創り出すことを渇望していたのである。そのため、本書は、日米両政府による沖縄統治政策を一瞬であれ崩壊させるような、その管理が及ばないような、自律的な空間、コミュニケーション、言葉、そして身体を創る豊かな実践に注目し、考察してきた。たとえば、沖縄と日本本土を行き来する船や港の

占拠（第二章）、隔週定時制高校の解体にまで発展する直接行動（第三章）、復帰の失敗を生きる／失敗になる人々を生み出す島唄（第四章）、フェンスによる分断を乗り越えようとするダンス（第五章）、拒否を起点とした政治の転換（第六章）など、さまざまな創意工夫があふれている。今・ここにおいて、一瞬であれ、即興的にあるべき世界をつくり、生きることが目指され、経験されていた。

第三に、それゆえ、人々は復帰の概念を変えていったと考えられる。復帰とは、一九七二年五月一五日に完了した出来事ではない。沖縄闘争によって、復帰とは、決して完了しない（あるいは完了させてはならない）、動態的な交渉のプロセスとしてとらえかえされたのである。だから、決着はいまだについていない。未来においても、現在においても、別の世界、別の沖縄、別の私は創造可能なのだ。これは、沖縄闘争が現代を生きる私たちに宛てた一つのメッセージであろう。

3　沖縄闘争の時代の先へ

ここまで論じてみて改めてつきつけられるのは、沖縄闘争の時代と現在との目眩をともなうような断絶である。当事者性を獲得しつづけ、政治を創造する実践にあふれた沖縄闘争の時代と、沖縄問題＝〈沖縄の人々が抱える、あの島＝沖縄で起こっている問題〉という認識が前提化してしまったかにみえる現在。残念ながら、この断絶の理由や背景を説明する明確な答えを用意するには、さらなる研究が求められるだろう。特に沖縄返還以降の思想と実践の変化とその要因を検証することが必要不可欠だ[1]。

だが、少なくとも次のように述べることができる。

沖縄闘争が圧倒的な力を持って出現した特殊な時代状況があった。一九六〇年代後半から一九七〇年代前半の反体制運動の興隆の時期に、沖縄返還交渉が行なわれ、沖縄問題が広く問題化されたこと。多くの人々が夢見ていた復帰が幻想にすぎないことが明らかになり、しかしながら、米国統治の継続を受け入れるわけにもいかず、それゆえ、日米両政府の返還政策を批判し、乗り越えていく政治的想像力が豊かに創られたということ。そして、国家や国境という概念自体が問われ、復帰のありようだけではなく、国家を前提に政治や沖縄を構想することそのものが批判の対象となりえたということ。つまり、既存の政治体制に裂け目が生じ、何かができるような予感に満ちた時代状況が広がっていたのである。このような時代状況のなかで、沖縄闘争とは、復帰に夢を賭けられなくなった人々が、別の政治、別の沖縄、別の私を切り開くことを可能とする、僅かな期間に起こった類稀な出来事の数々であったのだ。

一九七二年五月一五日の沖縄の復帰の実現＝制度化によって、このような豊かな政治はどのように変化していったのだろうか。多くの人々は、様々な思いを抱えながら、政治的な決着がついてしまったかのように、あるいは、決してそうあってはならないと考えながら、この日を迎えただろう。沖縄闘争が切り開いた、別の世界への可能性に満ちた時空間は、日米両政府による沖縄返還の断行と、多くの運動の「鎮圧」、そして、復帰を「一歩前進だ」と祝う国民的雰囲気のなかで縮減していったといえるかもしれない。しかし、それはなくなったわけではない。沖縄で、日本本土で、そして世界各地で、豊かな実践は続いている。(2)

だから、くりかえすが、復帰は終わらない。今も、せめぎ合いのただなかを、私たちは生きているし、生きうるのだ。沖縄闘争は、今を生きる私たち一人一人に創意工夫に満ちた営みを創造しようと呼びかけているはずだ。

注

（1）現在、沖縄問題をよそごと・他人事にできてしまう現在の日本社会を、どのように考えることができるだろうか。たとえば、鄭暎恵の次のような言葉を想起したい。

「「考えなくても済む」状態が特権であり、かつ、裏を返せばもっとも奪われている状態ですよね。「マジョリティ」にとっても、考えなくて済むほど、何も問題のない状態どころか、問題だらけなわけでしょう。それなのに、「考えない」ように骨抜きにされているわけでしょう。「あなた達は考えなくていいんですよ」「投票日には寝ていてくれるとありがたい」、って言われているわけでしょう。［……］自分達が気付くためのきっかけを一つ一つ丁寧に芽を摘まれてきているわけで、それが「マジョリティ」と言われている人達の「特権」の実態ですよ。」（鄭・増渕・藤村 二〇〇四：一六〇－一六一）

（2）たとえば、大野（二〇一〇c、二〇一二b、二〇一二e、二〇一三b、二〇一四a）を参照されたい。

あとがき

　物心ついてから初めて私が沖縄を訪れたのは、一九九四年、一四歳の頃であったと思う。私は修学旅行で沖縄島（沖縄本島）に滞在した。目の前に広がる巨大な軍事基地、フェンスの向こうに見える物々しい戦闘機、今もなお深い傷跡を残している沖縄戦の歴史……。私はこれらすべてに圧倒された。そして、沖縄を訪れた直後の一九九五年。米兵三人が小学生をレイプするという事件が起こった。私はこの事件に強い衝撃を受け、沖縄の人々の「基地撤去」の声の広がりと高まりから目が離せなくなった。

　一九九六年には日米両政府の「沖縄に関する特別行動委員会」（ＳＡＣＯ）が最終報告書を発表。しかし、報告書は沖縄の基地「負担」の「軽減」のため、米軍・普天間飛行場の「返還」を確認する一方で、沖縄県名護市辺野古に新たな米軍基地を建設することを想定していた。そして、二〇〇四年、辺野古では新基地建設のための海上ボーリング調査を国は開始。それに対し、沖縄県内や世界各地から集まった人々による阻止行動が始まった。大学時代の友人や知人が海上での阻止行動に飛び込んでいくのを横目に、私はフルタイムの仕事についていた。「現場」にかけつけることは叶わなかったが、現地発の情報を集め、気づいてみると様々な集会やシンポジウムなどに参加するようになっていた。イラク反戦デモにも足を運ぶようになり、「運動」というものが少しずつ身近になっていったのもこの頃のことである。

　そして、「これは沖縄だけの問題じゃない、沖縄に基地を押しつけている日本社会の問題だ」といった言葉に揺さぶられ、沖縄問題を「自分の問題」として受け止めるとはどういうことなのだろう、と疑問を持つようになった。その際、参照すべきは過去であった。その頃、ベトナム反戦運動や全共闘運動などの回顧録や論文、歴史書が次々に発表され、私は、一九七二年の沖縄の日本復帰をめぐって、沖縄だけでなく日本本土においても大規模な大衆運動があったことを知るようになる。けれども、沖縄問題をめぐる過去の運動を振り返り継承するような場や取り組みは不思議なほどに少ない。二〇〇〇年代の初頭、私の身のまわりでは「あの時代」は既に終わったものとして、現在と切り離されているようにも感じられた。

沖縄問題をめぐる社会運動の経験や実践、問いを整理し、現在の状況へとつなぐことはできないだろうか。私たちの現在はどのような運動や実践の試行錯誤の果てにあるのだろうか。私たちが今、沖縄問題について用いている言葉や概念、取り組んでいる活動、一人一人の感性は、いかなる歴史的過程のなかにあるのだろうか。これらの問いを、研究と運動を行き来するなかで、設定していったように思う。

このような経験と問題意識が、本書の出発点となっている。現在進行形の沖縄をめぐる様々な出来事と諸問題に向きあわざるをえなかった筆者の経験と、一九六〇年代後半から七〇年代前半の沖縄闘争の経験とが共振しあうなかで、本書は構想され、執筆されている。しかし、実践的な教訓のようなものを提示したかったわけではない。当時の困難な状況に向きあい、試行錯誤を続けていた人々の言葉と実践に耳を傾けることで、現在を生きる私たちが当然のこととしてしまっている議論の前提や想像力の枠組みを相対化し、歴史化しようと試みたつもりである。そのような作業をやってみて思うのは、過去から現在へと直線的につながっているようにみえる歴史には、常に、既に、裂け目があり、この世界は揺らぎのなかにあるということだ。この体制は決して永遠に固定されたものではない。現在へとつづく歴史のなかに、未発の力が眠ったままになっている。当時の話を聞かせてくださったある方がこう話されたのを覚えている――「敗北ではあった。けれど、決着がついたわけじゃない。私は生きているんだから」。

多くの方々のご支援とご協力なしには、本書をまとめることはできなかった。この場を借りて、お世話になった方々に、深く御礼申し上げたい。

本書は、二〇一二年九月に立命館大学大学院・先端総合学術研究科に提出した博士論文「沖縄の日本「復帰」をめぐる社会運動の越境的展開――沖縄闘争と国家」に、大幅な加筆・修正を加えたものである。同研究科在学中の指導教員であった立岩真也さん、後藤玲子さん（現在、一橋大学）、天田城介さんには、あたたかく、ときに厳しいご指導をいただいた。研究することの苦しさと、それを乗り越えたときの喜びを学べたことが大きな財産となっている。また、小泉義之さん、西成彦さん、渡辺公三さんには、常にハードルを上げるコメントをいただいた。同研究科や立命館大学生存学研究センターの職員の皆様にもきめ細かいサポートをいただいた。なお、本書の刊行にあたって立命館大学大学院「先端総合学術研究科出版助成制度」の助成を得た。ありがとうございました。

一九七九年生まれの筆者にとって、多くの方々への聞き取り調査は大変貴重な時間であった。天野恵一さん、新崎盛暉さん、井上澄夫さん、上原成信さん、Aさん、大木晴子さん、櫨日康之さん、金井佳子さん、今郁義さん、佐伯昌平さん、ジャン・ユンカーマンさん、高橋武智さん、高嶺朝一さん、ダグラス・ラミスさん、照屋秀伝さん、渡名喜明さん、仲里効さん、畑健次郎さん、服部良一さん、日高六郎さん、由井晶子さん、吉川勇一さん。当時の経験についてお話を伺っただけでなく、貴重な資料の提供を受けた。聞き取り調査とは、研究者として、というよりも、一人の人間としてどのように生きるべきなのかを考え、悩む、豊かな時間であったように思う。

すべての方々のお名前を記すことは到底できないが、多くの研究会で意見交換をさせていただいている研究者の皆さんや仲間から多くのことを学んだ。マイノリティ研究会、〈社会運動〉研究会、資本主義の起源ゼミ、戦後史再考研究会、闇市的沖縄－アジア運動／文化研究会、同志社大学・火曜会、早稲田大学・ＯＣＳＴ、スユノモ（韓国・ソウル）などでお世話になった、秋林こずえ、安里陽子、安部彰、阿部小涼、石原俊、林徳榮、上原こずえ、鵜飼哲、大谷通高、大畑凜、越智郁乃、小野俊彦、勝方＝稲福恵子、加藤千香子、北村健太郎、君島東彦、木村朗、桐谷多恵子、古波藏契、小林誠、酒井隆史、崎山政毅、櫻澤誠、鄭柚鎮、高橋慎一、田中壮泰、田仲康博、土井智義、徳田匡、戸邉秀明、冨山一郎、鳥山淳、中倉智徳、中村葉子、成田千尋、箱田徹、橋口昌治、原口剛、番匠健一、西川祐子、根津朝彦、濱西栄司、福島在行、堀江有里、マニュエル・ヤン、水嶋一憲、道場親信、村上潔、村上陽子、持木良太、森亜紀子、森啓輔、山本崇記、梁陽日、吉田幸恵、吉田裕、和田賢治の各氏。研究とは世界を変える力を持っている——大げさにいえばそう信じることができたのは、皆さんのおかげである。

インパクト出版会の深田卓さん、須藤久美子さん、情況出版の大下敦さん、ハーベスト社の小林達也さんには、書籍や雑誌への寄稿の機会をいただいた。発表の場をいただけなければ、自分のなかのアイデアに言葉を、イメージに輪郭を与えることはできなかったと思う。

研究を続けることと社会運動の実践に関わることは、私にとって、両方がなければどちらも成り立たないものである。「沖縄・辺野古への新基地建設に反対し、普天間基地の撤去を求める京都行動」、「沖縄を踏みにじるな！緊急アクション実行委員会」、「スワロウカフェ」、「生・労働・運動ネット」、「日本ドキュメンタリストユニオン（ＮＤＵ）」、「米軍基地建設を憂う宇川有志の会」、辺野古の座り込みテント、「「へリパッドいらない」住民の会」、「ＰＡＣＥ」などの皆さんと経験を分かち持てたことに感謝の気持ちを伝えるとともに、その活動に心からの敬意を表したい。皆さんとの対話と行動がなければ、研究のもつ豊かな実践性、そして実践のもつ豊かな研究性に気付けなかった。

資料の収集と調査にあたっては所属大学図書館だけでなく、大阪産業労働資料館、沖縄県公文書館、沖縄県立図書館、埼玉大学共生社会教育研究センター、法政大学沖縄文化研究所、立教大学共生社会研究センター、カライモブックスなどに大変お世話になった。

資料を読み、思索を深め、物を書くための大切な空間にも恵まれた。なかでも、いーはとーぼ、カフェ・アンデパンダン、ＢＡＲ土。そして、そこでの会話の相手になってくれた大切な友人たち――村田涼平、松尾泰子、山口友和、橋間素基（故人）。

勤務先である大阪大学グローバルコラボレーションセンターの教職員の皆さんには、研究に集中できる環境を与えてくださったことに心から感謝したい。また、計一〇年間勤務した日本国際協力センター（ＪＩＣＥ）と国際協力機構（ＪＩＣＡ）の皆さんには、実は様々な形で「沖縄」につながる貴重な業務経験を与えてくれたことに感謝している。

人文書院の松岡隆浩さんの存在なしに本書は生まれなかった。思い返せば二〇〇五年だったと思う。ある研究会で、大学院に入りたての私の研究報告に対して「パンチがないね」と松岡さんから言われたのだった。それからずいぶんと時間が経って、その松岡さんが本書の企画を通してくださったとき、とても嬉しかった。本書の刊行にかかわった全ての方々に感謝申し上げる。表紙写真の使用を認めてくださったＮＤＵの井上修さんにも感謝申し上げる。

そして、西川長夫さん（故人）へ特別な感謝の気持ちを伝えたい。大学入学から約一五年間、ラディカルで刺激的な対話の時間をいただいた。生前の西川さんに本書をお渡しできなかったことが残念でならない。「今という時ほど、ものを書くべき時はありません。ぜひ書いて下さい」と亡くなる直前に言われたことを覚えている。書くことを通じて闘い続けた西川さんに、心からの感謝の気持ちと敬意を表したい。ありがとうございました。

最後に、家族へ。いつもどうもありがとう。なかでも、つれあいの由美の言葉と行動から、実に多くのことを学んだ。彼女を見ていると、この世界は変えられるのだ、という気がしてくる。

私たちは、間違いなく、底のみえない、悪化の一途を辿るような時代を生きている。けれども、今日も「おかしいことはおかしい」と声をあげ、言葉を紡ぎ、行動する人々がいる。本書を、自らの尊厳をかけて行動しつづけている、すべての人へ捧げたい。

二〇一四年八月四日

大野　光明

参考文献

青島章介・信太忠二、一九六八、『基地闘争史』社会新報
秋山洋子、一九九三、『リブ私史ノート――女たちの時代から』インパクト出版会
明田川融、二〇〇八、『沖縄基地問題の歴史――非武の島、戦の島』みすず書房
安里清信、一九八一、『海はひとの母である――沖縄金武湾から』晶文社
安仁屋正昭、一九九七、「コザ民衆蜂起」沖縄市平和文化振興課編『KOZA　ひと・まち・こと』那覇出版社、一八七‐一八八頁
阿部小涼、二〇〇八、「Re-thinking the resistance and the constellation of minorities in Okinawan politics」『政策科学・国際関係論集』一〇号、三三‐四七頁
――――、二〇一一、「繰り返し変わる――沖縄における直接行動の現在進行形」『政策科学・国際関係論集』一三号、六一‐九〇頁
天田城介、二〇一二、「序文　差異の繋争点」天田城介・村上潔・山本崇記編『差異の繋争点』ハーベスト社、一‐一四頁
天田城介・村上潔・山本崇記編、二〇一二、『差異の繋争点――現代の差別を読み解く』ハーベスト社
天野恵一、一九九九、『無党派運動の思想――〔共産主義と暴力〕・再考』インパクト出版会
新崎盛暉、一九六八、「復帰運動とその周辺」『世界』二七五号、二〇一‐二〇九頁
――――、一九七一＝二〇〇五、「「沖縄国会」を越えて」『未完の沖縄闘争』四九三‐五〇八頁（初出：『展望』一五六号）

――――、一九七六、『戦後沖縄史』日本評論社
――――、一九八三、「沖縄を返せ」、沖縄大百科事典刊行事務局『沖縄大百科事典　上巻』沖縄タイムス社、四三四頁
――――、一九九九、「沖縄闘争――その歴史と展望」情況出版編集部『沖縄を読む』情況出版、三九―五八頁
――――、二〇〇五、『未完の沖縄闘争』凱風社
――――、二〇一四、「［連載］私が生きた沖縄史、そして世界史⑨　三大選挙・B52・プラハの春」『けーし風』八三号、七五―八五頁
――――編、一九六九、『ドキュメント沖縄闘争』亜紀書房
新崎盛暉・板垣雄三・林哲、二〇〇三、「占領とは何か」『現代思想』三一巻一一号、三二―六九頁
新川明・上原生男・岡本恵徳・勝連繁雄・勝連敏男・川満信一・仲宗根勇、一九七一、「（討論）情況に挑む思想」沖縄研究会編『沖縄解放への視角』田畑書店、三四―七七頁
アンチオープ、ガブリエル（石塚道子訳）、二〇〇一、『ニグロ、ダンス、抵抗――17～19世紀カリブ海地域奴隷制史』人文書院
安藤慎三、一九六七、『ベトナム特需』三一書房
安保・沖縄問題研究会編、一九七〇、『安保体制一九七〇』労働旬報社
イークス、ヤン・小野誠之、一九七二、『戦争の機械をとめろ！――反戦米兵と日本人』三一書房
井川一久、一九六八、「ルポ　沖縄基地反対の実力行使　〝ハプニング逮捕劇〟と現地の声」『朝日ジャーナル』一〇巻三六号、九七―一〇〇頁
伊佐育子、二〇一三、「24時間体制」『新月新聞――息をのむ美しい森からの便り』一号、一〇頁
伊佐久治、二〇〇六、「今だから言える求人の思い出」大阪府立貝塚高等学校隔定記念誌編纂委員会『かがやき』七

七頁
石田郁夫、一九六八、『沖縄――この現実』三一書房
――、一九六九、『安保・反戦・沖縄』三一書房
石原孝二編、二〇一三、『当事者研究の研究』医学書院
石原俊、二〇一三、『〈群島〉の歴史社会学――小笠原諸島・硫黄島、日本・アメリカ、そして太平洋世界』弘文堂
一学生、一九六六、「沖縄から」『べ平連ニュース』一一号、四頁
市橋秀夫、二〇一四、「日本におけるベトナム反戦運動史の一研究――福岡・十の日デモの時代（1）」『日本アジア研究』一一号、一三一－一六三頁
岩崎稔・上野千鶴子・北田暁大・小森陽一・成田龍一編著、二〇〇九a、『戦後スタディーズ〈1〉40・50年代』紀伊国屋書店
――編著、二〇〇九b、『戦後スタディーズ〈2〉60・70年代』紀伊国屋書店
岩渕功一・多田治・田仲康博編、二〇〇四、『沖縄に立ちすくむ――大学を越えて深化する知』せりか書房
上地美和、二〇〇七、「「クブングヮー闘争」と沖縄出身者「社会」」『大阪大学日本学報』二六号、一－一八頁
鵜飼哲、一九九九、「〈ここ〉と〈よそ〉――シチュアシオニストと第三世界の革命」木下誠監訳『アンテルナシオナル・シチュアシオニスト　第五巻　スペクタクルの政治』インパクト出版会、五〇六－五一三頁
内田綾子、二〇一二、「一九六〇年代の先住民運動――レッド・パワーと越境」油井大三郎編『越境する一九六〇年代』彩流社、一四二－一六〇頁
内野儀、二〇〇五、「「抵抗！」のために――アメリカの「一九六八年」をめぐるノート」絓秀実編『1968』作品社、一四〇－一四六頁
梅﨑透、二〇一二、「「三つの世界」のなかのアメリカ「六〇年代」――ニューヨーク自由大学とニューレフトの「革

命」』油井大三郎編『越境する一九六〇年代』彩流社、五一-七〇頁
S、一九六八、「事務局だより」『べ平連ニュース』三一号、八頁
X、一九七一、「沖青委運動の個人的総括　自己批判」(一九七一年五月二三日付)
「大泉市民の集い」三〇年の会編、一九九八、『大泉市民の集いニュース復刻版』
大泉市民の集い写真記録制作委員会、二〇一〇、『写真記録　市民がベトナム戦争と闘った――大泉・朝霞　1968-1975』梨の木舎
大江健三郎、一九七〇、『沖縄ノート』岩波書店
太田順一、一九九六、『大阪ウチナーンチュ』ブレーンセンター
大野光明、二〇〇七a、「特集にあたって――アルチュセール『再生産について』と散乱する不協和音」『立命館言語文化研究』一九巻二号、一-七頁
――、二〇〇七b、「継続する暴力・搾取への抗いに向けて――社会構成体の〈周辺〉をめぐる〈呼びかけ〉」『立命館言語文化研究』一九巻二号、一一七-一二五頁
――、二〇〇八、「越境する運動と変容する主体――ジャテックの脱走兵支援運動・米軍解体運動を中心に」『Core Ethics』四号、三七-五〇頁
――、二〇一〇a、「「沖縄との連帯」に現われるナショナリズムとその批判」『情況』第三期一一巻九号、一七-三一頁
――、二〇一〇b、「越境へと誘う映像の喚起力――NDUとNDSの〈国境〉の異なる現われによせて」NDS+NDU上映会ふり返り冊子作り実行委員会『彷徨する魂を追う　NDUからNDSへ　上映会ふり返り中間報告』
――、二〇一〇c、「新宿のど真ん中で創る、「沖縄に応える」実践と空間」『月刊むすぶ』四七八号、二〇-二

三頁
――、二〇一一a、「一九六八年論と「反乱する若者たち」への応答――名古屋大学でのシンポジウムをめぐって」『JunCture』二号、二二六-二二九頁
――、二〇一一b、「異邦人の困難な生から連帯可能性の痕跡へ――カフカ『城』における測量の意味をめぐって」『生存学』四号、一三三-一三八頁
――、二〇一二a、「「沖縄問題」の「入り口」で――ベ平連の嘉手納基地ゲート前抗議行動と渡航制限撤廃闘争」天田城介ほか編『差異の繫争点』ハーベスト社、一七五-一九六頁
――、二〇一二b、「難民化する人々への／からの音」『インパクション』一八三号、一九五-一九六頁
――、二〇一二c、「書評　櫻澤誠著『沖縄の復帰運動と保革対立――沖縄地域社会の変容』」『Notre Critique』五号、二九-三八頁
――、二〇一二d、「大飯原発ゲート占拠・封鎖という「希望」――未完のままの出来事／問い」『インパクション』一八六号、九二-一〇五頁
――、二〇一二e、「拒否が切り開く〈政治〉――煽られる東アジアの「緊張」のなかのオスプレイ配備をめぐって」『情況』第四期一巻六号、一〇-二〇頁
――、二〇一二f、「復帰運動の破綻と文化的実践による「沖縄闘争」の持続――竹中労の沖縄論を事例として」『社会文化研究』一五号、八九-一一五頁
――、二〇一三a、「「復帰」の向こう側を幻視する――沖縄闘争のなかのNDU『モトシンカカランヌー』」小野沢稔彦ほか編『燃ゆる海峡』インパクト出版会、五六-七五頁
――、二〇一三b、「軍事化に抗するということ――京丹後市・経ケ岬での米軍基地建設問題をめぐって」『PACE』八号、六六-七一頁

――――、二〇一四a、「「拒否」が拓く〈政治〉――その現在と展望を語る」生・労働・運動ネット『「拒否」の〈前〉線情報』三号、五八‐八二頁
――――、二〇一四b、「「沖縄問題」からの離脱――冨山一郎著『流着の思想』を読む」『Notre Critique』七号、五八‐六七頁
大阪沖縄県人会連合会五〇周年記念誌編集委員会編、一九九七、『雄飛――大阪の沖縄』
大阪沖縄連帯の会結成準備会、一九六七、『大阪沖縄連帯の会（デイゴの会）結成準備会ニュース　デイゴの花（仮称）』一号、（一九六七年一二月一〇日付）
大阪沖縄連帯の会発起人会事務局、一九六七、『大阪沖縄連帯の会（デイゴの会）発起人会ニュース　デイゴの花（仮称）』二号（一九六七年一二月二〇日付）
――――、一九六八、『大阪沖縄連帯の会（デイゴの会）デイゴの花（仮称）』三号（一九六八年二月二二日付）
大阪沖縄連帯の会、一九六九＝一九七〇、「大阪沖縄県出身勤労青少年に対する就業先企業の不当取扱い事例について」デイゴの会『なにわのデイゴは今三才』、一二〇‐一二一頁（初出：琉球政府大阪支所宛の報告書）
大阪社会労働運動史編集委員会編、一九九四、『大阪社会労働運動史　第五巻　高度経済成長期（下）』有斐閣
大阪市大正区役所編、二〇〇五、『大正区の歴史を語る』
大阪人権博物館、二〇〇〇、『ヤマトゥのなかの沖縄』
大阪府立和泉高等学校校史編纂委員会、二〇〇一、『和泉高校百年史――和泉高女・岸和田高女・和泉高の百年』
大阪府立貝塚高等学校隔定記念誌編纂委員会、二〇〇六、『かがやき――貝塚隔定四〇年のあしあと』
岡倉古志郎・牧瀬恒二編、一九六九、『資料沖縄問題』労働旬報社
沖縄教職員会編、一九六九、『われらの沖縄――祖国復帰をまつ人々とそのくらし』沖縄時事出版社
沖縄研究会編、一九七一、『沖縄解放への視角』田畑書店

沖縄県人会兵庫県本部三五年史編集委員会編、一九八二、『ここに榕樹あり――沖縄県人会兵庫県本部三五年史』
沖縄県祖国復帰協議会、一九六九＝一九七〇、「日米共同声明に抗議する」安保・沖縄問題研究会『安保体制一九七〇』労働旬報社、五五－五八頁（一九六九年一一月二二日付）
沖縄県祖国復帰闘争史編纂委員会、一九八二、『沖縄県祖国復帰闘争史　資料編』沖縄時事出版
沖縄県反戦青年委員会、一九七〇、『全軍労反戦派――基地解体の拠点』三一書房
沖縄県労働商工部雇用対策室、一九七六、『労働経済指標』
沖縄人連盟、一九四五＝一九六九、「沖縄人連盟規約」新崎盛暉編『ドキュメント沖縄闘争』亜紀書房、二七－二八頁（一九四五年付）
沖縄青年委員会、一九七〇（推定）、『海邦』
沖縄青年委員会〈海邦〉、一九七〇ａ（推定）、「うちなーうまんちゅヨ蜂ちあがれ!!　コザ市民の激烈な斗いと富村氏の斗いの地平を切り拓け」
――、一九七〇ｂ（推定）、「おきなわウマンチュ蜂ちあがてぃ!!　コザ市民の大斗争と富村氏の斗い［東京タワー占拠］をつなぎ本土沖縄斗争の新らたなる構築へ向けて沖縄出身学生労働者は結集せよ！」
――、一九七一ａ、「第一回沖縄斗争討論集会〈基調報告〉」（一九七一年四月二六日付）
――、一九七一ｂ（推定）、「10・21大統一行動実行委員会への参加呼びかけ」
――、一九七一ｃ、「斗争宣言」（一九七一年一〇月三日付）
沖縄青年同盟、一九七一ａ（推定）、『海邦通信』八号
――、一九七一ｂ（推定）、「12・15沖縄政治集会　沖青同政治報告レジュメ」
――、一九七一ｃ（推定）、『沖青同行動隊・国会内決起闘争――第三の琉球処分に抗して』
――、一九七二ａ、『海邦通信』一〇号（一九七二年一月二三日付）

――――、一九七二b、『海邦通信』一二号（一九七二年二月二七日付）
――――、一九七二c、『海邦通信』一三号（一九七二年三月一三日付）
――――、一九七二d、『沖縄解放への道――沖縄青年同盟論文集』ニライ社
沖縄青年同盟行動隊、一九七一、「全ての在日沖縄人は団結して決起せよ」（一九七一年一〇月一九日付）
「沖縄青年同盟の国会行動を支持する会」事務局、一九七二a、『ニュース　0号　沖縄と日本』（一九七二年一月二五日付）
――――、一九七二b、『ニュース　1号』（一九七二年三月一五日付）
沖縄市平和文化振興課、一九九七、『KOZA　ひと・まち・こと』那覇出版社
沖縄闘争学生委員会（準）、一九六八＝一九六九、「四君の渡航制限撤廃闘争と沖縄闘争委（準）の創出」新崎盛暉編『ドキュメント沖縄闘争』亜紀書房、三四六－三四七頁（一九六八年七月二三日付）
沖縄闘争学生委員会、一九六九a、「沖縄闘争学生委員会規約（抄）」新崎盛暉編『ドキュメント沖縄闘争』亜紀書房、三五四－三五五頁（一九六九年七月一日付）
――――、一九六九b、「何故に「沖縄学生」のみの「沖闘委」とするのか」新崎盛暉編『ドキュメント沖縄闘争』亜紀書房、三五五－三五六頁（一九六九年六月七日付）
沖縄のナイキ演習・日本の核武装反対・沖縄の返還要求国民総けっき大会、一九六〇a、「沖縄のナイキ演習反対決議」（法政大学沖縄文化研究所所蔵、B2/129/NAKANO）
――――、一九六〇b、「日本の核武装に反対する決議」（法政大学沖縄文化研究所所蔵、B2/129/NAKANO）
――――、一九六〇c、「大会宣言（案）」（法政大学沖縄文化研究所所蔵、B2/129/NAKANO）
沖縄べ平連、一九六六、『沖縄べ平連だより　第二号』（立教大学共生社会研究センター所蔵）
――――、一九六七a、『沖縄べ平連連絡報』三号（立教大学共生社会研究センター所蔵）

――、一九六七b、「反戦広告のカンパと署名にご協力ください――アメリカの雑誌でアメリカの人民との連帯を呼びかけつつベトナム反戦と沖縄の全面返還を訴えよう!!」(一九六七年八月付、立教大学共生社会研究センター所蔵)
――、一九六八＝一九六九、「原水禁沖縄大会への沖縄べ平連の呼びかけ」新崎盛暉編『ドキュメント沖縄闘争』亜紀書房、二一六－二一七頁(一九六八年八月付)
――、一九六九、『沖縄からの報告――沖縄闘争を勝利するために』(一九六九年八月六日付、立教大学共生社会研究センター所蔵)
沖縄ヤングベ平連、一九七一、『沖縄ヤングベ平連 0号』(一九七一年一月一九日付、立教大学共生社会研究センター所蔵)
小熊英二、一九九五、『単一民族神話の起源――〈日本人〉の自画像の系譜』新曜社
――、二〇〇二、『〈民主〉と〈愛国〉――戦後日本のナショナリズムと公共性』新曜社
――、二〇〇九a、『1968(上)』新曜社
――、二〇〇九b、『1968(下)』新曜社
小熊英二・仲里効、二〇〇三、「対談 沖縄――視線と自画像の相克」『InterCommunication』四六号、一八－四九頁
小田実、一九六六＝一九七四、「平和への具体的提言――日米市民会議での冒頭演説」「ベトナムに平和を!」市民連合編『資料「べ平連」運動(上巻 一九六五－一九六八)』河出書房新社、一〇四－一一八頁(一九六六年八月一一日付)
――、一九六七、「『平和の船』を送ろう」『べ平連ニュース』二三号、一頁
――、一九六九、「69年のべ平連」『べ平連ニュース』四〇号、一－二頁
小田実・鈴木道彦・鶴見俊輔、一九六九、『脱走兵の思想――国家と軍隊への反逆』太平出版社

小田実・鶴見俊輔編、一九六八、『反戦と変革――抵抗と平和への提言』学藝書房
小野百合子、二〇〇八、「本土における沖縄戦認識の変遷」三谷孝編『戦争と民衆』旬報社、一七五‐二一五頁
――、二〇一〇a、「「沖縄軍用地問題」に対する本土側の反響の考察――日本社会と「沖縄問題」の出会い／出会い損ない」『沖縄文化研究』三六号、三一七‐三五八頁
――、二〇一〇b、「60年安保闘争と「沖縄問題」――「沖縄問題」の不在を再考する」加藤哲郎・今井晋哉・神山伸弘編『差異のデモクラシー』日本経済評論社、二〇三‐二二三頁
小野沢稔彦、二〇一〇、「1968年のドキュメンタリー映画最前線」四方田犬彦ほか編著『1968年文化論』毎日新聞社、一六二‐一八九頁
――、二〇一一、「同一性から遠く離れて――NDUが見出した課題とは何か」『運動〈経験〉』三三号、四六‐五七頁
小野沢稔彦・中村葉子・安井喜雄編、二〇一三、『燃ゆる海峡――NDUと布川徹郎の映画／運動に向けて』インパクト出版会
カーマイケル、ストークリー、一九六八、「第三世界、わが世界」カーマイケル、ストークリーほか（太田竜編訳『アメリカの黒い蜂起』三一書房、一六六‐一七四頁
革命的共産主義者同盟・共産主義者同盟・社会主義労働者同盟・第四インターナショナル日本支部（日本革命的共産主義社同盟）・日本マルクス・レーニン主義者同盟、一九六九、「四・二八を突破口として七〇年へ戦列を強化せよ」小山弘健ほか編『戦闘的左翼とはなにか』芳賀書店、三〇九‐三一四頁（初出：『前進』四二七号）
影山日出弥、一九六八、「沖縄と人権（1）渡航制限の憲法問題」『法律のひろば』二一巻一一号、四二一‐四五頁
我部政明、二〇〇〇、『沖縄返還とは何だったのか――日米戦後交渉史の中で』日本放送出版協会
樫日康之、二〇一二、『織姫たちの学校　1966‐2006――大阪府立隔週定時制高校の40年』不知火書房

金井佳子、一九六八a、「武装米兵と相対したこころ――嘉手納基地ゲート前にすわり込んで」『朝日ジャーナル』一〇巻二三号、一八‐二一頁
――――、一九六八b、「嘉手納基地第一ゲートの坐り込み」『統一』二七五号、四頁
――――、一九七〇、「大衆的すわり込み運動の視点」大沢正道ほか編『われらの内なる反国家』太平出版社、二一〇‐二一九頁
鹿野政直、一九八七、『戦後沖縄の思想像』朝日新聞社
――――、二〇一一、『沖縄の戦後思想を考える』岩波書店
神山政良（聞き手・新崎盛暉）、一九八二、「在京県人の動き」新崎盛暉編『沖縄現代史への証言　上』沖縄タイムス、二九‐五〇頁
河出書房新社、二〇一一、『竹中労　没後20年・反骨のルポライター』河出書房新社
河西秀哉、二〇一三、「うたごえ運動の出発――中央合唱団「うたごえ」の分析を通じて」『神戸女学院大学論集』六〇巻一号、七七‐九一頁
川満信一、一九六九、「本土の返還運動を告発する」『朝日ジャーナル』一一巻一九号、一八‐二〇頁
関西・沖縄県人差別問題研究会編、一九七一a、『沖縄差別』一号
――――編、一九七一b、『沖縄差別』二号
姜尚中、二〇〇二、「日朝国交はなぜ必要か」『現代思想』三〇巻一四号、四三‐四九頁
関東・関西沖縄解放同盟準備会、一九七三、『沖縄・差別を砕け』
岸政彦、二〇一三、『同化と他者化――戦後沖縄の本土就職者たち』ナカニシヤ出版
岸本建男、一九六九、「ベトナム戦争と反戦意識の形成」新崎盛暉編『ドキュメント沖縄闘争』亜紀書房、二〇三‐二〇九頁

北大阪デイゴの会、一九六九＝一九七〇、「9・20沖縄と北大阪を結ぶ大阪府民と沖縄県人のつどい　趣意書」デイゴの会『なにわのデイゴは今三才』、九三頁（一九六九年九月付）
北沢洋子、一九七一、「未来の人民解放の思想」『朝日ジャーナル』一三巻四八号、二〇-二三頁
――、一九七二a、「「国内植民地」解放闘争を特集するにあたって」「連帯」編集部編『国内植民地』亜紀書房、三-一七頁
――、一九七二b、「第一回公判傍聴記」「沖縄青年同盟の国会行動を支持する会」事務局『ニュース　1号』、二頁
木下順二・日高六郎・田港朝昭ほか、一九六八、『シンポジウム沖縄――引き裂かれた民族の課題』三省堂
木畑洋一、二〇〇六、「世界大戦と帝国の再編」倉沢愛子編『20世紀の中のアジア・太平洋戦争』岩波書店、三-三〇頁
記忘記同人編、二〇〇九、『日本禁歌集の宇宙』邑楽社／メディア・ルネッサンス
金廣烈・朴晋雨・尹明淑・任城模・許光茂（朴東誠監訳）、二〇一〇、『帝国日本の再編と二つの「在日」――戦前、戦後における在日朝鮮人と沖縄人』明石書店
木村聖哉、一九九九、『竹中労・無頼の哀しみ』現代書館
木村英雄、一九七〇、「大阪における教育改革闘争――沖縄解放と部落解放の上に」『現代の理論』七巻一四号、四九-五九頁
――、一九九六、『教師の眼から見た戦後史――証言五十年　平和・生徒の人権・日教組運動とともに』明石書店
金城朝夫、一九七一、「「日本体験」した沖縄人として」『朝日ジャーナル』一三巻四八号、一五-一九頁
――、一九七二、「沖縄出身集団就職者のその後」『現代の眼』一三巻一一号、二〇二-二一一頁

――、一九七二＝一九七三、「沖縄人にとっての沖縄問題」『沖縄処分』三一書房、七四‐八六頁（一九七二年五月一三日に東京で行われた沖縄討論集会での報告原稿）
――、一九七三、『沖縄処分――日本の呪縛から解放せよ』三一書房
金城勇、一九九六、「オキナワ　イズ　ナンバーワン」太田順一編『大阪ウチナーンチュ』ブレーンセンター、八八‐九三頁
金城秀政、一九六六、「「教育権返還論」と平和運動」沖縄べ平連『沖縄べ平連だより』二号、三‐四頁
金城馨、二〇〇九、「沖縄と日本の交差する時空に根をおろして」『飛礫』六四号、一五四‐一六四頁
――、二〇〇〇、「「けやき橋」と私」大阪人権博物館『ヤマトゥのなかの沖縄』七〇‐七一頁
金城宗和、一九九七、「本土沖縄人社会の生活世界――大阪市大正区を事例に」『立命館大学人文科学研究所紀要』六八号、一九三‐二二九頁
国吉真永、一九九四、『沖縄・ヤマト人物往来録』同時代社
久万田晋、二〇〇三a、「沖縄の伝統芸能をめぐる諸概念の展開」『沖縄を深く知る事典』日外アソシエーツ、四二〇‐四二三頁
――、二〇〇三b、「沖縄ポップと「しまうた」」『InterCommunication』四六号、一〇二‐一〇七頁
蔵田計成、一九六九、『安保全学連』三一書房
――、一九七八、『新左翼運動全史』流動出版
クリーヴァー、エルドリッジ（武藤一羊訳）、一九六九、『氷の上の魂』合同出版
栗原達夫、一九六八、「沖縄闘争――私の視覚の中で」『べ平連ニュース』三六号、五頁
栗原幸夫、一九八九、『歴史の道標から――日本的〈近代〉のアポリアを克服する思想の回路』れんが書房新社
栗原涼子、二〇一二、「ニューヨークの女性解放運動とラディカルフェミニズムの理論形成」油井大三郎編『越境す

る一九六〇年代』彩流社、二〇一-二二一頁
黒澤亜里子編、二〇〇五、『沖国大がアメリカに占領された日――8・13米軍ヘリ墜落事件から見えてきた沖縄／日本の縮図』青土社
警察庁警備局、一九七六、『基礎資料　沖縄返還闘争の総括』（非売品、古書店で入手）
原水爆禁止沖縄県協議会、一九六八a、『定期総会決定集第一三回』（沖縄県立図書館所蔵、1001842424）
――――、一九六八b、『被爆23周年原水爆禁止世界大会報告　沖縄大会特集』（沖縄県立図書館所蔵、1001842416）
――――、一九六九、『定期総会決定集第一四回』（沖縄県立図書館所蔵、1005782923）
――――、一九七八、『二〇年のあゆみ』（沖縄県立図書館所蔵、1004777007）
現代史の会編、一九六九、『現代革命の条件――70年代階級闘争の展望』亜紀書房
国府田恭子、一九七一、「アメリカーとアメリッカの間から」『べ平連ニュース』六五号、六頁
河野康子、一九九四、『沖縄返還をめぐる政治と外交――日米関係史の分脈』東京大学出版会
公明党、一九六九＝一九七〇、「日米共同声明の「核抜き・本土並み」は欺瞞」安保・沖縄問題研究会『安保体制一九七〇』労働旬報社、四五-四七頁（一九六九年一一月二二日付）
国民総けっき大会実行委員会、一九六〇、「沖縄のナイキ演習・日本の核武装反対・沖縄の返かん要求　国民総けっき大会」（法政大学沖縄文化研究所所蔵、B2/129/NAKANO）
小中陽太郎、一九六七、「沖縄からの訴え」『べ平連ニュース』二一号、三-四頁
五味正彦、一九六九、「沖縄――明日への考察のために」『べ平連ニュース』四〇号、六頁
古山、一九六八、「「全国懇談会」開かれる」『べ平連ニュース』三〇号、五頁
小山弘健・浅田光輝編、一九六九、『戦闘的左翼とは何か』芳賀書店
ゴルツ、アンドレ（上杉聰彦訳）、一九六九、『困難な革命』合同出版

在本土沖縄県学生会連絡会議、一九六七＝一九六九、「在本土沖縄県学生会連絡会議規約草案（抄）」新崎盛暉編『ドキュメント沖縄闘争』亜紀書房、三四〇‐三四二頁（一九六七年一月付）
酒井隆史、二〇〇三、「デモをやろう！」野田努ほか編『NO!! WAR』河出書房新社、八‐九頁
――――、二〇〇四、『暴力の哲学』河出書房新社
酒井隆史・渋谷望（インタビュアー：芦沢一也・高桑和巳）、二〇〇七、「フーコー・ファンク・犬」芦沢一也ほか編『フーコーの後で』慶応義塾大学出版会、二三九‐二七四頁
崎浜盛喜、二〇〇〇、「クブングァーと立ち退き問題」大阪人権博物館『ヤマトゥのなかの沖縄』、八五頁
崎山政毅、二〇〇〇、「反乱‐鎮圧の系譜学にむけて」『現代思想』二八巻一一号、一八九‐二〇三頁
――――、二〇〇一、『サバルタンと歴史』青土社
――――、二〇〇三、「いくつもの「故郷」へ／いくつもの「故郷」から」西成彦ほか編『複数の沖縄』人文書院、二五四‐二八六頁
櫻澤誠、二〇一二、『沖縄の復帰運動と保革対立――沖縄地域社会の変容』有志舎
佐藤泉、二〇〇六、「始まりの反基地運動――一九五〇年代ナショナリズムの多義性」中野敏男ほか編著『沖縄の占領と日本の復興』青弓社、三二三‐三四五頁
シグロ、二〇一〇、『沖縄列島（DVD＋解説書）』
自主管理労組・全金山科鉄工支部、一九八一、『南大阪　流民の倫理』現代企画室
清水和久・古山洋三・和田春樹編著、一九七〇、『米国軍隊は解体する』三一書房
下地寛信、一九六八、「怨恨と恥辱との谷間で――沖縄問題の一つの側面」『世界』二七五号、二一〇‐二一二頁
新城郁夫、二〇〇九、「反復帰反国家論の回帰――国政参加拒否という直接介入へ」岩崎稔ほか編『戦後スタディーズ〈2〉60・70年代』紀伊国屋書店、六一‐八四頁

絓秀実、二〇〇三、『革命的な、あまりに革命的な――「1968年の革命」史論』作品社
――、二〇〇六、『1968年』筑摩書房
絓秀実編、二〇〇五、『1968』作品社
絓秀実・井土紀州・松田政男ほか、二〇〇五、『LEFT ALONE――持続するニューレフトの「六八年革命」』明石書店
鈴木邦男、二〇一一、『竹中労』河出書房新社
鈴木義昭、一九九四、『風のアナキスト 竹中労』現代書館
ストーン、ドナルド・アンソニー、アール、一九六八、「黒人活動家の見た沖縄」『朝日ジャーナル』一〇巻三六号、一〇一‐一〇四頁
砂川町基地拡張反対支援労協、一九五六、『砂川――ひろがりゆく日本の抵抗』
世界編集部編、一九七一、「〈一〇問一〇答〉沖縄「返還」の問題点」『世界』三一二号、一〇五‐一一三頁
関広延、一九七五a、「沖縄差別の上で踊るもの（上）――現代の沖縄差別と竹中労を告発する」『部落解放』七〇号、一二〇‐一二七頁
――、一九七五b、「沖縄差別の上で踊るもの（下）――現代の沖縄差別と竹中労を告発する」『部落解放』七一号、八四‐九〇頁
関谷滋・坂元良江編、一九九八、『となりに脱走兵がいた時代――ジャテック、ある市民運動の記録』思想の科学社
関谷滋、一九九八、「イントレピッドの四人とジャテックの誕生」関谷滋ほか編『となりに脱走兵がいた時代』思想の科学社、一九‐一〇三頁
泉州地方労働組合連合会編、一九八二、『泉州路に闘いの旗なびかせて――泉州地協・泉州労連三〇年のあゆみ』
大正区制三〇周年記念事業委員会編、一九六三、『大正区三〇年の歩み』

平良良昭、一九七五、「自前のうた」『沖縄タイムス』一九七五年八月六日朝刊
平良好利、二〇一二、『戦後沖縄と米軍基地――「受容」と「拒絶」のはざまで　1945～1972年』法政大学出版局
高江洲義寛、一九六九、『うたごえ沖縄』ワカバ電器書籍部
高沢皓司・高木正幸・蔵田計成、一九八一、『新左翼二十年史』新泉社
高橋順子、二〇〇五、「「復帰」をめぐる企て――「沖縄病」に表れた沖縄受容の作法」北田暁大ほか編『カルチュラル・ポリティクス　1960／70』せりか書房、一七三－一九七頁
――、二〇一一、『沖縄〈復帰〉の構造――ナショナル・アイデンティティの編成過程』新宿書房
高橋武智、一九九八、「第二期がたちあがるまで」関谷滋ほか編『となりに脱走兵がいた時代』思想の科学社、一〇七－一二二頁
――、二〇〇七、『私たちは、脱走アメリカ兵を越境させた……――べ平連／ジャテック、最後の密出国作戦の回想』作品社
高橋美樹、二〇〇二、「「しまうた」にまつわる諸概念の成立過程」『沖縄文化』三七巻二号、八五－一三八頁
高嶺朝誠、一九八三、「沖縄闘争学生委員会」『沖縄大百科事典上巻』五六一頁
高嶺朝一、一九八四、『知られざる沖縄の米兵――米軍基地15年の取材メモから』高文研
高安重正、一九五六、「沖縄のたたかいと民族の主権」『前衛』一一九号、一九－二七頁
高良勉、一九九五、『発言・沖縄の戦後五〇年』ひるぎ社
滝口純一、一九九八、「竹中労の戦争」DeMusik Inter. 編『音の力――〈沖縄〉コザ沸騰篇』インパクト出版会、五七－七四頁
竹内静子、一九六九、「沖縄デーにみる主体と幻想」『エコノミスト』四七巻二〇号、四六－五〇頁

たけなか・ろう・普久原恒男、一九七〇、「歌詞」『日本禁歌集3　海のチンボーラー』（URZ-9003）
竹中労、一九六五＝二〇〇五、『完本　美空ひばり』筑摩書房（初出：『美空ひばり――民衆の心をうたって二十年』弘文堂）
――、一九六九、『山谷――都市反乱の原点』全国自治研修協会
――、一九七二＝二〇〇二、『琉球共和国――汝、花を武器とせよ』筑摩書房（初出：三一書房）
――、一九七三a、『竹中労行動論集　無頼と荊冠』三笠書房
――、一九七三b、『ニッポン春歌行――もしくは「春歌と革命」』伝統と現代社
――、一九七五、『琉歌幻視行――島うたの世界』田畑書店
――、一九八一＝一九九九、『決定版ルポライター事始』筑摩書房（初出：日本ジャーナリスト専門学院）
田島一雄、一九七〇、「はじめに」沖縄青年委員会『海邦』一‐二頁
多田治、二〇〇四、『沖縄イメージの誕生――青い海のカルチュラル・スタディーズ』東洋経済新報社
――、二〇〇八、『沖縄イメージを旅する――柳田國男から移住ブームまで』中央公論新社
田仲康博、一九九八、「「沖縄問題」と「沖縄の問題」」『情況』第二期九巻一一号、七三‐七八頁
――、二〇〇四、「方法としての沖縄」岩渕功一ほか編『沖縄に立ちすくむ』せりか書房、九四‐一〇一頁
――、二〇一〇、『風景の裂け目――沖縄、占領の今』せりか書房
――編、二〇一三、『占領者のまなざし――沖縄／日本／米国の戦後』せりか書房
田中佑弥、二〇〇九、『辺野古の海をまもる人たち――大阪の米軍基地反対行動』東方出版
崔盛旭、二〇〇八、「『ひめゆりの塔』――対立する二つの声の狭間で」四方田犬彦ほか編『沖縄映画論』作品社、五四‐七七頁
知名定男、二〇〇六、『うたまーい――昭和沖縄歌謡を語る』岩波書店

――――、二〇一一、「沖縄を愛した竹中労　没後二〇年に寄せて3　林昌、美佐子に涙」『琉球新報』二〇一一年五月一九日朝刊
知念功、一九九五、『ひめゆりの怨念火』インパクト出版会
鄭暎惠・増渕あさ子・藤村有加、二〇〇四、「「マジョリティ」という虚構性――鄭暎惠との対話」岩渕功一ほか編『沖縄に立ちすくむ』せりか書房、一五八 - 一六七頁
堤康弘、一九六〇、「沖縄と本土はひとつ――大行進は行く（下）」『アカハタ』一九六〇年三月一二日、三面
鶴嶋雪嶺、一九六九、「「デイゴの会」の誇りと悩み」『思想の科学』第五次九六号、四四 - 五一頁
鶴見俊輔・小田実・開高健、一九六七、『反戦の論理――全国縦断日米反戦講演記録』河出書房新社
鶴見良行、一九六七＝二〇〇二、「新しい連帯の思想――国家権力のかなたに」『鶴見良行著作集2　べ平連』みすず書房、五一 - 六二頁（初出：『朝日ジャーナル』九巻一号）
――――、一九六九a＝二〇〇二、「市民運動と沖縄――七〇年闘争の中で位置づければ」、『鶴見良行著作集2　べ平連』みすず書房、一四四 - 一四九頁（初出：『朝日ジャーナル』一一巻一九号）
――――、一九六九b、「一九七〇年とべ平連――統一についての私的覚書」小田実編『べ平連』三一書房、四七 - 六六頁
デイゴの会（大阪沖縄連帯の会）、一九六八a、『デイゴの花』四号（一九六八年四月二〇日付）
――――、一九六八b、『デイゴの花』五号（一九六八年五月二〇日発行）
――――、一九六八c、『デイゴの花』六号（一九六八年九月五日発行）
――――、一九六八d、『デイゴの花』七号（一九六八年一〇月二五日発行）
――――、一九六八e、『デイゴの花』八号（一九六八年一二月二五日発行）
――――、一九六八f＝一九七〇、「7／16事務局会議メモ」デイゴの会『なにわのデイゴは今三才』七四頁（一九

六八年七月付）
――――、一九六九a、『デイゴの花』九号（一九六九年四月一〇日発行）
――――、一九六九b、『デイゴの花』一〇号（一九六九年一一月四日発行）
――――、一九六九c、『デイゴの花』一一号（一九六九年一二月一〇日発行）
――――、一九七〇、『なにわのデイゴは今三才』
DeMusik Inter. 編、一九九八a、『音の力――〈沖縄〉コザ沸騰篇』インパクト出版会
――――編、一九九八b、『音の力――奄美／八重山／逆流編』インパクト出版会
照屋林助（北中正和編）、一九九八、『てるりん自伝』みすず書房
土井智義、二〇〇七、「ある蜂起をめぐる考察――東京タワージャックについて」『大阪大学日本学報』二六号、四一-五九頁
東京沖縄県人会、一九八七、『三〇周年記念誌』
徳田匡、二〇一三、「兵士たちの武装「放棄」――反戦兵士たちの沖縄」田仲康博編『占領者のまなざし』せりか書房、一一〇-一三五頁
渡久地政司、一九六八、「沖縄渡航手続きを拒否して」『思想の科学』第五次八〇号、五六-五九頁
渡名喜明、一九六九、「沖闘委と渡航制限撤廃闘争」新崎盛暉編『ドキュメント沖縄闘争』亜紀書房、三三六-三四〇頁
戸邉秀明、二〇〇四、「「在日沖縄人」、その名乗りが照らし出すもの」同時代史学会編『占領とデモクラシーの同時代史』日本経済評論社、二一七-二四四頁
――――、二〇〇五、「帝国後史への痛覚」『年報日本現代史　第一〇号「帝国」と植民地』一〇号、二一三-二三三頁
――――、二〇〇八、「沖縄教職員会史再考のために――六〇年代前半の沖縄教員における渇きと怖れ」、近藤健一

郎編『沖縄・問いを立てる　2　方言札』一五五－一八一頁
――、二〇一〇、「「残留者」が直面した境界の意味――日本占領期在九州沖縄人の声を紡ぐ」黒川みどり編『近代日本の「他者」と向き合う』解放出版社、二二八－二五三頁
――、二〇一一、「沖縄「戦後」史における脱植民地化の課題――復帰運動が問う〈主権〉」歴史学研究会編『歴史学研究』八八五号、一一五－一二四頁
――、二〇一二a、「「非日本人」送還問題と「沖縄人」という主体――〈戦後〉形成期における「共生」への問い」神戸大学大学院人文学研究科共生倫理研究会編『共生の多様性』、三一－四七頁
――、二〇一二b、「越境者たちの復帰運動――一九五〇年代前半における在日本沖縄人学生の組織と意識」『沖縄文化研究』三八号、四三五－五〇八頁
富村公判対策委員会、一九九三、「公判闘争経過報告」富村順一『わんがうまりあ沖縄』拓殖書房、二〇七－二一七頁
富村公判斗争沖縄委員会、一九七一、「基調報告　富村公判闘争経過報告」（一九七一年五月八日付）
富村裁判闘争連絡会議（富村公判斗争沖縄委員会、沖縄青年委員会、富村支援・沖縄闘争東京行動委員会、全国反帝学生戦線連合）、一九七一、「富村裁判闘争連絡会議結成趣意書」（一九七一年五月二日付）
富村裁判闘争連絡会議、一九七二、「富村氏―沖青同行動隊即時奪還中央総決起集会基調報告」（一九七二年二月一七日付）
富村さんを支援する会、一九七一a、『富村さんを支援する会ニュース』一号（一九七一年一月一〇日付）
――、一九七一b、『富村さんの訴えは沖縄県民の切なる叫び！』
富村順一、一九九三、『わんがうまりあ沖縄――富村順一獄中手記［新装版］』拓殖書房
冨山一郎、一九九〇、『近代日本社会と「沖縄人」――「日本人」になるということ』日本経済評論社

――、一九九一、「六〇年以降の沖縄の復帰運動と労働力の流入」大阪社会運動協会『大阪社会労働運動史　第四巻　高度成長期（上）』、一二三四 - 一二四一頁
――、一九九八、「赤い大地と夢の痕跡」複数文化研究会編『〈複数文化〉のために』人文書院、一一八 - 一三五頁
――、二〇〇二、『暴力の予感――伊波普猷における危機の問題』岩波書店
――、二〇〇七、「この、平穏な時期に――東京タワージャックにおける富村順一の「狂気」をめぐって」野村浩也編『植民者へ』松籟社、四三四 - 四七二頁
――、二〇一三、『流着の思想――「沖縄問題」の系譜学』インパクト出版会
トムスン、エドワード・P（市橋秀夫・芳賀健一訳）、二〇〇三、『イングランド労働者階級の形成』青弓社
友寄英、一九七一、「黒人兵と沖縄の僕ら」『べ平連ニュース』六五号、二頁
鳥山淳、二〇〇〇a、「銃剣とブルドーザー」「沖縄を知る事典」編集委員会編『沖縄を知る事典』、紀伊国屋書店、一二二 - 一二三頁
――、二〇〇〇b、「島ぐるみ闘争」「沖縄を知る事典」編集委員会編『沖縄を知る事典』日外アソシエーツ、一二四 - 一二五頁
――、二〇一三、『沖縄／基地社会の起源と相克　1945―1956』勁草書房
中岡富佐子、一九六九＝一九七〇、「「祖国」のこと」デイゴの会『なにわのデイゴは今三才』一五〇頁（初出：東大阪デイゴの会『沖縄』二号）
長岡弘芳、一九六九、「異民族支配のなかの原爆症」『朝日ジャーナル』一一巻一八号、三五 - 四〇頁
中川六平、二〇〇九、『ほびっと　戦争をとめた喫茶店――べ平連　1970 - 1975 inイワクニ』講談社
仲里効、二〇〇七、『オキナワ、イメージの縁（エッジ）』未来社

中島琢磨、二〇一二、『沖縄返還と日米安保体制』有斐閣
中野敏男・波平恒男・屋嘉比収・李孝徳編著、二〇〇六、『沖縄の占領と日本の復興――植民地主義はいかに継続したか』青弓社
中野好夫編、一九六八、『沖縄問題を考える』太平出版社
――編、一九六九、『戦後資料沖縄』社会評論社
中野好夫、一九七一、「多少の主張もある雑感――沖縄国会を前にして」『世界』三一二号、四八 - 六四頁
中野好夫・新崎盛暉、一九六五、『沖縄問題二十年』岩波書店
――・――、一九七〇、『沖縄・70年前後』岩波書店
――・――、一九七六、『沖縄戦後史』岩波書店
中原里美+αくそったれ社、二〇〇八、『日本の中のベトナム――朝霞反戦放送の記録』
中村葉子、二〇一〇、「ドキュメンタリー映画の視線――沖縄からの「暴力の予見」としての映画」『人間社会学研究集録』五号、一三一 - 一六六頁
――、二〇一三、「国境のある風景――『アジアはひとつ』におけるリアリズムについて」小野沢稔彦ほか編『燃ゆる海峡』インパクト出版会、七六 - 一〇七頁
仲本安一、二〇一〇、『激動期を走る』琉球新報社
中山幸雄、二〇〇四、「寄せ場と労働運動」日本寄せ場学会年報編集委員会編『寄せ場文献精読306選』れんが書房新社、二九一 - 三〇三頁
南燈寮草創記編集委員会、一九九五、『南燈寮草創記』東銀座出版社
南方同胞援護会編、一九六八、『沖縄問題基本資料集』
西川長夫、一九八八、『日本の戦後小説――廃墟の光』岩波書店

――――、一九九八、『国民国家論の射程――あるいは〈国民〉という怪物について』柏書房
――――、二〇〇三、「マルチニックから沖縄へ――独立の新しい意味をめぐって」西成彦ほか編『複数の沖縄』人文書院、三八九‐四〇七頁
――――、二〇〇六、『〈新〉植民地主義論――グローバル化時代の植民地主義を問う』平凡社
――――、二〇〇九、「いまなぜ植民地主義が問われるのか――植民地主義論を深めるために」西川長夫ほか編『グローバリゼーションと植民地主義』人文書院、七‐四〇頁
――――、二〇一三、『植民地主義の時代を生きて』平凡社
西川長夫・高橋秀寿編、二〇〇九、『グローバリゼーションと植民地主義』人文書院
西成彦・原毅彦編、二〇〇三、『複数の沖縄――ディアスポラから希望へ』人文書院
西村光子、二〇〇六、『女たちの共同体――七〇年代ウーマンリブを再読する』社会評論社
日本ドキュメンタリストユニオン、一九六九、『NDU機関誌　モトシンカカランヌー――企画書にかえて』
――――、一九七一a、「シナリオ『モトシンカカランヌー』」『映画批評』一三号、五八‐七七頁
――――、一九七一b（推定）、『六九‐七〇　沖縄記録映画　モトシンカカランヌー』
日本共産党、一九六九＝一九七〇、「沖縄返還問題をテコに日本全土を朝鮮・中国・ベトナムの侵略基地にしあげる新しいとりきめを糾弾する」安保・沖縄問題研究会『安保体制一九七〇』労働旬報社、四七‐五二頁（一九六九年一一月二二日付）
日本社会党、一九六九＝一九七〇、「軍事大国への道ひらく」安保・沖縄問題研究会『安保体制一九七〇』労働旬報社、四〇‐四二頁（一九六九年一一月二二日付）
日本弁護士連合会、一九七四、『売春と前借金』高千穂書房
布川徹郎、一九七一、「ドキュメンタリーへの出立」『映画批評』一三号、五〇‐五七頁

八月沖縄闘争実行委員会、一九六八＝一九六九、「渡航制限撤廃闘争宣言」新崎盛暉編『ドキュメント沖縄闘争』亜紀書房、三四七－三四九頁（一九六八年八月二一日付）
波照間洋、一九六八、『沖縄奪還'68～'70』三一書房
林博史、二〇〇六、「基地論――日本本土・沖縄・韓国・フィリピン」『岩波講座アジア・太平洋戦争　7　支配と暴力』岩波書店、三七九－四〇八頁
――、二〇一二、『米軍基地の歴史――世界ネットワークの形成と展開』吉川弘文館
――、二〇一三、「海兵隊の沖縄移駐」、前田哲男ほか編『〈沖縄〉基地問題を知る事典』吉川弘文館、二六－二九頁
原田健一、一九九八、「里国隆のうたを聴きに行った頃」DeMusik Inter. 編『音の力――奄美／八重山／逆流編』インパクト出版会、五－二五頁
東大阪デイゴの会、一九六九a＝一九七〇、『沖縄　私達が調べた事』一号、デイゴの会『なにわのデイゴは今三才』一三一－一四五頁（一九六九年四月二七日付）
――、一九六九b＝一九七〇、『沖縄　私達とのかかわり』二号、デイゴの会『なにわのデイゴは今三才』一四七－一五四頁（一九六九年七月二七日発行）
東大阪デイゴの会編、一九六九a＝一九七〇、「ざだんかい　一九六八－九年の沖縄とわたしたち――大阪に働く沖縄県出身の若ものたちと〝本土復帰〟の意味を考える」デイゴの会『なにわのデイゴは今三才』一三三－一三五頁（初出：『沖縄』一号）
――編、一九六九b＝一九七〇、「あとがき」デイゴの会『なにわのデイゴは今三才』一六一頁（初出：『沖縄』三号）
東まゆみ、一九六七＝一九七〇、「わたしはこう考えて「デイゴの会」に参加します」デイゴの会『なにわのデイゴ

は今三才』一四頁（初出：大阪沖縄連帯の会結成準備会『大阪沖縄連帯の会（デイゴの会）結成準備会ニュース　デイゴの花（仮称）』一号）
樋口直人・稲葉奈々子、二〇〇四、「グローバル化と社会運動」曽根中清司ほか編著『社会運動という公共空間』成文堂、一九〇‐二二九頁
ヒビヤマサヒロ、一九六八a、「そして直接行動を――沖縄の痛みを負え」『べ平連ニュース』三三号、七頁
――――、一九六八b、「沖縄返還運動を行事化させてはならない」『べ平連ニュース』三五号、三頁
平井一臣、二〇〇五、「戦後社会運動のなかのべ平連――べ平連運動の地域的展開を中心に」『法政研究』七一巻四号、三五五‐三八七頁
ファーバー、デーヴィッド（大八木豪訳）、二〇一二、「民主的文化、社会変革運動、そして国際的六〇年代」油井大三郎編『越境する一九六〇年代』彩流社、三五‐四九頁
ファノン、フランツ（海老坂武・加藤晴久訳）、一九九八、『黒い皮膚・白い仮面』みすず書房
福木詮、一九六八、「ルポ・沖縄　一九六八年八月　Ⅰ　沖縄8・15の周辺」『世界』二七五号、一五一‐一五五頁
――――、一九七三、『沖縄のあしおと　1968‐72年』岩波書店
普久原恒男、一九七一、『沖縄の民謡』マルフク音楽企画
福間良明、二〇〇六、『「反戦」のメディア史――戦後日本における世論と輿論の拮抗』世界思想社
フーコー、ミシェル（黒田昭信訳）、二〇〇一、「構造主義とポスト構造主義」『ミシェル・フーコー思考集成　Ⅸ　自己／統治性／快楽』筑摩書房、二九八‐三三四頁
ベラルディ、フランコ（ビフォ）（廣瀬純・北川眞也訳）、『NO　FUTURE――イタリア・アウトノミア運動史』洛北出版
藤澤健一編、二〇〇八、『沖縄・問いを立てる　6　反復帰と反国家』社会評論社

藤本博、二〇一二、「アメリカにおけるヴェトナム反戦運動とその遺産――ヴェトナム帰還兵・「アメリカの戦争犯罪」・国際的連関」油井大三郎編『越境する一九六〇年代』彩流社、七一-九二頁
船本洲治、一九八五、『黙って野たれ死ぬな――船本洲治遺稿集』れんが書房新社
普天間宏、一九七三、「富村闘争の永続的貫徹と沖縄奪還闘争」山城幸松編『沖縄青年委員会』新南陽社、一二一-一三〇頁
古谷嘉章、二〇〇一、『異種混交の近代と人類学――ラテンアメリカのコンタクト・ゾーンから』人文書院
古屋能子、一九六八、「沖縄――八月一六日前後」『べ平連ニュース』三六号、六頁
――、一九六九、「私は妻であり、母であり、人間であり」小田実編『べ平連』三一書房、二二三-二三一頁
――、一九七一＝一九八四、「沖縄と私」『新宿は、おんなの街である』第三書館、二四三-二五四頁（初出：『山形大学新聞』一九七一年四月二五日）
――、一九八四、『新宿は、おんなの街である。――ふれあいつつ、たたかいつつ』第三書館
ベイリー、ベス（大八木豪訳）、二〇一二、「リスペクタビリティという問題――一九六〇年代アメリカにおける性とジェンダーをめぐる闘い」油井大三郎編『越境する一九六〇年代』彩流社、一八七-二〇〇頁
「ベトナムに平和を！」市民連合編、一九七四a、『資料「べ平連」運動　上巻』河出書房新社
――、一九七四b、『資料「べ平連」運動　中巻』河出書房新社
――、一九七四c、『資料「べ平連」運動　下巻』河出書房新社
ベトナムに平和を！市民連合、一九七一、『ヤン・イークスと共に』（一九七一年二月一五日付）
べ平連、一九七四、『べ平連ニュース合本縮刷版（付『脱走兵通信』『ジャテック通信』）』
ホイットモア、テリー（吉川勇一訳）、一九九三、『兄弟よ、俺はもう帰らない――ベトナム戦争の黒人脱走米兵手記』第三書館

穂坂久仁雄、一九七一、「沖縄青年同盟の衝迫」『現代の眼』一二巻一二号、七四‐七九頁
星野安三郎、一九七二、「沖青同裁判――〈方言札〉の侵略」『現代の眼』一三巻七号、三四‐四三頁
毎日新聞社、一九七一、『毎日グラフ』一一四五号
前川美知代、一九八二、「海なり満ちる闘いのうた　金武湾反CTS闘争」『新沖縄文学』五二号、一四二‐一四六頁
前田節、一九八二、「「朝喜・京子の世界」から「時代」へ」『新沖縄文学』五二号、二二一‐二三二頁
牧瀬恒二、一九六〇、「沖縄大行進に参加して　〝祖国に返せ〟のたすき　大歓迎　山をこえ、野こえて」『アカハタ』一九六〇年二月五日、三面
真久田正、一九七二、「「沖青同の国会行動を支持する会」の皆様へ」沖縄青年同盟『沖青同行動隊・獄中書簡集タックルセー』一号、一九‐二六頁（一九七二年一月二六日付）
松浦総三、一九八一、「日本のルポルタージュについて」鎌田慧編『ルポルタージュの書き方』明治書院、二一九‐二五二頁
松岡完、二〇〇一、『ベトナム戦争――誤算と誤解の戦場』中央公論新社
松田圭介、二〇〇七、「一九五〇年代の反基地闘争とナショナリズム」『年報日本現代史　第一二号　現代歴史学とナショナリズム』八九‐一二三頁
松村久美、一九八三、『片想いのシャッター――私の沖縄一〇年の記録』現代書館
丸川哲史、二〇〇五、『冷戦文化論――忘れられた曖昧な戦争の現在性』双風舎
三木健、二〇〇〇、『ドキュメント・沖縄返還交渉』日本経済評論社
三木勝、一九六八、「ぼくはこうして入域手続きを拒否した」『世界』二七一号、一四四‐一四六頁
水内俊雄、二〇〇一a、「大阪市大正区における沖縄出身者集住地区の「スラム」クリアランス」『空間・社会・地

理思想』六号、二二‐五〇頁
――、二〇〇一b、「大阪市における沖縄出身者のまち――集住・差別・まちづくり」『南太平洋海域調査研究報告』三五号、七七‐九六頁
道場親信、二〇〇〇、『大阪・沖縄・アジア』大阪市立大学教務部
――編、二〇〇五、『占領と平和――〈戦後〉という経験』青土社
――、二〇〇六、「1960‐70年代「市民運動」「住民運動」の歴史的位置――中断された「公共性」論議と運動史的文脈をつなぎ直すために」『社会学評論』五七巻二号、二四〇‐二五八頁
――、二〇〇八、『抵抗の同時代史――軍事化とネオリベラリズムに抗して』人文書院
――、二〇〇九a、「年表［一九四〇～一九六〇年］」岩崎稔ほか編『戦後日本スタディーズ〈1〉40・50年代』紀伊国屋書店、三三七‐三七〇頁
――、二〇〇九b、「年表［一九六一～一九八〇年］」岩崎稔ほか編『戦後スタディーズ〈2〉60・70年代』紀伊国屋書店、三三五‐三七九頁
――、二〇一〇、「ゆれる運動主体と空前の大闘争――「六〇年安保」の重層的理解のために」『年報日本現代史　第一五号　六〇年安保改定とは何だったのか』八一‐一四六頁
宮内洋・好井裕明、二〇一〇、『〈当事者〉をめぐる社会学――調査での出会いを通して』北大路書房
宮城島明、一九七一、「民族・国民・帰属――沖縄解放闘争の現局面」『序章』六号、九九‐一〇九頁
宮里千里、二〇一一、「沖縄を愛した竹中労　没後二〇年に寄せて1　権力と対峙した男」『琉球新報』二〇一一年五月一七日朝刊
目取真俊、二〇〇五、『沖縄「戦後」ゼロ年』日本放送出版協会
毛利嘉孝、二〇〇三、『文化＝政治』月曜社

――――、二〇〇八、『はじめてのD・i・Y――何でもお金で買えると思うなよ！』スペースシャワーネットワーク
モーリス－スズキ・テッサ、二〇〇六、「帝国の忘却――脱植民地化・紛争・戦後世界における植民地主義の遺産」『岩波講座アジア・太平洋戦争　7　支配と暴力』岩波書店、三四七－三七七頁
森秀人、一九六三、『甘蔗伐採期の思想――組織なき前衛たち』現代思潮社
森宣雄、二〇〇三、「「沖縄人プロレタリアート」と「琉球南蛮」――沖縄戦後史の終焉の現在」『InterCommunication』四六号、一一四－一一八頁
――――、二〇一〇、『地のなかの革命――沖縄戦後史における存在の解放』現代企画室
屋嘉比収、二〇〇六a、「重層する戦場と占領と復興」中野敏男ほか編『沖縄の占領と日本の復興』青弓社、一三－二七頁
――――、二〇〇六b、「したたかさの希薄化」DeMusik Inter. 編『音の力――沖縄アジア臨界編』インパクト出版会、三三〇－三三七頁
柳九平、一九六八a、「8・16嘉手納基地闘争の中から」『べ平連ニュース』三六号、七頁
――――、一九六八b、「ひめゆり丸航海記――渡航制限撤廃闘争の中から」『思想の科学』第五次八〇号、六〇－六三頁
山城幸松編、一九七三、『沖縄青年委員会――五・一五体制粉砕・沖縄奪還』新南陽社
山村克、一九六九、「沖縄奪還・安保粉砕・日帝打倒の闘いをおし進めよ」現代史の会編『現代革命の条件』亜紀書房、二三五－二九〇頁
山本崇記、二〇一〇、「社会調査の方法と実践――「研究者」であることの範域をめぐって」山本崇記ほか編『「異なり」の力学』立命館大学生存学研究センター、二九四－三一八頁
屋良朝光、二〇〇〇、「出稼ぎ生活」大阪人権博物館『ヤマトゥのなかの沖縄』六四－六五頁

ヤングベ平連・ニャロメ共闘・沖縄べ平連、一九七〇（推定）、『さらばどくガス』（立教大学共生社会研究センター所蔵）
油井大三郎編、二〇一二、『越境する一九六〇年代――米国・日本・西欧の国際比較』彩流社
有志、一九七一、「アピール」（一九七一年一月二五日付）
好井裕明、二〇一〇、「差別問題研究における2つの当事者性」宮内洋ほか編『〈当事者〉をめぐる社会学』北大路書房、一六三-一八一頁
吉岡攻、一九七〇、『沖縄 69-70』写真群
吉川勇一、一九九一、『市民運動の宿題――ベトナム反戦から未来へ』思想の科学社
吉次公介、二〇一一a、「アジア冷戦史のなかの沖縄返還――「ニクソン・ドクトリン」と沖縄返還の連関」粟屋憲太郎編『近現代日本の戦争と平和』現代史料出版、三六九-四〇三頁
――、二〇一一b、『日米同盟はいかに作られたか――「安保体制」の転換点 1951-1964』講談社
吉原公一郎編著、一九六八、『沖縄――本土復帰の幻想』三一書房
吉見俊哉、二〇〇七、『親米と反米――戦後日本の政治的無意識』岩波書店
与那原君を守る会、一九六八＝一九六九、「関東与那原君不当処分撤回連絡会議への呼びかけ」新崎盛暉編『ドキュメント沖縄闘争』亜紀書房、三四二-三四六頁（一九六八年四月付）
四方田犬彦、二〇一〇、「一九六八年の日本文化に何が生じたのか」、四方田犬彦ほか編著『1968年文化論』毎日新聞社、一二-四二頁
四方田犬彦・大嶺沙和編、二〇〇八、『沖縄映画論』作品社
四方田犬彦・平沢剛編著、二〇一〇、『1968年文化論』毎日新聞社
ラミス、ダグラス（砂田一郎訳）、一九七一＝一九七六、「沖縄――十年の後」『イデオロギーとしての英会話』晶文

社（初出：『中央公論』八六巻一号）
琉球政府、一九六五、『労働経済指標』
――――、一九七二、『労働経済指標』
「連帯」編集部編、一九七二、『国内植民地』亜紀書房

Cortright, David, 1975 = 2005, *Soldiers in Revolt*, Chicago: Haymarket Books
Demand for Freedom, No. 1［一九七〇年一〇月七日付］Kadena Air Base（沖縄県公文書館所蔵 0000084130）
Demand for Freedom, No. 2［一九七〇年一一月一六日付］Kadena Air Base（沖縄県公文書館所蔵 0000084131）
Demand for Freedom, No. 5［発行年月日不明］Okinawa（立教大学共生社会研究センター所蔵）
Onishi, Yuichiro, 2013, *Transpacific Antiracism: Afro-Asian Solidarity in Twentieth-Century*, New York and London: New York University Press
OSI, 1970, "Subject: UNKNOWN ENTITY, Second Edition of Alleged Underground Newspaper of Kadena AB"（沖縄県公文書館所蔵0000084130）
Pratt, Mary Louise, 1991, *Imperial Eyes*, London: Routledge
WE GOT THE brASS: Journal of the Second Front International, Asian Edition, No. 1.（立教大学共生社会研究センター所蔵）

年	世界－日本	沖縄
1974	9/16　米フォード大統領、ベトナム戦争中の脱走兵・徴兵忌避者に恩赦	8/30　東アジア反日武装戦線、三菱重工本社ビル爆破事件、8人死亡、385人重軽傷 9/5　金武湾を守る会、屋良県知事を相手にCTS訴訟提訴 10/16-17　米軍、県道104号線を封鎖、実弾演習。阻止団が着弾地山頂に潜入・阻止
1975	4/30　南ベトナム政府無条件降伏、解放戦線軍がサイゴンに無血入城	2/5　CTS建設阻止県民総決起大会 2/27　全軍労スト、米軍基地70ヵ所でピケ、基地機能まひ 3/23-4/1　「琉球フェスティバル75春」開催 7/17　海洋博のため沖縄訪問中の皇太子夫妻に、ひめゆりの塔前で火炎瓶投擲 7/20　沖縄海洋博開催（-76/1/18） 8月上旬～8/16　「琉球フェスティバル75夏」開催
1976	7/2　ベトナム南北統一。ベトナム社会主義共和国成立	この頃（時期不明）、PCSコザ事務所閉鎖 6/22　屋良県知事、CTS建設認可

年	世界－日本	沖縄
1971	6/17　沖縄返還協定　日米同時調印式 11/17　衆院沖縄返還協定特別委員会、協定を強行採決	1/13　米軍毒ガス撤去作業開始 5/16　沖縄反戦 GI ストライキセンター主催でコザ市で米兵 30 名と沖縄労働者などが反戦交流集会 5/19　沖縄返還協定粉砕ゼネスト（10 万人）。この頃、沖縄ヤングベ平連、「返還協定粉砕」を主張し、那覇などで毎日デモ 10/15　沖縄返還協定批准反対県民総決起大会 10/16　第 67 臨時国会（沖縄国会）開会。沖青委海邦派、沖縄青年同盟に改称 10/19　沖縄青年同盟の青年 3 人、国会首相演説中に抗議、逮捕。沖縄青年同盟の国会行動を支持する会結成 11/10　沖縄返還協定反対のゼネスト、機動隊と衝突、警官 1 人死亡。沖縄青年同盟の国会行動を支持する会、アピール案をとりまとめ、発送・配布開始
1972	1/8　沖縄返還 5/15 に決定 2/19　浅間山荘事件 2/25　ベ平連、山口県岩国市に反戦喫茶「ほびっと」開店 5/5　第 1 回ウーマン・リブ大会 5/15　沖縄返還協定発効（沖縄返還）、沖縄県発足 5/28　釜ヶ崎暴動 5/30　アラブ赤軍、テルアビブ空港で銃乱射 12/18　沖縄振興開発計画決定	1/21-30 「映画シンポジウム・さらば、幻視の祖国よ！」、野辺土南、布川徹郎、竹中労らが参加、『沖縄エロス外伝／モトシンカカランヌー』、『さんや'68 冬』などを上映 2/16　沖縄青年同盟、第一回公判、ウチナーグチの使用 3/7　全軍労無期限スト突入（-4/10） 5/9　琉球政府、CTS（石油備蓄基地）用地として宮城島と平安座島間の埋立認可 5/12　米民政府解散式 6/30　自衛隊、沖縄への本格移駐開始 10/11　航空自衛隊基地開設
1973	1/11　米ニクソン大統領、北ベトナムへの戦闘全面停止命令 1/27　ベトナム戦争終結のための和平協定調印 10/23　エクソン・シェル、原油価格 30％値上げ、第一次オイルショック	1/29　ベトナム停戦後初の米軍撤兵第一陣 4 百人がホワイトビーチ入港 2 月 「ジェームス・ブラウン沖縄でうたう！」開催
1974	8/13　航空審議会、関西新空港予定地として泉州沖を答申	8/28-29 「琉球フェスティバル 74」開催（大阪、東京）

年	世界－日本	沖縄
1970	3/14-9/13　日本万国博覧会開幕 3/31　日航機よど号ハイジャック事件 4月　米軍カンボジア侵入、日本政府是認 5/1　沖縄・北方対策庁発足 5/7　沖縄住民の国政参加特別措置法公布 7/7　「7・7盧溝橋33周年・日帝のアジア再侵略阻止人民大集会」、華僑青年闘争委員会による新左翼への訣別宣言 12/8　朴鐘碩、日立製作所の就職差別に対する訴訟提起（→74/6/19勝訴）	1/31　大阪府教育委員会、和泉高校と泉南高校での隔週定時制学級増設決定 2/6　在沖米4軍合同労働委、解雇通告した労働者400名の解雇撤回 2月　沖縄青年委員会（沖青委）結成 2月　東洋石油基地建設反対同盟の琉球政府前集会、機動隊導入 2/20　全軍労首切り撤回・不当処分粉砕県民総決起大会 3/6-9/11　ヤン・イークス、沖縄滞在 3/30　デイゴの会ほか、隔週定時制高校増設反対の抗議座り込み 4/28　沖縄デー。沖縄連、沖実委統一集会（約4万5千人）。新左翼系統一集会（約2万人）。全国449ヵ所で約20万人が行動に参加。海上大会は沖実委系の単独行動。 5月　毒ガス兵器即時撤去要求、アメリカのカンボジア侵略反対県民総決起大会 6月　屋良主席　施政方針演説で安保反対の立場表明。PCS東京事務所設置（べ平連事務所内） 6/22　安保廃棄・基地撤去要求県民総決起大会 6/23　安保条約廃棄宣言全国統一行動（77万人） 夏頃　PCS、コザに事務所設置。Aさん（第五章）、黒人反戦米兵、PCSらとの交流開始。その後、沖縄ヤングべ平連結成 7月　沖青委、中核派と海邦派に分裂 7/8　富村順一東京タワージャック事件 9/18　糸満町で米兵による金城さん轢殺事件。富村順一第一回公判 10月　『Demand for Freedom』第1号発行 11月　『Demand for Freedom』第2号発行 11/15　国政参加選挙 12/12　米軍事法廷、米兵の金城さん轢殺事件に無罪判決 12/20　コザ暴動。直後に黒人兵グループによる暴動支持のビラが配布。 12/21　米軍、沖縄雇用員3千人解雇を発表
1971	2月　防衛庁、沖縄に6千3百人の自衛官配備決定	1月　沖縄ヤングべ平連、『沖縄ヤングべ平連　0号』発行

年	世界 - 日本	沖縄
1969	5月　愛知外相訪米 7/10　ウォールストリートジャーナル、在沖米軍基地でVX神経ガス漏れ事故報道 11/13-15　米、ベトナム反戦統一行動 11/17-26　佐藤訪米 11/21　佐藤・ニクソン会談、日米共同声明（1972年の沖縄施政権返還合意）	万人、逮捕者967人（戦後最多） 6/5　全軍労24時間スト 6/28　安保廃棄・B52撤去・即時無条件全面返還要求県民大会 6月　南ベトナム撤退の第3海兵師団5千人が沖縄移駐 6/15　ベトナム反戦・安保粉砕・沖縄闘争勝利　新左翼統一行動 7月　在日中国人青年45人、入管法撤回を要求して新宿西口広場で坐り込みを開始 7月　琉大反戦学生会議と沖闘委、米民政府突入、星条旗を引きずり下ろす 8/14　本土中核派学生3人、嘉手納空軍基地突入 8/17　沖縄闘争学生委員会結成（これ以前は準備会） 8/24　ヤン・イークス来日 9月上旬　反戦新聞『WE GOT THE brASS』アジア版発行 9/24　小西誠三等空曹、自衛隊佐渡レーダー基地内で『アンチ安保』を創刊（11月1日逮捕） 10/5　沖縄県反戦結成大会 10/31-11月　竹中労、初めての沖縄滞在 10/30-11/2　ヤン・イークス沖縄滞在 11/9　中部地区反戦結成 11月　沖縄で黒人グリーン・ベレーのアルフォンソ・ドレロ上等兵、脱走し記者会見、日本亡命を求めるも即日逮捕 11/13　佐藤訪米抗議総決起大会（那覇／7万人）。沖縄官公労「主席の政治姿勢に抗議」し主席登庁阻止 11/15　森田紡績労働組合、泉州労連、森田紡績が労働協約締結 11/16-17　佐藤訪米抗議・反対・阻止行動 12/4　在沖米4軍合同労働委　基地労働者約2千人を1970年春までに解雇と発表 12/24　竹中労、『沖縄春歌集・海ぬチンボーラー』現地録音
1970	3月　自民党沖縄県連結成。沖縄工業開発調査団沖縄訪問 3月　日本政府「沖縄復帰対策の基本方針」決定	1月　竹中労、「メモ沖縄」を『話の特集』（1月号）より連載開始 1/8-9　全軍労解雇撤回闘争第一波48時間ストライキ 1/19-23　全軍労第二波120時間ストライキ

年	世界－日本	沖縄
1968	5月　パリ五月革命 6月　米ワシントンで黒人10万人集会（貧者の行進）。 6/26　全共闘系学生、神田で街頭占拠闘争。反戦青年委と学生、新宿駅で米軍ガソリンタンク車輸送阻止のデモ。 10月　沖縄に関する日米協議委、沖縄の国政参加正式合意 10/31　米ジョンソン大統領、北爆の全面停止発表 11/6　米大統領選、ニクソン当選 12/23　日米安保協議委員会、在日米軍基地148ヵ所の整理案を提示、調布など返還・縮小41ヵ所を公表	3/10　帰省4学生、入域手続を拒否、逮捕 3/13　大阪沖縄連帯の会（デイゴの会）結成 3/16　沖縄教職員会第32回定期総会　「基地撤去」方針 4/12　B52即時撤去要求第2回県民大会（嘉手納） 4/24　全軍労10割年休闘争 5/2　べ平連と沖縄原水協、嘉手納基地前で抗議行動 6/5　「明るい沖縄をつくる会」（主席・立法院議員選挙革新共闘会議）発足 7月　琉大反戦学生会議、陸上自衛官の研修反対、上陸阻止闘争 7/7　デイゴの会、「大阪で働く沖縄出身の若人のための激励七夕フェスティバル」開催 8/11-13　べ平連、「反戦と変革に関する国際会議」開催 8/16　べ平連ほか、嘉手納基地前抗議行動、27人逮捕 8/20　べ平連ほか、那覇から鹿児島着、鹿児島港で入国手続拒否、5人が那覇港へ移動 8/22　べ平連ほか、鹿児島港で入国手続拒否、強行上陸 8/23　沖縄闘争学生委員会ほか「8月沖縄闘争実行委員会」の17名、晴海ふ頭で入国手続拒否、強行上陸 9月　琉大反戦学生会議と統一連絡会議、灘尾文相の琉大訪問阻止 10/20　デイゴの会、「大阪に就職する沖縄の若者たちへ　デイゴ・カウンセリング　アッピール」発表 11/10　主席選挙、屋良朝苗当選（12月就任） 11/19　嘉手納基地でB52墜落爆発事故 12/14　B52撤去・原潜寄港阻止県民共闘会議（いのちを守る県民共闘会議）結成、B52撤去要求県民総決起大会
1969	1/18-19 東大安田講堂封鎖解除の強制執行。御茶の水でカルチェラタン闘争。 1/20　東大入試中止決定 3月　佐藤首相　参院予算委での答弁で本土並み返還を示唆	1/6　沖縄いのちを守る県民共闘会議、B52撤去を求め2・4ゼネスト実施決定 2/4　2・4ゼネスト挫折、いのちを守る県民総決起大会 3月　復帰協総会、基地撤去の方針を決定 4/28　祖国復帰県民総決起大会、海上大会。沖縄連、沖実委、初の統一中央集会（東京／主催者発表10万人、警視庁発表5万7千人）。全国318ヵ所で15

年	世界－日本	沖縄
1966	1/3-15　アジア・アフリカ・ラテンアメリカ三大陸人民連帯会議（ハバナ） 8月　ロイター電、米軍が使用のナパーム弾90％や大部分の軍装備品は日本生産と報道 9/1　沖縄問題懇談会（総理府総務長官の諮問機関）発足、大浜信泉座長ら11人 10/1　ブラックパンサー党結成	4月　大阪府立和泉高校など4校に、隔週定時制高校設置 6月-　裁判移送撤回闘争 6/13　ベ平連、「全国縦断日米反戦講演」開催（沖縄大学／5百人。琉球大学／8百人） 9月頃　沖縄ベ平連結成
1967	2/17　衆参両院に沖縄問題等に関する特別委員会を設置 5/31　下田駐米大使、沖縄返還実現には核基地認めた方が容易と発言 7/23　米デトロイト市で史上最大の黒人反乱（連邦軍出動） 8/8　新宿で米軍のタンク・ローリー車と貨車が衝突・炎上 10/8　佐藤首相第二次東南アジア歴訪に出発 10/9　ボリビア陸軍、チェ・ゲバラ死去発表 11/12-20　佐藤首相訪米 11/15　第二次佐藤・ジョンソン会談、日米共同声明（小笠原返還合意） 12/11　佐藤首相、衆院予算委で非核三原則明言	2/24　教公二法審議の立法院本会議を民衆包囲、実質的な教公二法廃案協定を締結 3/28　沖縄県祖国復帰協議会定期総会、安保条約廃棄、核基地撤去、米軍基地反対の運動方針決定 7/16　在本土沖縄県学生会連絡会議（沖学連）結成 8月　民社党、沖縄・小笠原の施政権返還方針（本土なみ）発表 8月　公明党、沖縄の本土復帰構想を発表（70年までに施政権の全面復帰、輸送中継基地・通信基地を除き基地撤去） 8月　社会党、沖縄・小笠原返還闘争方針決定（即時全面返還、日本国憲法、法律の全国適用、軍事基地撤廃など） 10月　社会・公明・民社・共産4野党書記長会談早期返還要求で合意 10/8　佐藤首相のアジア歴訪に対する抗議デモ（第1次羽田闘争）。沖縄出身国費学生1人逮捕。 11/2　佐藤首相訪米に向けた「即時無条件全面返還要求県民総決起大会」（那覇／10万人） 11/12　佐藤訪米阻止闘争（第2次羽田闘争） 11/20　日米両政府に対する抗議県民大会（那覇） 12月　沖縄問題について本土四野党の共闘くずれる（民社党、共産党を含めた共同行動を拒否）
1968	2/20　金嬉老事件 3/14　ベトナム、ソンミ村虐殺事件	1/19　米原子力空母エンタープライズ、佐世保に入港 2/5　B52嘉手納基地へ「飛来」（以降、常駐化） 2/27　B52撤去要求県民大会（嘉手納）

年	世界－日本	沖縄
1962	3/19　米ケネディ大統領沖縄新政策発表（沖縄は日本本土の一部、経済援助の強化） 7/3　アルジェリア独立	2/1　立法院、アメリカの沖縄支配の国連憲章違反、施政権返還要求の2・1決議（国連の植民地解放宣言を引用） 4/28　講和条約発効10周年、祖国復帰県民総決起大会（那覇／数万人デモ）
1963	5/25　アフリカ統一機構（OAU）憲章調印 8/28　米ワシントンで人種差別撤廃を求めるワシントン大行進（20万人）	2/10　アジア・アフリカ連帯会議、アメリカの沖縄撤退と沖縄の日本復帰を要求する決議採択 4/28　祖国復帰県民総決起大会（那覇／2万数千人）、北緯27度線で沖縄・本土の初の海上交歓 11月　米国防総省、在沖縄米軍の一部に、南ベトナムへの移動を指示 12月　沖縄原水協、在沖縄原爆被害者数調査結果報告
1964	8/2　ベトナム・トンキン湾事件	4/28　祖国復帰県民総決起大会（那覇／3万数千人）、第2回海上集会（本土では沖縄連と沖実委が対立） 4月　永積安明教授渡航拒否される、決定撤回を求める琉大学内総決起大会 8/15　沖縄返還要求8・15海上大会（沖実委主催） 9月　沖縄県労働組合協議会（県労協）結成大会 10月　日本社会党　沖縄調査団を派遣 12月　復帰協（執行委）、本土社共両党に沖縄返還運動の統一を要請
1965	1/13　第1次佐藤・ジョンソン会談、日米共同声明（極東の安全に沖縄の米軍基地は重要と明記） 2/7　米軍　北ベトナム爆撃開始 2/21　マルコムX暗殺 4/17　米ワシントンでベトナム反戦デモ（1万人） 6/22　日韓基本条約調印 8/30　反戦青年委員会結成 11月　国会日韓特別委員会で日韓条約を強行採決。東京で反対デモ10万人。	3/7　ベトナム・ダナンに在沖海兵隊上陸 3/9　陸上自衛隊初の「海外」研修を沖縄で実施 4/9　ベトナム紛争介入抗議県民大会（原水協主催） 4/24　ベ平連結成 4/28　祖国復帰県民総決起大会（那覇／8万人）、第3回海上大会（前年分裂したが、統一される） 5/14　沖縄の米軍用船乗組員に対し、南ベトナム行きの命令、全沖縄軍雇用員労働組合連合会（全沖軍労連）拒否 7/29　嘉手納基地に「台風避難」のB52がベトナムへ渡洋爆撃 8/19-21　佐藤首相　沖縄訪問

年	世界 - 日本	沖縄
1952	4/28　対日講和条約発効、日米安保条約発効	4/1　琉球政府発足
1953	10/1　米韓相互防衛条約調印	1/10　沖縄諸島復帰期成会発足 4/3　土地収用令公布（武装兵出動による土地接収続発） 12/25　奄美群島、日本へ返還
1954	1/7　米アイゼンハワー大統領、沖縄基地無期限保有を宣言 7/1　自衛隊設立	3/17　米民政府、地代一括払いの方針発表 4/30　立法院、軍用地処理に関する請願（土地４原則）を全会一致で採択 10/6　人民党事件 11/7　沖縄刑務所暴動
1955	10/13　日本社会党統一 11/15　自由民主党結成	9/3　由美子ちゃん事件（米兵による幼女暴行惨殺） 10/23　プライス調査団来沖、軍用地問題を調査
1956	10/19　日ソ共同宣言調印 12/18　日本の国際連合加盟	6/9　プライス勧告骨子発表 7/4　沖縄問題解決国民総決起大会（東京／６千人） 7/28　４原則貫徹県民大会（那覇／10 数万人） 12/25　那覇市長選挙、瀬長亀次郎（人民党）当選
1957	7/8　砂川事件	1/4　米民政長官、軍用地問題に対する最終方針（無期限使用、新規接収、地代一括払い実施等） 12/24　集団就職第一陣の 122 名が神戸港着
1958	10 月　日米安保条約改定交渉はじまる	6/23　南方同胞援護会設置 9/16　通貨切換え（B円からドルへ）
1959	８月　自民党沖縄問題特別委員会　対沖縄経済援助強化を決定	1/6　祖国復帰促進県民大会（原水協主催／２千人） 6/30　石川市宮森小学校ジェット機墜落
1960	1/19　日米新安保条約調印 6/19　日米新安保条約自動承認 6/23　日米新安保条約発効	1/23　沖縄のナイキ演習反対・日本の核武装反対・沖縄の返還要求国民総決起大会（鹿児島）。鹿児島から東京へ向けて沖縄返還要求国民大行進出発（4/28 東京着） 4/28　沖縄県祖国復帰協議会（復帰協）結成。沖縄返還貫徹要求中央大集会（東京） 6/19　アイゼンハワー沖縄訪問に対し祖国復帰要求デモ。
1961	5/16　韓国、朴正煕らの軍事クーデター 6/22　池田、ケネディー共同声明発表	4/28　祖国復帰県民総決起大会（那覇／６万人）、13 名の本土派遣代表を決定。 ４月　自民党・社会党　沖縄共同視察団派遣決定 ６月　全沖縄労働組合連合会（全沖労連）結成 ６月　高等弁務官に招待された国会議員団沖縄訪問

関連年表

※本文で考察した主な出来事をゴシック体で示した。
※作成にあたって以下の文献所収の年表を参照、引用した。

中野好夫・新崎盛暉、1970、『沖縄・70年前後』岩波書店
田仲康博、2010、『風景の裂け目　沖縄、占領の今』せりか書房
「ベトナムに平和を！」市民連合編、1974a、『資料「ベ平連」運動　上巻』河出書房新社
――――、1974b、『資料「ベ平連」運動　中巻』河出書房新社
――――、1974c、『資料「ベ平連」運動　下巻』河出書房新社
道場親信、2009a、「年表［1940-60年］」岩崎稔ほか編『戦後日本スタディーズ〈1〉40・50年代』紀伊国屋書店、327-370頁
――――、2009b、「年表［1961〜1980年］」岩崎稔ほか編『戦後日本スタディーズ〈2〉60・70年代』紀伊国屋書店、335-379頁

年	世界 - 日本	沖縄
1945	7/26　米英中、ポツダム宣言（→8/14日本受諾） 8/15　天皇の玉音放送 9/2　日本政府・連合国、降伏文書調印 10/11　GHQ、五大改革指令（婦人解放、労働者の団結権保障、教育の自由主義化、圧政的諸制度廃止、経済の民主化）	3〜6月　沖縄戦 4/5　ニミッツ布告公布（南西諸島に対する日本の行政権及び司法権が停止）
1946	11/3　日本国憲法公布（1947/5/3施行）	1/29　総司令部覚書により北緯30度以南の南西諸島の行政、日本政府より分離
1947	4/25　衆議院議員総選挙で日本社会党が最多獲得議席	5月　学生寮「南灯寮」開設（東京・狛江）
1948		7/16-20　軍票B円への通貨きりかえ
1949	10/1　中華人民共和国成立	3/8　沖縄議会が議事ボイコット
1950	6/25　朝鮮戦争 8/10　警察予備隊設置令施行	9/17　四群島知事選挙、復帰勢力の勝利
1951	9/8　サンフランシスコ講和会議、対日講和条約締結、日米安保条約締結	3/13　社大党、人民党、党大会で日本復帰運動推進を決議。 4/29　日本復帰促進期成会結成（同年6月までに日本復帰要求署名は有権者の72%集まる） 12/5　北緯29度以北の諸島、日本に返還

著者略歴

大野光明（おおの　みつあき）

1979年千葉県生。立命館大学大学院先端総合学術研究科一貫制博士課程修了。現在、大阪大学グローバルコラボレーションセンター特任助教。歴史社会学、社会運動論。著作に『差異の繫争点——現代の差別を読み解く』（共著、ハーベスト社、2012年）、『燃ゆる海峡——NDUと布川徹郎の映画／運動に向けて』（共著、インパクト出版会、2013年）、「大飯原発ゲート占拠・封鎖という「希望」」（『インパクション』186号、2012年）、「復帰運動の破綻と文化的実践による「沖縄闘争」の持続」（『社会文化研究』15号、2012年）など。

E-mail: mitsuakick@hotmail.com

沖縄闘争の時代1960/70

——分断を乗り越える思想と実践

二〇一四年　九月二〇日　初版第一刷印刷

二〇一四年　九月三〇日　初版第一刷発行

著　者　大野光明

発行者　渡辺博史

発行所　人文書院

〒六一二‐八四四七

京都市伏見区竹田西内畑町九

電話　〇七五(六〇三)一三四四

振替　〇一〇〇〇‐八‐一一〇三

印刷　創栄図書印刷株式会社

製本　坂井製本所

装丁　間村俊一

JIMBUN SHOIN　Ptinted in Japan

ISBN978-4-409-24098-4　C1036

フリーダム・ドリームス アメリカ黒人文化運動の歴史的想像力 ロビン・D・G・ケリー著 高廣凡子／篠原雅武訳 四六上三八〇頁 価格四五〇〇円

都市が壊れるとき 郊外の危機に対応できるのはどのような政治か ジャック・ドンズロ著 宇城輝人訳 四六上二三六頁 価格二六〇〇円

メルロ＝ポンティと病理の現象学 澤田哲生 四六上三三六頁 価格三八〇〇円

ジル・ドゥルーズの哲学 超越論的経験論の生成と構造 山森裕毅 四六上三八二頁 価格三八〇〇円

カリブ－世界論 植民地主義に抗う複数の場所と歴史 中村隆之 四六上四四〇頁 価格四〇〇〇円

いくつもの声 ガヤトリ・C・スピヴァク日本講演集 星野俊也編 本橋哲也・篠原雅武訳 四六上一五〇頁 価格一八〇〇円

フーコーの美学 生と芸術のあいだで 武田宙也 四六上三一六頁 価格三八〇〇円

制御と社会 欲望と権力のテクノロジー 北野圭介 四六並三七〇頁 価格三〇〇〇円

（2014年9月現在、税抜）